新媒体背景下高校学生社团管理研究

XINMEITI BEIJING XIA
GAOXIAO XUESHENG SHETUAN GUANLI YANJIU

刘 艳 夏忠臣◇著

湘潭大学出版社

图书在版编目（CIP）数据

新媒体背景下高校学生社团管理研究 / 刘艳，夏忠臣著. -- 湘潭 : 湘潭大学出版社，2022.8
ISBN 978-7-5687-0810-4

Ⅰ. ①新… Ⅱ. ①刘… ②夏… Ⅲ. ①大学生－社会团体－管理－研究－中国 Ⅳ. ①G645.57

中国版本图书馆 CIP 数据核字（2022）第 119030 号

新媒体背景下高校学生社团管理研究

刘艳 夏忠臣 著

责任编辑：王正杰
封面设计：李 平
出版发行：湘潭大学出版社
社 址：湖南省湘潭大学工程训练大楼
电 话：0731-58298960 0731-58298966（传真）
邮 编：411105
网 址：http://press.xtu.edu.cn/
印 刷：长沙印通印刷有限公司
经 销：湖南省新华书店
开 本：710 mm×1000 mm 1/16
印 张：18
字 数：248 千字
版 次：2022 年 8 月第 1 版
印 次：2022 年 8 月第 1 次印刷
书 号：ISBN 978-7-5687-0810-4
定 价：48.00 元

“自在娇莺恰恰啼”

——序《新媒体背景下高校学生社团管理研究》

金梦玉

每一个经历大学的人，都有对学生社团的独特感受，或体验，或想象。

一所大学，往往有几十上百个学生社团，供青年学子发展兴趣爱好、展现才能。学生社团，不只是大学象牙塔里的百叶窗，可以观赏八方风物人情。它更是助力学生开展自我修炼、加强德智体美劳全面发展的第二课堂。学生社团被卓越的高校领导视为建设世界一流大学的重要环节和学校育人体系的重要支撑，坚信“学生社团，让大学更精彩”。

习近平总书记指出：“互联网已经融入社会生活的方方面面，深刻改变了人们的生产和生活方式。”在高校，新媒体提供的信息服务和传播形态给大学生活、学习带来了巨大的影响，也为高校学生社团建设和管理造就新的时空体验、新的社会互动模式，带来新的机遇和挑战。新媒体打破实体校园的时空限制，将课堂知识和专业技能学习延伸到学生中间，形成课堂与课外育人合力，有力补充第一课堂。

本书探讨的重点是，新媒体在高校学生社团建设和管理中的重要作用。

借助于新媒体平台和互联网技术，机器人社团、物联网社团、硬件与软件技术开发社团、“互联网+”创业社团、大学生人工智能协会等新型社团陆续出现。原先相对封闭的社团活动，转向开放的全员参与的活动。

高校学生社团是高校社团管理条例下的群众性组织。借助于网络社群自由便捷地分享和交流，高校学生社团突破了物理空间的班级、年级、学院乃至院校的限制，校际社团合作、高校学生社团与企业、社区的联系变得容易。在新的媒体形态下，高校学生社团管理也是建设，建设需要加强管理，二者并行不悖。一方面，新媒体冲击着传统的社团管理理念，高校学生社团的建设与管理的专业化方向变得突出，要求管理者具备相应的民主观念、互联网思维、新媒介交互素养；另一方面，高校学生社团管理既要加强学生社团自我管理的意识，又要开发利用新媒体平台，把社团管理导向社会主义核心价值观的践行和向上向善正能量的传播。

本书见微知著，敏锐地抓住了这一新媒体时代高校学生社团管理的新课题。

创新新媒体时代的社团管理，并不是一个纯学术概念，而是大学面临的真切命题。然而，这本应是高校党委领导和校党委学生工作部门及校团委的工作范畴，作者刘艳为什么要涉足这一领域、写出这样一本书呢？

作者有着教育媒体行业近20年的经历，担任过中国教育电视台的主编、制片人，以及中国教育网络电视台频道主编等职务，现在负责高校思政类重点建设公众号项目工作。涉足电视、网络、新媒体等传媒多领域，经历了新旧媒体的交替以及兴衰，使之心底里对教育的情怀更深，对媒体的魅力更痴迷。

对于研究来说，如何将现实问题转化为研究命题呢？此书给予的启发是，在学术中善用自身经历，如社会学家米尔斯所说，"知晓你所身处的环境中所有个人的生活机遇，明了自己的生活机遇"，以学术的想象力加以审视和解释。书中有一张作者在河北石家庄邮电职业技术学院与石邮青年团队座谈的照片，与"00后"面对面，让刘艳获得了被青年学子当朋友、说出真实想法的美好感觉。首批200家高校思政类公众号重点建设项目，让刘艳对探索新媒体潜在的育人价值有了真切的认识；其中73家高校共青团的公众号发布的内容，直接反映出新媒体对高校学生社团建设和管理工作的直接影响。这一关注使得作者对其背后的教育规律有了浓厚的兴趣，对新媒体背景下的高校社团管理有了更深入的思考。

刘艳和夏忠臣的合著，切入新媒体时代的高校学生管理领域，探讨新媒体背景下高校学生社团管理所面临的机遇与挑战。本书第一部分指出了新媒体利好高等教育的同时，分析新媒体对高等教育的挑战，包括弱化教育者权威、分散学生注意力、学生思维惰性、学生个人信息安全威胁、网络暴力和不良信息传播等，问题意识鲜明。第二部分溯源四个阶段，从五四前后高校学生社团的开创直至新时代以来高校学生社团的规范成长，从发展历程、学生社团的内涵和特点、社团类型和功能、建设成效及不足入手，阐明了学生社团在高等教育中的重要作用。第三部分明确了高校社团管理的目标，探讨高校学生社团管理的理论依据和现实依据、高校学生社团管理的校内价值和社会价值。第四部分呼应第一部分的问题意识与现实挑战，集中讨论新媒体给高校学生社团管理带来的正负面影响和管理难题。第五部分研究新媒体背景下创新高校学生社团管理的策略。在高等教育学、思想政治教育学、公共管理学等多维视角分析的基础上，本书对于新的媒体形态运用于高校学生社团管理的过程，在坚定高校学生社团管理目标的前提下，建设性地提出新媒体背景下加强高校学生社团管理的七大原则与五条路径。

这些为新媒体背景下高校学生社团管理提供了有益借鉴。

本书的特色亮点：

一是围绕立德树人的根本任务，贯彻“以人为本”的理念，从“围观”学生转向服务学生成长的视角。社团功能被大大拓展，成为高等学校内部不可或缺的组织机构体系，是促进学校发展、推动社会进步的一支新力量。

二是把学生社团管理视为需要高校多部门密切配合的系统工程。这一看法是中肯的。高校所有的工作，都是围绕着学生而展开的。然而，在实际工作中，有的仅把学生社团的建设与管理当作学工部门的事。殊不知，那样的看法多多少少有着本位主义的思想痕迹。

三是遵循教育教学和学生成长的规律，又体现新时代高校思想政治工作和社团工作的新要求，重实用重技巧重效果，对促进高校师生管理参与社团建设及活动都有不同程度的启示。这对高校学生社团建设不失为一本工具书和指导用书。

新媒体背景下的学生社团作为青春修炼场，不论是大学管理者还是学生社团个体，从外在管理到内在认同，再到自在自如地实践，正是新时代高校社团规律不断探索的过程。这本书正是两位作者助力青年大学生的成长、为学生社团获得健康成长的愿望表达。

“自在娇莺恰恰啼”，愿每一个学子之声更加悦耳，愿真正的教育在其中发生。

是为序。

（序作者为中国传媒大学教授、博士生导师、中国传媒大学党报党刊研究中心副主任，中国职业技术教育学会智能融媒体专业委员会专家指导委员会委员，曾任某传媒类独立学院副校长兼新闻传播学院院长）

前　言

新媒体作为区别于报纸、杂志、广播、电视等传统媒体之外的媒体，随着科技的发展而产生，是一种通过计算机网络、无线通信网、卫星等渠道，向用户提供信息和服务的传播形态，是互联网发展的产物。新媒体技术的发展迭代更新，使人们的工作和生活方式发生了翻天覆地的变化。尤其在高等学校中，新媒体已经成为大学生学习、生活、社交的重要媒介，有力地推动了高等教育的高质量发展。

高校学生社团是落实立德树人根本任务、推进素质教育的重要载体，是高校学生根据成长成才需要，结合自身兴趣特长，在高校党委的领导和团委的指导下开展活动的群众性学生团体。学生社团的创建与发展既有利于大学生的身心健康，又促进了学生德智体美劳的全面发展，是高等学校内部不可或缺的组织机构体系，是促进学校发展、推动社会进步的一支重要力量。对高校学生社团实施有效管理于校园内部来说，是培养时代新人的应然之选，是对第一课堂的有益补充，是激发校园文化活力的有效途径，是构建和谐校园的重要力量。于社会建设来说，有利于增强学校与社会的沟通交流，提升学校知名度；有利于加强学校与校友的情感联系，汇聚校友资源；有利于推动高等教育治理体系和治理能力现代化，提升我国高等教育现代化水平。

作为不同于传统媒体的新型传播方式，新媒体正在高校学生社团建设和管理中发挥着越来越重要的作用。首先，就高校社团建设来说，在5G信息时代和数字化转型的时代背景下，各种新媒体手段的运用为高校学生社团注入新鲜的血液，学生社团也呈现出繁荣发展的态势。许多新的高校学生社团类型也应运而生，如机器人社团、物联网社团、硬件与软件技术开发社团、“互联网+”创业社团等，为有这些兴趣爱好的学生开展活动提供了广阔的舞台。新媒体丰富了高校学生社团活动的形式。各个社团根据自身的社团特点与新媒体手段进行融合，依托个性化的网站、社团公众号、网络直播以及3D全息投影等新媒体平台和技术，打造了个性化活动方式，促进社团活动的创造性发展。新媒体还增强了高校学生社团活动的吸引力。借助新媒体平台和新媒体技术，可以将原先相对封闭的社团活动变为开放性的全员参与的大众性活动。新媒体还开拓了高校学生社团交流的新途径，促进了社团成员之间、社团间、社团与社会的交流。其次，就高校社团管理而言，新媒体创新了高校学生社团管理的方式。依托新媒体技术构建的“一站式学生社区”，促进了社团成员、学生干部，指导老师和学校管理部门之间的沟通和合作，创新了高校学生社团管理的方式。新媒体也提升了高校学生社团管理的效率。依托新媒体技术，高校学生社团的注册、登记、活动审批、社团考核、宣传报道都变得更为便捷，极大地提高了高校学生社团的管理效率。新媒体也拓宽了高校学生社团管理的思路。新媒体的应用使高校社团管理从单纯的人工管理向大数据管理、网络管理等智能化管理方式转变，转变了社团管理观念，拓宽了社团管理的途径。新媒体也促进了高校学生社团管理的民主化。一方面互联网思维增强了高校学生社团管理的民主观念，另一方面互联网互动性、及时性强的特点也拓展了民主管理的途径。在新媒体的影响之下，高校学生社团管理民主化的特征逐渐凸显出来。新媒体还扩展了高校学生社团自我管理的手段，营造了多向交互的管理空间，丰富了学生进行社团自我管理的途径。

新媒体在为高校学生社团建设和管理带来机遇的同时，也带来了挑战。在高校社团管理方面，新媒体使传统的社团管理理念受到了冲击，对管理者的媒介素养提出了更高的要求，并且增加了学生社团管理的工作内容，加大了学生社团自我管理的难度。那么，如何把这一基于数字技术和网络技术的新的媒体形态全面运用于高校学生社团管理的过程中，在促进高校学生社团建设的同时，也为高校学生社团管理提供新的途径，就成为高等教育内涵式发展所必须面临并急需解决的迫切问题。

本书以高等教育学、思想政治教育学、公共管理学为研究视角，在对新媒体背景下高校学生社团建设和管理所面临的机遇和挑战深入分析的基础上，指出了高校学生社团建设成效与问题并存。在成效方面，高校学生社团种类和规模日益发展壮大，在校园文化建设中的作用越来越突出，活动与新媒体结合得越来越紧密，与社会的联系也日益密切。同时，高校学生社团建设也存在着学生社团组织机构不完善，发展出现泛娱乐化现象，对新媒体手段利用不足，活动质量不稳定等问题。高校学生社团建设存在的问题与其管理工作存在的社团发展目标不明确、自我管理机制不完善、管理制度不健全、管理方式单一以及缺乏资源保障等现实状况有着直接的关系。新媒体背景下，高校学生社团管理必须适应新媒体时代的要求，从明确社团管理目标、确立社团管理原则，提升社团管理路径等方面创新高校学生社团管理的策略。新媒体背景下高校学生社团管理要以促进高等教育“立德树人”根本任务的实现，助力新媒体成为社会主义核心价值观传播的有效渠道，为社团发展提供专业性的支持，促进校园文化百家争鸣百花齐放局面的形成，成为高校教育教学改革的有力辅助为目标。要坚持方向性、导向性、规范化、教育与管理相结合、理论和实践相结合等学生社团管理的原则，并从提升高校师生员工的媒体素养，健全适应新媒体要求的学生社团管理制度体系、组织机构、工作机制和保障机制等方面为新媒体背景下创新高校学生社团管理提供思路，为新媒体背景下高校学生社团管理提供借鉴。

本书受国社科2019年度国家社科基金项目“大数据时代思想政治教育方法论创新研究”（项目编号：19BKS076）和黑龙江省教育科学“十四五”规划2021年度重点课题“新时代大学生志愿精神的培育对策研究”（课题编号：GJB1421338）的支持撰写完成，共分为五章，其中第一章、第二章、第三章由高等教育出版社刘艳副编审撰写，共约14.5万字；第四章、第五章由齐齐哈尔大学夏忠臣副教授撰写，共约10.3万字。全书共计24.8万多字。本书在写作过程中借鉴了诸多专家和学者的研究成果，在此表示衷心的感谢！本书写作历时两年，但是现在看来还有很多疏漏和不足之处，也真诚地希望同行们给予批评和指正！

刘艳　夏忠臣

2022年5月

目　录

第一章　新媒体时代的到来

【摘要】新媒体是指20世纪后期在社会信息传播领域出现的，建立在数字技术基础上的，能使传播信息、传播速度、传播方式得到极大提升的，与传统媒体迥然相异的新型媒体，它具有全方位的数字化呈现、信息资源共享性突出、传播方式交互性凸显、传播行为个性化明显、传播内容多元化显现的特点，以网络媒体、手机媒体、数字化媒体的形态呈现。新媒体技术的迭代更新，尤其在高等学校中的广泛应用，已成为大学生学习、生活、社交的重要媒介，给高等教育带来了无限的机遇与挑战。

一、新媒体的发展历程

（一）新媒体概念的提出

新媒体是区别于报纸、杂志、广播、电视等传统媒体的媒介载体，随着科技的发展而产生，是一种通过计算机网络、无线通信网、卫星等渠道，向用户提供信息和服务的传播形态，是互联网发展的产物。

新媒体的概念最早是1967年在美国提出的，其提出者是戈尔德马克，并且美国传播政策总统特别委员会主席罗斯托在向尼克松总统提交的报告书中多次使用“新媒体”一词，由此，“新媒体”一词开始在美国流传开，并随着经济的不断发展逐渐流传向世界。中国最早引入“新媒体”这一概念，是在1986年岗村二郎著、方晓虹翻译的一篇文章《试听教育在新媒体时代的地位》中，但是那时所讲的新媒体与现在的新媒体有一定的区别，它是一种在点化教学上的媒介新技术，所以从1986年引入新媒体这个概念开始算是中国进入了新媒体研究的史前阶段。

（二）新媒体的演进历程

1. 新媒体从传统媒体的分离

新媒体从传统媒体分离出来，最主要的表现就是“新”字，新的技术可以带来不同的机遇、思维、生活方式等。而且新媒体只是一个相对的概念，是相对于传统媒体来说的，新媒体是在传统媒体发展基础之上的产物，并且会随着科技的进步不断革新。传统媒体的传播速度主要依赖于通信工具的先进程度，新媒体时代，信息的传播不再依赖于通信工具，而是通过数字信息网络，实现了在几分钟、几小时内就可以大量传播。也正是因为新媒体的出现，给传统媒体带来了危机意识，从而传统媒体开始使尽浑身解数进行创新发展。

简单地从媒体的发展形势来看，其实很容易将“新媒体”与“传统媒体”区分开。与传统媒体不同，新媒体的产生主要依靠网络及数字信号处理技术，也就是说新媒体融入了新的科学技术，是一种数字化的媒体。在新媒体技术产生之前，人们接收信息的主要渠道是纸质报刊、广播电视等，而且只能单向接收信息，无法在日常生活中靠这些媒体发送信息。但是当新媒体出现以后，人人都可以生产信息，也都可以传送信息。而且新媒体是搭乘网络快车走的，因此传播速度比传统媒体快。总而言之，新媒体从传统媒体中分离出来最主要的标志就是新媒体承载了数字技术以及无线网络等新型的网络形态。

2. 互联网媒体

互联网就是广域网和局域网及单机按照一定的通信协议组成的国际计算机网络，又被称为“第四媒体”，是通过计算机信息技术的手段连接两台计算机或多个计算机终端、服务端、客户端等，串联起来的结果。

互联网的快速发展促使社会持续进步，并随着科技的发展，互联网走进了千家万户。互联网媒体其实就是一种传播全球信息的媒体，就是将世界联系起来，实现信息全球化的媒介。追溯互联网的历史可以发现，中国是在 1994 年开始接入了互联网，并逐渐传播发展至今，互联网媒体作为一种新媒体，有着不可估量的发展前景。

3. 移动网络媒体

刘行芳主编的《新媒体概论》一书中将移动媒体和网络媒体分为了两个单独的部分来描述，并且将互联网归结为网络媒体，两者没有本质上区分。网络媒体的作用和传统媒体的作用是一样的，都是为了传播信息，实现信息的交流，且都被用来作为信息的载体。书中将网络媒体仅仅视为不可带出去的，只能在家里实现信息的接收和传送的载体。移动媒体就是可以带出的，能够实现在户外任何一个地方都能进行信息的接收和传送。也就是说，移动媒体就是基于互联网技术，将有线信号转化为无线信号，利用无线信号传递信息就能够实现户外接收传送信息，也就形成了所谓的移动媒体。其中移动媒体包括手机报、智能手机、平板电脑、数字化阅读工具、车载广播等。所以，简单地说，移动网络媒体就是网络媒体和移动媒体的结合体，移动网络媒体指的是以计算机、光纤、卫星通信等相关技术为依托，借助互联网向移动通信设备进行信息传播的平台，使信息实现随时随地畅通无阻的交流。

（三）新媒体的发展趋势

1. 新媒体产业成为推动经济发展的重要引擎

新媒体的发展形成了一个巨大的媒体市场，成为促进经济发展的增长点，近年来催生了一种新兴的商业模式，极大地推进了经济的全面发展。

（1）新媒体为就业、创业提供了平台

①新媒体的发展对人们生活方式影响最大的方面之一就是出现了网购，随着新媒体发展得越来越完善，网购成了生活中最主要的购物方式之一。由于网购只需要简单地搜索个人所需要的物品，并在相应的位置填好收货信息之后付款，便只需要等待卖家发货，以及自己收货，节省了大部分的线下购物时间，因其流程简单易懂，且有相对完善的售后服务和实惠的价格，在学生群体和上班族中尤为受欢迎。尤其在 2020 年初，新冠肺炎疫情暴发以来，为了避免人与人之间的直接接触，网购成交数达到了新高峰。网购的便利性，激发了人们购物的欲望，不断地刺激消费，推进了经济的发展。

②网购可以为消费者提供消费购物的平台，但是既然有消费需求，在市场上就会出现供给，那么网络自然就成了一个就业的平台，也就给创业者提供了一个销售的平台。这种需求与供给之间的关系，为一部分就业困难的人提供了创业的方向。在新冠肺炎疫情暴发以后，大批实体店的经营者因资金不足、资金周转困难等，导致所经营的实体店出现了倒闭关门的现象。于是，这一批失业的人中，也有部分人将创业的目标放在了网络上，纷纷加入网络创业中来，因此随着这种形式的不断发展，网络经济成了推动我国经济发展的一大主要阵地。

对于那些贫困地区贫困户，一般来说受经济条件的限制，一些贫困户生产种植的规模有限，而且他们的产业链条比较短，因为地域限制，所以关于商业上的信息也不灵通，再加上偏远地区交通不便利，物流也有限制，所以很多农产品被生产出来后难以转化为可以进行交易的商品。又因为条件的限制，农户生产出来的东西一般都是没有进行加工或改良过的原产品或者粗产品，因此这些产品的附加值相对比较低，导致贫困地区的贫困户有产品但难以推销出去，从而造成了这些产品被搁置的现象。针对此现状，新媒体在帮助贫困地区的贫困户脱贫致富中大有作为。一方面，新媒体可以为农户做宣传推广，使更多的人有机会了解到这部分农产品，并对有需要的客户提供信息以及对消费者进行购物指引，推动贫困地区特色农副产品的销售，增加贫困户的收入。此外，这些贫困户还可以通过新媒体宣传其生产地，从而使更多的加工厂与农户进行合作，建立起直采直供的关系。直供直销的方式减少了中间商赚取差价，降低了成本，因此对于需要农产品的城市消费者来说可以以更优惠的价格购买商品，就会激发起购买的欲望，不仅可以带动贫困地区贫困户发家致富，也进一步推动了我国的经济发展。

（2）新媒体与产业经济相结合推动经济发展

①新媒体推动产业传播。新媒体的出现，改变了传统媒体的传播方式，信息实现了更快捷更准确地传播。越来越多的企业看到了新媒体带来的新渠道，纷纷搭上了这枚时代的“火箭”。运用新媒体进行宣传推广，降低传统广告推广的费用，并且可以人范围地树立企业的信誉和品牌形象，同时还减少了门店的房租水电费用。这样一来，一举改变了传统的营销模式，既降低了成本，又增加了销售量。于是各大生产厂商纷纷通过各种渠道开启直销模式，例如抖音的直播卖货，企业公众号的宣传推广等。尤其是现在抓住消费者心理的预售模式，这种模式在一款新的产品投放入市场之前会大规模地进行产品宣传，抓住消费者的消费心理，然后开始进入预售阶段并同时采用“饥饿营销”的方式，使

产品一投入市场就一售而空。

②调整地方经济社会结构。传统的经营模式是厂家生产—运送给批发商—批发给零售商—顾客。新媒体经营模式是由厂家直接生产，生产完成后通过新媒体网络渠道进行推广，然后线上下单支付购买，最后根据订单发出货物，实现了降低成本，从而降低价格来刺激消费。所以着眼于实际，现在的实体企业经营越来越惨淡，而物流行业则在朝气蓬勃地发展，在新媒体的介入下，经济社会的结构发生了调整，如运输业、房地产业、信息产业、服务业、传媒业、医疗卫生业等行业经济结构调整，促使这些行业顺利转型发展升级。

2. 媒介融合成为媒体发展的必然选择

媒介融合的概念是20世纪80年代提出的，可以简单将其理解为，将原来不属于同一类型的媒介结合在一起。麻省理工学院实验室教授认为，媒介融合就是指各种媒介呈现出多功能一体化的发展趋势。其实关于媒介融合的定义各个国家的学者意见都大同小异，总结来说，就是将不同的媒介在同一个平台上进行整合。

（1）媒介融合可以节约成本，实现集体化的经营。研究调查发现，在传统媒体中电视媒体的前期投入比较大，而获得的收益比较少，相对来说性价比较低，而将电视、报纸、网络等媒体全套做，其成本可以降低很多。也就是说将不同的媒体实现互动融合可以大大降低成本，从而使媒体运营者将费用花在设备或者媒体的开发研究上，实现媒体进一步更新换代，进而实现媒体更深度的融合。

（2）媒介融合可以优势互补、实现各种媒体功用最优化。也就是说媒介的融合可以取长补短，促使各类媒体之间互相借鉴彼此的优点和经验。对于纸质媒体来说，深度报道向来是报纸的一种优势。随着新媒体的出现，报纸的深度报道开始借鉴网络链接的形式，在文章的结尾使用“人物链接”“资料链接”等对文章进行深度解释，有助于读者的理解。

（3）克服原有媒介的不足，实现视听结合。心理学研究表明，从记忆的效果来看，人类对于信息的接受记忆程度，多种感官融合要比单一感官接受效果更好，人类对于听到的信息能记住20%，看到的信息能记住30%，边看边听能记住50%之多。例如，报纸新闻是平面的、文字性的，是无法用听觉来感受的一种媒介，而广播是需要耳朵的听觉来接收信息的媒体。但是如果将报纸的内容通过广播读出来并呈现出相应的画面就可以实现视听结合的效果。因此，随着科技的发展进步，也就出现了电视、手机等新媒介，成功地克服了原有的媒介的不足。

（4）满足不同层次受众的需求。随着经济的发展、社会的进步，人们的生活节奏越来越快，社会结构趋于多元化。因此，媒介融合可以针对不同的受众，融合成不同的产品供他们选择，多元化的产品克服了传统一体化的弊端。如同一新闻事件，可以用最简练的语言和最快的速度从互联网中发出，来满足那些快节奏年轻人的需求，然后将具体详细的事件发生过程通过电视广播的方式发出，以便对这部分新闻感兴趣的人来深入了解，再将其制作成报纸供那些不能及时了解信息或者偏远地区没有电视网络的受众使用。这样各种媒介融合就能发挥其最大的作用，考虑不同的受众群体，实现信息的最优化传播。

3. 新媒体的发展日趋精细化

（1）新媒体分类日趋精细化。根据新媒体的功能来划分新媒体，可以将其划分为自媒体新媒体、工具新媒体、知识新媒体、移动新媒体、社交新媒体与互动新媒体、社群新媒体与公共新媒体。新媒体普及后最主要的受众是普通大众，他们使用新媒体主要目的是沟通交流，并且随着新媒体的发展，其功能也逐渐拓展，尤其是目前火爆的短视频软件，它是手机媒体发展下的产物，其存在是为了娱乐大众的生活。随着短视频的不断发展，购物以及打赏功能得到开发，使得一部分人将短视频的运营当成了一种职业，这种职业在近两年逐渐火爆，虽然相对于主流媒体来说，这种自营媒体并不是很正规，但也给人们的生活增添了一丝乐趣。并且随着自媒体的发展，自媒体在社会上也能够掀起大风大浪，引导社会舆论的走向。工具新媒体主要是指一种传递搜集信息的工具，它本身并不具有决策的作用。工具新媒体的种类也很多，其中主要分为聊天工具媒体、下载工具媒体、系统工具媒体、软件工具媒体、网吧工具媒体、翻译工具媒体等，这些工具都是一种传达信息的介质。知识新媒体，简单地说就是能够提供知识的新型媒体，相当于一个大型的知识库，可以从中搜集到任何想要得到的信息。移动新媒体是最受欢迎的一种媒体形式，其灵活性强，随时随地只要有网络就可以使用。移动新媒体根据信息载体的不同大概可以分为手持移动新媒体和机载移动新媒体，其中手持移动新媒体最典型的就是智能手机，以其便携、私密、方便的特点成为大众最常用的媒体之一。机载移动新媒体最主要的是机载移动电视，它是以数字技术为支撑，通过无线数字信号发射、地面数字接收的方式播放和接收电视节目的一种电视传播媒介。因此，随着社会的发展，机载移动电视已经随处可见，不论是大小型客车还是火车飞机等移动交通工具上，大都可以发现机载移动电视。社交新媒体和互动新媒体最主要的目的不再是搜索信息，而是用以建立网络上的联系，为了形成舆论或者达成行动意向。社群新媒体与公共新媒体产生的原因是，随着社会的发展，当代年轻人的工作压力越来越大，在现实生活中与朋友见面的时间越来越少，但是为了满足情感需要就开始在网上寻找志趣相投的朋友，从而形成了社群媒体。所以说社群新媒体就为这部分人提供了交友的平台，实现线上交友，而公共新媒体区别于社交新媒体之处就在于公共新媒体是一个收集社会意见的正规群体。他们最基本的凝聚力是具有相同的意见看法，从而也就可以形成网络公共新媒体[①]。

（2）对新媒体的内容进行精细化划分。新媒体能够传播各个方面的内容，包括政治、经济、文化、社会、娱乐等方面。对于信息内容的精细划分，有助于节省人们寻找信息的时间。在新媒体发展的过程中，新媒体作为一种接受信息的介质，每天都能接收到大量的信息，所以要用新媒体报道的方式对新媒体的内容进行划分，也可以根据用户的喜好进行相关内容的精细化推送，创造性地提升新闻的价值与影响力。

（3）新媒体运营要精细化。所谓精细化运营就是建立在常规运营的基础之上，将常规的运营引进深入的思想的运营模式，是一种以最大限度地减少运营所占用的资源和降低运营成本为主要目标的管理方式。数据驱动的精细化运营能够让企业所在社会化媒体平台上的运营更加完善，通过运营数据对产品进行改进。新媒体精细化运营最主要的目的在于能够及时调整运营策略。新媒体的运营工作者可以进行详细的分工合作，首先帮助企业了解用户的渠道来源，分析来源之后可以通过用户来源发现更多的用户来源，选择合理的推送渠道，增加产品的曝光度。其次，了解用户所关注的重点对象。在新媒体的运营中，要随时关注浏览量、点击量高的文章和页面，分析文章内容，帮助企业了解用户喜好，使其也在运营过程中及时做出调整。运营精细化有利于企业集中获取信息，从而有利于企业做出战略调整。既然新媒体需要数字技术的支持，那么其背后一定有运营工作者。例如，目前新媒体中最突出的就是短视频的运营，运营精细化就是要对每一个岗位需要配置多少人员、付出多少成本进行精细化计算，精细化运营可以使其产生的效果最优化。

---

① 刘行芳. 新媒体概论［M］. 北京：中国传媒大学出版社，2015.

4. 用户参与性日益增强

首先，新媒体发展以来，呈现出了去中心化的特点，人与人之间的交流不再受到时间和空间的限制，大众参与新媒体的门槛降低。大众从传统被动地接收信息，转换成为主动地获取信息，并且人人都可以成为信息传播的主体，因此增加了用户参与的积极性。我国的宪法规定，公民具有政治参与和言论自由的权利，新媒体产生以后，便捷了公民实现参与的途径，增强了公民的参与感。新媒体未普遍应用之前，群众很少有机会在大型平台上发表意见，因此上级政府不能够及时得到群众的直接反馈，而新媒体时代到来之后，用户在网络上任意地发表看法，并且因为新媒体具有去中心化和匿名化的特点，给大众提供了一个畅所欲言的场所。因此新媒体的用户参与度越来越高。其次，新媒体相较于传统媒体来说最大的特点就是信息交流的双向互动性，信息传播体现的是一种双向的关系，在新媒体领域互动是一种常态并且其具有即时性的特点。新媒体作为一种新兴的信息产业，其最重要的价值就是了解客户的需求，只有与用户交流让用户参与到信息反馈中，才能更好地与用户交流，有助于用户与企业之间建立信任，准确把握用户的需求，从而生产出用户感兴趣的内容。

在新媒体时代，信息是互通的，无论是做短视频还是公众号，都需要与用户建立沟通的渠道，只有人与人之间持续不间断地沟通，才能实现长期经营并有效互动。不论是任何内容实时地跟踪解决问题，还是及时与用户进行信息分享，都是获得用户的关键。因此，新媒体运营者也抓住了问题的关键，使得用户的参与性日益增强。

二、新媒体的内涵和特点

（一）新媒体的内涵

新媒体的概念最早是在 1967 年由美国哥伦比亚广播电视网

技术研究所所长戈尔德马克提出的，美国传播政策总统特别委员会主席罗斯托在向尼克松总统提交的报告书中多次使用“新媒体”一词，由此，“新媒体”一词开始在美国社会流行，并随着时间的推移逐渐流传到全世界①。在“新媒体”这一词提出后，关于“新媒体”的定义一直都没有一个确切的概念，各个专家们也是各执一词。联合国教科文组织很早以前认为“新媒体”就是“网络媒体”。俄裔新媒体艺术学家列夫·曼诺维奇认为新媒体将不再是任何一种特殊意义的媒体，而不过是一种与传统媒体形式不相关的一组数字信息，但这些信息可以根据需要，以相应的媒体形式展示出来②。在线媒体顾问、资深媒体分析师 Vin Crosbie 定义的“新媒体”就是能对大众同时提供个性化的内容的媒体，是传播者和接受者融会成对等的交流者，而无数个交流者相互间可以同时进行个性化交流的媒体③。清华大学熊澄宇教授认为，新媒体是一个相对的概念，新是相对于旧而言的。相对于报纸，广播是新媒体；相对于广播，电视是新媒体；相对于电视，今天的网络又是新媒体。所以在熊澄宇教授看来，新媒体并不是一个固定的存在，它是根据时代的发展，新兴的媒体相对于传统的媒体来说就是新媒体。上海交通大学蒋宏和徐剑从内涵和外延两个方面对新媒体作出了界定，他们认为，从内涵而言，新媒体是指 20 世纪后期在世界科学技术取得巨大进步的背景下，在社会信息传播领域出现的，建立在数字技术基础上的，能使传播信息大大扩展、传播速度大大加快、传播方式大大丰富，与传统媒体迥然相异的新型媒体；就外延而言，新媒体包括光纤电缆、通信网、有线电视网、电子计算机通信网、大型电脑数据库通信系统、卫星直播电视系统、互联网手机短信、多媒体信息的互动平台、多

① 匡文波，新媒体概论［M］．北京：中国人民大学出版社，2019.
② 蒋宏，徐剑．新媒体导论［M］．上海：上海交通大学出版社，2006.
③ 栾轶玫，新媒体新论［M］．北京：人民出版社，2012.

媒体技术、广播网等。阳光卫视的吴征在新浪专栏发表的《媒体业发展趋势与新媒体的文化使命》一文中给出的新媒体的概念是，新媒体是一种超越了电视媒体和印刷媒体的深度的媒体，而且他有很多个性化的地方，具备了从前媒体不具备的深度和广度。

由此可见，“新媒体”是区别于以往任何一种媒体的产物，因此，学者也将新媒体称为“第五媒体”，“第五媒体”的产生实现了信息交流的便捷化，同时也使得网络办公成为现实，在一定程度上推动了社会的发展。

（二）新媒体的特点

1. 全方位的数字化呈现

新媒体自身就具有全方位数字化的特点，也是其最突出的特点。新媒体通过全方位数字化过程，将所有的文本缩减成二进制元编码，并且采用同样的生产、分配与储存的过程。数字化就是将许多复杂的信息转变成可以度量的数据，简单地说，数字化就是一种技术手段，互联网的高速发展，进一步成就了媒体技术的发展。数字化是在网络时代得到了广泛的应用，早期数字化表现为在网络上进行交换的各种资源，互联网的发展促进了数字化的发展，而相对于新媒体来说同样也是通过信息技术将要传播的信息进行数字化处理，实现信息的全方位数字化处理。

2. 信息资源共享性突出

传统媒体的信息资源无法实现即时共享，也不便捷。以电视为例，电视通过卫星接收信号，用户在看到有意思的电视节目时无法直接将电视的内容发送给想要分享的人，也就是说无法实现二次传播。新媒体时代信息的共建共享性逐渐突出，当人们在新媒体上看到信息时可以随时转发给想要分享的人。并且信息不仅能够在国内范围共享，还可以共享到国外，实现国内外信息同步化。例如，现在普及的微信，人们只需要简单地创办一个群聊，发布进去的信息就可以被所有人看到，也可以将一条信息同时转发给很多人。同时信息共享可以避免信息重复，就如投稿来说，一家杂志社收录过的稿子，其他的杂志社将可以通过新媒体查到该稿件已被录用就不再收录。所以信息资源共享同时也可以避免信息重复从而导致资源浪费。就新媒体的作用来说，其数字化的传播就是一种共享性的传播。随着科学技术的进步，信息的共享的方式越来越方便，信息资源的共享性也越来越突出。随着时代的发展，各行各业之间形成了一个关系网，信息共享有利于共同协作，促进长期发展。

3. 传播方式交互性凸显

新媒体的出现，改变了传统媒体的信息传播形态，使用户能够积极主动地接收传送信息，实现了信息的双向交流。并且在新媒体时代信息的创作有时已经不只是创作者单向的输出，也不是只有官方媒体才能输出，受众可以主动地参与到信息的传播过程中。就像是人们不再满足电脑只是一台冰冷的机器，而是通过互联网连接到世界，实现世界信息的交流传播。在新媒体技术的支持下，信息的传播交流方式就像是形成了一个网状的互动模式，这种模式下信息的传播是发散的，并且传播的内容不再局限于文字，也实现了图片、音频、视频信息的传播，使人们实实在在感受到“天涯若比邻”。新媒体不仅可以使各方参与到话题的讨论中来，还能收到官方的回复，同样受众也可以根据自己的兴趣爱好制造并传送信息，提高用户在网络中的积极性和创造性。

4. 传播行为个性化明显

传统媒体的信息传播是没有选择性的大众化传播，它是属于一种大众媒体，其所面对的是对于某一方面信息需求量大的群众，就算是在分众领域市场，在不同的分众领域也是大众化传播，用户很难直接筛选出自己感兴趣的信息。而新媒体可以实现服务的个性化，新媒体网络可以使用户根据自己的需要在搜索框搜索各种信息，用户不只是在简单被动地接收信息，也可以根据自身生活或者工作的需要对信息进行筛选，并且他们也可以将自身的想法转化成各种形式，自主传播信息，实现了时间的自由化。传播者也可以针对不同用户的特点，为不同的受众提供不同的服务。不论是手机还是电脑都实现了信息的异步性，用户不再需要同步接收信息，而能够按照自己的需求合理安排接收信息的时间或订阅不同类型的信息，实现了传播行为个性化。

5. 传播内容多元化显现

新媒体实现了信息实时、快速地传播，传播的内容也不仅仅局限于单一方面，与传统媒体不同。传统媒体例如报纸进行了栏目分类，政治、经济、文化都有不同的版块。而新媒体的传播内容是多元化的，一个手机或者电脑可以同时接收到政治、经济、文化、生活等各个方面的信息。以至于上自国家政策，下至百姓日常生活，都成为我们可以关注的内容。多元化的传播内容也为当地政府制定出各种惠民政策提供依据，同时也要关注不良信息带来的不良影响，积极正确地引导舆论，让多元化的信息传播发挥其最大的正能量的作用。

（1）政治内容传播

新媒体的到来拓宽了政治文化内容传统的传播途径，传统媒体年代，政治内容的传播主要依赖纸质媒体和电视媒体，纸质媒体是传统媒体时代新闻传播的重要手段，群众可以通过订阅报刊的月刊、季刊或者年刊，然后送报刊的快递员就会送达。但这种传播方式存在时差，有时也会因为极端天气等不可抗力导致报刊无法送达，会影响公众对于政治信息的阅读，而且纸质媒体不能够做到实时更新，因此，群众接收到的消息时效性不强。而到了电视媒体时代，1978 年 1 月 1 日开始出现了《新闻联播》节目，虽然相对于纸质媒体来说已经是一步很大的跨越，但仍然存在很大的不足，因为《新闻联播》在刚开始时并没有如今这么完美，它没有片头音乐、播音员以及字幕，并且画面是黑白的，因此还是存在很多弊端。然后到了彩电时代虽然有一定进步，但还是因为播出时间固定而对群众的收看时间有要求。到了新媒体时代，政治内容的传播便捷性到了顶峰。人们可以随时随地了解政治消息，参与讨论。例如 2022 年 3 月 5 日在北京召开的两会，我们可以在微博或者各大应用上随时看到两会的进度，其内容可以实时播报，为群众了解时事政治信息带来了便利。

（2）经济内容的传播

①经济的增长，主要是靠国家或者某地区通过对各种生产结构的变革，来拉动公民的消费，从而使钱货更快地流通，提高我国的 GDP。②经济结构的优化和改进，就是通过改变国家或者某企业的产业、消费等结构，来使其更合理地经营管理，从而推动经济消费。③经济质量的提高和改善，也就是国家和地区经济效益的稳定，自然环境的改善等。

（3）文化内容的传播

文化传播的途径包括商业贸易、人口迁徙以及教育，它是大众传媒。因此可以看出新媒体是传播文化内容的主要手段，新媒体出现以来实现了全球文化的交流传播，越来越多的中国文化传入国外使得很多外国人开始了解中国文化并不断地被中国文化吸引，实现文化内容的多元化传播，例如在短视频平台上通过国外博主的日常生活分享，也可以了解到国外的节日习俗、餐桌礼仪等。

（4）娱乐内容的传播

通过微博热搜，我们不仅能够了解到社会发生的重大事件，也可以发现很多有趣的娱乐内容，尤其是娱乐圈发生的各种事情成为“吃瓜群众”的最爱。因此可以说明，在传统媒体时代各行各业的人一般只能了解到其从事行业的消息，而到了新媒体时代逐步实现信息的大众化传播以后，人们开始了解各个方面的内容。

（5）信息推送实时性展现

新媒体的信息储存量比较大、传播的速度比较快，在传播的过程中有明显的即时性。一般用户只需要掌握操作方法就可以随时随地获取自己所需要的信息。

相对于新媒体信息推送的实时性，传统的媒体则具有周期性，例如，当传统的报纸发布一则实时消息时，首先要进行排版整合资料，其次需要一定的时间来印刷，当天的内容要等到第二天才能传送给大众，并且不能及时地更新，因此时效性不强。如果使用电视来发布一则新闻消息，还需要进行提前录制剪辑，找到合适的时间段在电视节目上播出，反映出传统媒体的信息传播具有时间上的局限性。而新媒体产生以后成功打破这种局限，通过网络将信息传送到人们的电子设备上，使大众接收到消息，这样有利于读者合理安排自己的时间，不再需要大块的时间去观看实时消息，而是可以利用碎片化的时间去接收信息。新媒体采用的是以光纤为主的传播线路，传播的速率高，能够实现信息的瞬间传递，及时更新。以微博为例，用户并不一定要登录，就可以看到每日的实时信息，微博的推荐里有热点、同城、军事、国际等分类内容，用户可以根据自身需要去关注相应的新闻，并且这些新闻每天都在更新，使用户随时都能观看到最新的新闻消息，并及时地通过转发的方式传递给亲朋好友，提高信息传播的时效性。

三、新媒体的形态和功能

（一）新媒体的形态

1. 网络媒体

网络媒体最先诞生于美国，到了 20 世纪末开始在我国出现，并仅用了十几年的时间，就将网络媒体普及到人民生活中，与传统媒体一样是用来交流、传播信息的载体。网络媒体上可以承载庞大的信息量，并且信息一般不会消失，只要是网络记载过的信息，无论多久都能够被搜索出来。这同时也能够反映网络媒体的检索功能。

刘行芳教授认为互联网的本质就是网络媒体，互联网是一种新的媒体形态，我们通常将报刊等纸质媒体称为第一媒体，将广播称为第二媒体，将电视称为第三媒体，将互联网称为第四媒体，互联网主要是通过计算机网络技术手段连接两个或多个计算机的终端或者客户端，实现串联起来的一种网络形式。前三种媒体主要只能用于单向地传递信息，而从第四媒体开始开始实现了双向交流。“互联网媒体”实现了信息的快速传播，主要就是通过计算机、电视、智能手表和移动手机等设备，用不同的语言、不同种类的声音与图像等形式来发送信息代码的一种数字化的传播媒介。网络媒体有巨大无比的信息容量库，也可以说其像一个巨大的信息传送网，可以向四面八方传送信息，也就是说世界各地的信息都可以通过互联网来实现信息共享，人与人之间可以发送信息，实现双方以及多方之间的文件传递甚至现在风靡一时的移动网络手游等，也实现了信息的国际交流。

2. 手机媒体

匡文波教授在《新媒体概念》一书中提到，手机不是移动电话而是迷你型的电脑，目前手机已经成了现代人不可缺少的工具，从刚开始的电话、短信功能到后来的彩信、播放音乐等功能以及到目前智能手机的各种语音、视频等功能，手机在日常生活中所起到的作用越来越大。研究表明，2021 年全球智能手机用户量总数达到了 39 亿，显而易见，手机已经成了新媒体领域中的一颗新星，成为人们生活中必不可少的工具。借助手机媒体，人们不仅可以实现人际无障碍的交流，还可以进行金融服务、购物、学习、娱乐等多种工作和生活服务。近年来，手机媒体在传播信息、娱乐互动等方面做出了不错的成绩。手机媒体主要依靠数字化技术，并且轻巧易携。手机媒体是对于新媒体的进一步延伸，其具有新媒体互动性强、信息传播快等一系列优点，这些特征是手机媒体能够快速融入人类生活中的关键因素，并逐步被大众接受，深刻影响人类信息的传播活动。智能手机被发明出来之前的传统手机相对于传统的报刊、广播来说，其可移动性比较强，由于手机精致小巧方便携带，受到了广大用户的欢迎。随着科学技术的升级，传统的老式手机被新生的智能手机替代，智能手机比老式手机更加符合人类的需求，其不仅实现了信息的双向交流，同时实现了信息的实时传送，人们可以足不出户了解天下事。赵恒的《劝学篇》说“书中自有黄金屋，书中自有颜如玉”，智能手机的出现，实现了在手机上也可以看到颜如玉，也可以通过手机得到黄金屋。智能手机不仅便捷、美观、具有语音视频通话功能、信息处理功能、网络通信功能，得到了大众的青睐，使得手机媒体的发展迎来了新高潮。

3. 数字化媒体

数字化媒体是相对于传统媒体而言的，是在传统媒体之后发展起来的一个新兴媒体形态，它是建立在数字技术、网络技术和移动技术之上，以互联网卫星、网络移动通信以及电脑、手机、数字电视机等终端为平台，通过有线或无线通道向用户提供信息和娱乐服务。现在最常见的数字新媒体有数字电视和数字广播两种。数字电视和传统电视最大的区别在于，数字电视采用的是数字信号而传统电视采用的是模拟信号，数字电视最大的优势就在于它可以进行搜索，不再是传统电视“你播我看”的形式，传统媒体只能是电视上播什么用户看什么，没有自主选择的权利。而且模拟信号传输具有限制性，电视频道并不丰富，所以使用者选择的面很窄。数字电视克服了传统电视的弊端，在选台和时间上有更多的自主性，且清晰度比较高，很少出现卡顿的情况。数字广播就是将音频、视频、图像等信号数字化通过转码进行广播。与传统的广播相比，数字广播不仅能够传送音频、数据、图像等，还可以通过手机、电脑等终端传送出来。

（二）新媒体的功能

新媒体出现以来，其所发挥的功能要比传统媒体的功能丰富许多。传统媒体的功能主要体现在信息传播方面，而新媒体出现以来所承载的功能覆盖政治、经济、文化、社会等方面，这些功能分别承担了社会上不同的职责，且都能对社会的发展起不同程度的推动作用。

1．政治功能

新媒体的政治功能是双向的，它可以被政府利用对社会进行合理有效的制约，也可以成为政府控制社会的利器，新媒体的政治功能如下。

（1）传播政治信息

政府制定的政策要公布与施行，新媒体的出现，实现了这种信息传播的便捷化，能够实现信息及时有效的传递。并且新媒体可以将声音、文字通过图片或者视频转化为大众更容易理解的形式供公众解读。

新媒体最主要的政治功能就是传播信息，新媒体可以对政府的新规定和政策进行报道，将多样化的政治信息传播给大众，实现自动收集信息的功能，而且在这些信息传播的过程中，通过一级一级的传递，最终会以最通俗易懂的方式呈现出来，帮助大众理解信息。这有利于政府来进行社会的管理，实现公民与政府之间的间接沟通，有利于消除政府与公民之间的隔阂，达成共识。新媒体与传统的报纸、广播等媒体相比，降低了对知识文化程度的要求，传统媒体时代信息都是以文字声音等方式呈现出来的，对于一些知识水平低的老人或者对一些普通话不太好的受众会存在信息接收理解较为困难的现象。而新媒体出现以后，将传统媒体的文字声音结合在一起，并加入了视频动图等形式，能够吸引社会各层次受众来关注政治信息，并能够正确精准地理解政治信息。从而公民可以明确地对政府的工作进行监督，履行公民的监督权。大众在接收政治信息后，可以通过新媒体衍生出的交流平台，发表自己的意见或者建议，实现与上级的有效沟通，因此，相比于面对面沟通，其不受时间地点的约束，更加便捷，更有利于政府根据民意制定政策法规。

（2）影响社会舆论

新媒体的政治功能也包括为我国的一系列政治活动进行宣传，并且新媒体承担着净化网络环境的功能。其实新媒体不仅是简单的媒体传播交流功能，它还是政府机构的重要组成部分，新媒体成为群众自由发言的平台，因此也就衍生出来舆论功能。新媒体的政治功能就要求新媒体要正确地引导舆论，大力宣传党的教育方针政策，密切关注政治信息，营造良好的网络环境。社会舆论主要是公众针对某一事件在现实生活中或者网络上发表的看法，这种看法的汇集能够在一定程度上影响政府的决策。政府必须对舆论给出回应，并且进行正确的价值引导，不然就可能产生不良的舆论导向。新媒体不仅是进行舆论传播的渠道，而且可以在网络上带节奏，所以不良的舆论不断发酵很容易造成偏激的舆论导向，也就是我们现在所说的“暴”。所以就需要相关部门进行合理的处理，带动积极的社会舆论。

（3）设置议程

传统媒体一般来说都是政府自主进行决策，控制政治议题，新媒体出现以后公民的地位得到了提升，公民的知情权与参与监督权都得到了加强，更有利于促进国家治理的民主化。政府通过新媒体给执政议题引发讨论热度，引导大众对于政治事件进行思考，从而使大众可以针对相关问题在新媒体上发表看法，为国家的政治决策提供新的方向。也就是说，新媒体在改变了原来自上而下的政策传播方式中又引起了一种自下而上的政治反馈形式，新媒体对于某些影响较大的新闻事件加大报道量，使大众意识到问题的严重程度，从而进一步引发舆论，形成舆论压力，来推动政府将某些问题纳入议事日程。虽然这种方式不能直接解决问题，但是媒体的报道会使政府考虑解决问题的先后次序。

（4）政治社会化

政治社会化是指政治个体通过教育和实践获得的政治认知、政治情感、政治态度并外化为政治行为。新媒体时代的政治社会化就是通过新媒体技术传送政治知识，从而使公众更普遍地接受政治知识，并将政治知识内化于心外化于行。多个学者研究表明，新媒体是这个时代关于政治管理最重要的社会力量。新媒体在现代社会中产生非常大的作用，媒体是获得群众生活信息的主要渠道，可以帮助政府发现问题，解决问题。

（5）监督政府

媒体是信息的传递者，可以将政府的决定公开透明地传递给群众，使群众能够及时监督政府的工作，政府也可以通过媒体自觉地接受广大人民群众的监督，保证信息的公开发布，实现科学执政、民主执政、依法执政。政府可以通过新媒体及时地上传政务信息，保证公民在社会参与中的知情权，使公民随时了解政府的动态，使政府的基础管理工作公开透明化。并且政府行政部门利用新媒体技术，为群众了解信息提供正规的渠道，有利于政府与群众之间建立起信任，激发群众参与政务的积极性。也给群众提供提出意见的渠道，有利于监督并反馈政府的工作，从而在监督政府的基础上树立政府的更高威信。

2. 经济功能

（1）给企业和消费者之间的沟通带来便利

在信息时代，新媒体给企业和消费者之间的沟通提供了极大的便利，信息不断地交替更新，消费者被不同的产品信息围绕。各个企业都想要将自己的产品信息传送出去让消费者看到，所以就要通过新媒体发布产品信息，使消费者准确地获得消费市场的信息，同时也使企业得到消费者的反馈，从而了解社会市场的不同需求，企业的管理者根据市场的需求调整企业的经营战略，提高企业的经济效益，使企业获得长期可持续性发展。

（2）改变了人们消费的方式

随着互联网在大众生活中的普及，网上出现了一系列经济活动，其中影响最深就是网购。尤其是近年来微信、支付宝、淘宝等客户端的出现，成为网购和支付的三大阵地，这些购物、支付软件的产生改变了人们的生活方式。而且借助新媒体的发展，逐渐出现了一个经济热词“网红经济”。在网络不发达的社会，人们的衣食住行都需要用现金来解决，而网络媒体的出现，很大程度上改变了这种消费方式，一部智能手机可以解决生活中方方面面的问题。网购的便捷化，极大地刺激了消费者的消费欲望，从而推动了整个社会的经济发展。

（3）带动电子商务的发展

正如上文所说，新媒体的出现给网购带来了契机。与网购相关的电子商务就会受到网购的影响，从而被带动发展。既然有网购的需求，自然就会有物流的需求，两者是互补的关系。电子商务是以信息网络为技术手段，在网络上进行交易的商务活动。电子商务中的“电子”是一种信息技术，是一种手段，而“商务”才是核心，是通过“电子”带来的机遇。网络购物的普及极大程度地带动了与电子商务有关行业的发展，随着电子商务的不断发展，业务也越来越广泛，其中包括电子货币交换、供应链管理、电子交易市场网络营销、在线服务管理、电子数据交换、存货管理等等，越来越多的人转业到电子商务行业，并且随着社会的变化，其形式和类型也在不断地发生变化，并逐渐成为推动经济发展的重要组成部分。

3. 教育文化功能

（1）传播理论知识

传统媒体的知识获取主要通过老师，也就是说老师的文化水平决定了学生所能接收到文化知识的高度，而新媒体的发展，给理论知识带来了传播的途径，现在我们所需的大多数信息通过网络都可以搜到，因此可以说新媒体网络承担了相当一部分的知识传播。因为教师讲授的内容可上传到多媒体上，供所有需要的人观看，从而进行理论知识的传播。对于中学生来说，他们可以通过一些搜题软件进行文化知识的学习，并且这些软件里配有名师讲解，有助于学生在没有任课教师的情况下也可以获得知识，这些内容都是将新媒体作为信息传递的载体进行知识讲解，从而达到理论知识教育的目的。

（2）增强民族自豪感

随着新媒体的不断发展，新媒体的文化教育作用日益显现，新媒体通过纪录片或者视频文字的形式，传播中华优秀文化。近年来，新媒体的广泛应用，使中华民族的文化传播达到了有史以来的顶峰。新媒体向广大人民群众展现了中华优秀传统文化，培养了我国广大人民群众中尤其是新一代青年人的民族自豪感。例如，《舌尖上的中国》的播出使广大人民群众深入了解到我国各地的特色美食，成功地弘扬了我国的美食文化。中央电视台播出的《中国诗词大会》、湖南卫视的《汉字英雄》以及每年的春节联欢晚会都会让人们产生对民族文化的自豪感。在使中国国民受到鼓舞的同时，也能够使很多海外侨胞感受到中国文化的魅力，从而能够使中华民族的优秀文化走向世界。

(3) 提高民族凝聚力

当今社会，随着经济全球化的不断发展，西方文化开始大量传入我国，在这种形势下，新媒体为提升民族凝聚力提供了新的渠道，新媒体可以通过广大人民喜闻乐见的方式传播中华文化、宣传我国的主流思想。因为新媒体是通过数字技术控制的，所以新媒体运营人员对新媒体内容的传播进行监督管理，随时降低错误思想导向的热度，使呈现在大众视野里的信息符合正确的舆论导向和社会主义核心价值观。在这种媒体环境的熏陶下，能够形成良好的价值观念，自觉地团结在中国共产党周围，促进中华民族的团结，提高民族凝聚力。

4. 社会交往功能

新媒体产生以来，最突出的功能就是社会交往功能。新媒体是人们维持联系的工具，尤其是作为新媒体媒介的手机，自发明以来，最主要的作用就是用来打电话和发送信息，使人们可以实现异地交往联系。过去，不在同一地点的人们进行交流的方式只有书信，书信传播消息速度慢，而且成本比较高，需要耗费大量的时间和人力，不适合紧急事件传送，而且容易被人调包、无法鉴别真假。而新媒体出现后人们的交往方式发生了改变，随时随地语音视频成为司空见惯的事情，使得社会成员之间的联系更加紧密、更加便捷。

(1) 维系大众社会关系的重要媒介

在中国的传统文化中，社会关系一直都是社会存在的重要形式，新媒体的出现，将社会关系变得更紧密。以前，人与人之间的交际主要靠书信和面谈，因此那时人与人之间由于不方便的缘故联系并不密切。进入新媒体时代后，大众之间的社会关系变得密切又复杂，很多传统意义上的小群体都解散了，转而在新媒体上重新聚集，也就是将沟通联系的主要平台从线下转为了线上，并且这种线上平台所承载的人数比较多，可以满足多数人的需求，就以微信为例，创建群聊就可以进行多人同时沟通。就社交新媒体来说其最主要的活跃人群是女性，虽然随着时代的发展、社会的进步，广大女性群体开始独立自强，更多的女性开始拥有了自己的事业，但从社会的总体水平来看，社会上的家庭一般来说还是以男性来养家糊口为主，所以会有一部分女性选择在家相夫教子，因此相对于男性来说，女性接触到的人群有限，在生活中交友产生了障碍，于是自新媒体发展以来，大多数女性开始进行网上交友，例如，微信上创建的很多家庭伦理群、宝妈群、闺蜜群等，来满足自身对社会交往的需要，也是维系社会关系的重要手段。

（2）拓展社会关系的重要媒介

通过新媒体进行交往，不仅可以维系人与人之间的关系，还可以拓展人与人之间的关系，形成一个巨大的关系网。这种方式表现为可以将不熟悉的关系拓展为熟悉的关系，将熟悉的关系发展为亲近的关系。新媒体就相当于一个中介，为我们提供无限的机会去认识更多的人。传统媒体由于受到时间和空间的限制，在交友上非常有限，一般来说只认识身边的人，而没有机会去认识很多异地的朋友。而在新媒体的交往中，我们可以通过搜索来认识更多的陌生人。例如在 QQ 上，联系人这一栏的最上方，系统会自动推荐出来一些你可能认识的人，这些人可能是与你有共同的联系人或者关注过同样话题的人，可以通过点击后面的添加按钮认识，进一步认识了解这些人。而且新媒体不仅能够发展线上的关系，还可以通过新媒体将线上关系发展为线下关系，例如，新媒体发展以来，出现了一个新型的名词——网恋，男女可以通过互联网结交朋友，随着感情的不断升温逐渐发展成男女朋友的关系，从而可以进行“奔现”。甚至还有“网络游戏组队邀请”，也是形成一种社会关系的方式，促进社会的交往。

(3) 实现现实人际传播的回归

新媒体作为社会交往的主要介质，不仅为人们的线上交往提供了平台，同时也能够实现虚拟世界向现实世界的回归，例如在人人网中，人们的信息都是实行实名认证，因此很容易在网上找到以往的同学或者伙伴，为进行线下相认打好了基础，而且网络实名制也有助于人与人之间建立起信任，建立良好的感情。虽然实名制并不是所有网络软件强制要求的，但是现在越来越多的人更愿意实现实名制，因为实名信息可以帮助人们加强交流，也能更好地保护人们网上的信息安全，同时更大程度保证回归现实后的可信度。

四、新媒体给高等教育带来的影响

新媒体技术的迭代更新，使人们的生活方式发生了翻天覆地的变化。无论在任何时间任何领域都展现出了其卓越的成就，尤其是在高校中，新媒体成为学生生活、学习以及社交的重要媒介，并成为高校学生生活中不可或缺的一部分。新媒体给高等教育带来了巨大的影响，这种影响不仅包括机遇，还包括给高等教育带来的挑战。

（一）新媒体给高等教育带来的机遇

随着新媒体技术的迅速发展，信息传播实现了快速、便捷化。高校作为培养人才的摇篮，迅速地将新媒体技术应用到了高校课堂中转变传统的教学方式，使新媒体与传统的教学方式相融合，提高课堂教学的效率，激发学生学习的积极性。在学校管理和提供校园服务方面进行改进，需要耗费大量的人力物力，新媒体技术的应用，实现了一体化的校园管理和服务，给学生的生活学习带来了便利。传统教学方式中师生的互动具有时间、地点的限制，新媒体的互动功能开发以来，成功克服这种弊端，为师生交流提供了超时空平台。下面本书就新媒体给高校带来的机遇进行分析。

1. 促进了教育教学方式的改变

传统的课堂往往都是教师教授知识，学生每天都在固定的座位上接受知识，这种教学方式很早以前就遭到教育界的各种质疑，但一直都没有得到有效解决。在新媒体教学方式出现以后，情况才有了新的转机，教学方式逐步实现了教师主体转换为“互动型”的学生主体地位。高校学生是祖国未来的希望，并且在掌握知识方面具有很大程度的主动性，这种主动性越强其学习的效果就越好。在线课堂和网络教育为传统课堂的改革提供了新思路。接受高等教育的学生往往已经具备了自主选择的能力，他们拥有对更加高深知识的渴望，在新媒体出现以来学生对于知识的学习主动性更强。网络飞速发展，使信息的传送和接收畅通无阻，高校学生也可以通过各种渠道获得信息，因此，增强了学生学习的主动性。学生的学习也不再受知识范围的限制，可以通过新媒体学习各种跨学科的知识，并且高校学生可以随时随地收集资料，对所研究的课题或者文化进行动态跟踪，以便获得时效性信息。多媒体的存在为这些接受高等教育的学生提供了学习的新方向，一举改变了传统的教育教学方式。

首先，新媒体的产生为丰富多样的教学方式提供了条件，摆脱了传统教学方式中只能通过老师讲授的不足，融入声音、图片、视频等形式，使课堂呈现的内容更加生动形象，使学生更容易接受学习的内容，并且使学生视听结合，激发学生的学习兴趣，提高教学的效率。这样能缓解单向教学中教师持续不断的高强度输出给学生带来的疲惫感，避免课堂效率的降低。其次，新媒体的出现打破了传统的教学方式在时间和空间上的限制，学生可以在新媒体设备上学习知识内容，以前面对面的教学方式，学生只有一次观看课程的机会，而新媒体的课程可以实现无限次回放，学生对于听不明白或者漏听的部分就可以多次回看，节省了人力，老师就可以将更多的时间和精力放在钻研课程教学、提高教学的质量上。最后，新媒体以科学技术为支撑，提高了信息共享的程度。新媒体产生以来，逐渐产生了网络课堂，这种课堂形式克服教室空间位置的局限，使更多的人参与到课堂中来，同时还能实现云互动，提高参与课堂的学生数量。而且在传统的教学方式中，通常一门课程只有一个老师讲授，而新媒体的引入可以使学校不同层次的老师用不同的教学方法录制同一门课程，这样学生就可以选择自己感兴趣的、更容易接受的教学方式进行学习，从而达到更好的学习效果。

2. 带来了学校管理和服务方式的改变

随着新媒体的发展，其对高校的学校管理和服务方式也带来了改变，给学校带来了一种“一站式”学生社区，这个社区主要是在住宿区打造的一种一体式学习、生活服务。“一站式”服务社区的发明是为了解决学生的实际问题，减少学生因需要办理业务而在路上使用的时间和办理手续的时间，这种方式的实现，最主要依靠的就是新媒体。新媒体不断地进行升级，成为高校进行学校管理和服务的一个重要载体。

传统的管理方式是院级和系级同时对学生进行管理，然而对于高校来说每个院系都是相对独立的个体，因此在管理上会存在一定的区别，这种方式不利于学校的统一化管理。新媒体可以促进学校各个组织部门的信息交流，有助于实现学生信息的流水线管理，新媒体能够对学生的信息进行精准把控，同时在新冠肺炎疫情防控期间，可以对学生的行程以及所在地点进行监督管理，实现管控的精准化。学校管理中引入新媒体技术可以简化管理的手段。通过新媒体，高校可以将学生的各种学籍资料归入档案进行保存，规避了纸质资料保存容易丢失的风险。传统媒体时代，学校为学生提供的服务方式都是需要面对面办理的，而新媒体的出现使学校的服务实现了网上办理，同时也是“一站式”社区打造的基础，通过网络服务，将学生通常使用的服务联系在一起，建立“一站式”学生社区，实现“共建、共治、共享”。如华北电力大学在疫情防控的关键阶段，运用社团公众号发出倡议书，全校学生社团积极配合疫情防控工作部署，充分发挥学生社团的战斗堡垒作用，坚决打赢这场“没有硝烟的战争”。

（1）腾讯 QQ 在高校管理中的应用

QQ 始于 1992 年由腾讯公司研发的社交产品。它自诞生以来一直不断地在更新，已经完美地实现了交流和娱乐的功能，成为最受欢迎的聊天工具之一。在高校中几乎每一个学生都使用这个软件，因为其使用方式简单并且在不断地优化，深受广大青年群体的喜爱。因此，高校也充分地利用此软件进行学校事务管理，QQ 可以创办班级群，有效地进行信息的传达，同时可以提高班级的凝聚力。教师管理员可以通过 QQ 群传达重要消息，加强对学生的管理，同时也能增强管理的时效性。

（2）微信在高校学生管理中的应用

微信是在 QQ 诞生之后又推出的一款聊天软件，相对于 QQ 来说微信更加简便，更适合工作中交流信息使用。微信的作用其实与它相差不大，在高校中应用的最主要目的就是为了进行教师与教师、教师与学生之间传达信息。目前来说，随着微信功能的逐步完善，越来越多的高校更愿意用微信来进行重要事项的传达，因为相对比两者的信息安全度来说，微信的安全性更高。QQ 时常会出现被盗号的情况，而微信的申请程序以及异地登录都有身份对比要求，因此安全性较高。目前，微信在高校的管理中应用更广泛。

（3）微博在高校学生管理中的应用

众所周知，每个学校都会开通微博官方账号，进行学校风采展示以及校园文化宣传。高校可以在微博上与学生进行互动，了解学生的需求，从而进一步加强管理。

3. 给教育者和受教育者提供了交流平台

随着网络技术的不断革新，微信、QQ、论坛、微博等沟通平台得到了广泛的运用，人与人之间的沟通方式随之也发生了巨大的变化。新媒体已经成为高校学生人际沟通的重要工具，同时也是高校教师和学生之间沟通的必要载体。传统的教育模式，在教育者与受教育者之间建立了无数屏障，多采用自上而下的形式进行交流传播。一般情况下，都是教师或者管理人员传递消息，而学生则却缺少向上传递消息的平台。新媒体的出现实现了信息的双向传播，不论是“校园贴吧”还是“微博超话”的出现，都是为受教育者提供一个信息反馈的平台，使教育者和受教育者之间能够实现双向交流。

传统媒体时代教师与学生之间的沟通交流受到时间和空间的限制，如果学生遇到一些突发状况需要及时找到老师时，与教师联系成为最大的障碍。而新媒体产生以来克服了这种弊端，新媒体也可以使人与人之间的交流更加顺畅，不论是老师与学生之间，还是学生与学生之间，都能够通过新媒体进行交流，克服传统教学方式中师生之间沟通少的问题，提高了师生之间沟通的效率，从而能够及时地解决学生面临的问题。因此在新时代，师生之间应充分利用新媒体最大限度地实现有效的沟通。

4. 拓宽了学生参与学校和社会管理的渠道

首先，拓宽了学生参与学校管理的渠道。学生作为高校最重要的组成部分，需要参与到高校的管理中来保障自己的利益。对于高校而言，传统的自上而下的管理模式已经不符合当代社会的需求，当代社会的教育制度是“以人为本”，密切关注学生的需要，将学生的需要放在首位，要实现民主管理，就必须尊重学生在高校管理中的地位。但是按照传统的管理方式，学生参与学校的管理存在很大的难度和挑战。而新媒体的出现，网络信息技术的发展和普及，为学生参与高校的管理提供了契机。学生可以利用各种信息平台发表意见和建议，制造舆论，利用舆论的力量，给校方施压，从而使学校做出决策，形成以新媒体信息平台为载体的管理参与机制。

其次，拓宽了学生参与社会管理的渠道。传统媒体时代，由于获取信息困难，很大程度上禁锢了学生的思维，致使学生对参政、议政以及社会的管理等内容漠不关心。当前我国已经进入了新媒体时代，并且国家也在高校新媒体建设以及无线网络建设上大量投入资金，这也为学生参与社会管理提供了条件。随着新媒体的发展，其已经成为公民群众参与社会管理最主要的渠道。尤其是对于公众中的知识主力军——高校学生来说，新媒体的出现，使得他们有了参与社会管理的平台，提高了学生参与社会管理的意识，同时也拓宽了其参与社会管理的渠道。因为高校学生作为高级知识分子，他们提出的意见和建议更加符合社会实际，更加真实科学，符合现代的主流思想，因此高校学生参与社会管理，有助于推动社会的进步。

（二）新媒体给高等教育带来的挑战

新媒体是一把双刃剑，在促进高校发展的同时也相应地带来了很多挑战。

1. 相对弱化了教育者的权威性，增加了管理难度

新媒体给学生获取知识提供了更广阔的空间和资源，因此，新媒体的存在加快了学生与外界的交流联系。学生在学习或者生活中遇到难以理解或者难以解决的问题，不能局限于寻求老师的帮助，同时也可以在网络平台上寻求帮助。新媒体时代信息更新迅速，教师和学生处于获取资源的平等地位，有的学生对网络上的信息关注及时，在某些感兴趣的领域涉猎比较广，对社会的要求以及道德规范有其自身独特的见解，就会在心里相对降低老师

的权威性，这就使得学生与教师之间的地位逐渐趋于平等。如果在这个过程中，老师继续使用传统的教育来管制学生，学生就很容易产生抵触的情绪，增加了管理的难度。

此外，新媒体带来的信息“大爆炸”，使网络上出现不同的声音，多种观点混杂其间，学生有时不能准确地辨别信息的真假，同时也存在一些错误的价值观误导学生，使他们在不同程度上出现了信仰迷茫、理想信念缺失的现象，降低了责任感，对老师的说教就会产生叛逆心理，增加管理的难度。

2. 分散了学生的注意力，给一些学生带来了选择障碍

随着新媒体的发展，新媒体逐渐被引进到高校的课堂中，给大学生的学习带来了很大的便利，但同时如果不能合理地利用，新媒体就会影响高校学生的学习质量，分散学生在课堂上的注意力。

首先，从学生的主动性上来说，新媒体的引入，给学生的自控能力带来了更高的要求。大学课堂本就不再像初高中课堂那样有老师进行管理监督，相对来说自由性更强，更加考验学生的自制力，加上部分教师的课堂内容比较枯燥无聊，就会出现学生逃课现象或者学生来到教室后在后排睡觉或者上课低头玩手机。尤其是近年来手机的普及，大学课堂时常会出现一眼望去无人抬头的现象，学生的注意力都放在了手机上。相比于枯燥的课堂，手机上的多彩世界更能激发学生的兴趣。这就反映出手机作为新媒体的载体之一，很大程度上会分散学生的注意力。

其次，从教师的教授方式上来说，教师为了激发学生的学习兴趣，开始将新媒体教学引入课堂，会在 PPT 上呈现各种文字、图片、视频材料，来吸引学生的注意力。但是如果课堂资料播放的时间或者方式不合理，学生就会将注意力全部放在视频上，而无心于知识，或者教师所播放的视频或者图片针对性不强，就不能达到新媒体在课堂上使用的效果。甚至有时在受到学生的启发

后教师要发挥其教学过程生成性的特点，临时在网络上查找资料，此时课堂的进程就是中断的，如果老师不能充分合理地安排这部分时间，学生的注意力就会马上转移到其他的事情上，从而影响课堂的质量。

最后，从资源的选择上来说，由于新媒体信息的碎片化、多样化，学生在搜集信息方面存在很大困难，而且多而杂乱，很难选择出有用的信息。因此，学生很难判断其收集到的信息是否正确，也很难判断其是否符合主流的思想，因此会出现信息的选择障碍。

3. 过度依赖网络，学生极易出现思维惰性

网络时代，大学生很容易出现思维惰性，伴随着互联网科技的发达，网络为人们的学习、生活带来了很大的便利。同时现在大学生的课业负担重以及生活压力都较大，因此会选择虚拟的网络世界进行放松，但是如果把控不好这个度，就容易在网络上堕落，从而进一步禁锢学生的思想、视野。并且大学生可以在网络上搜集到各种各样的学习资源，以及所需资料的答案，从而会使大学生忽视自身素养的提高。这一现象制约了大学生学习积极性和主动性，表现出思维的惰性，认为网络上什么都有，不需要学习。所以说网络是一把“双刃剑”，合理利用就会有利于学生的成长和发展，不合理利用就会成为学生成长之路的“绊脚石”。

（1）杂乱的网络信息，致使思维倦怠

传统媒体时代信息的传播是经过严格审核以后才会被允许投放到大众市场上，例如纸质媒体需要经过报社监管人员的审核、电视媒体需要经过制片人以及广电局的审核，其中不符合社会主义核心价值观的内容会在审核后被删除，不实的信息一般都没有机会出现在大众市场上。而到了新媒体时代，这个发布和审核的顺序发生了一定的调整，通常群众运用的软件都是某一家公司出品的商业化软件，所以对于信息的审核并不十分严格。很多信息

都是发布出来后经人举报才会受到重视被审核，但是这个过程中信息已经在大众市场上进行了大量的传播，在其被删除以前已经产生了很大的影响，而且高校学生是一代随时可能遨游在网络上的青年，因此就很有可能接触到类似的很多不良信息。

网络信息的便捷化、快速化，使世界成为一个庞大的信息网整体。人们能接收到世界各地的信息，增加了人们生活趣味性的同时也出现了信息爆炸的情况。过多的网络信息，阻碍了人们的思考，高校学生同样被淹没在信息的海洋中，使高校学生增加了信息选择的负担，没有过多的时间去提炼、加工，这大幅度降低了信息的使用效率。同时过多的信息，容易使学生视觉以及心理疲劳，从而分散了注意力难以专注学习，使学生出现心理疲倦、思维倦怠、注意力分散的情况，逐渐形成惰性思维。

（2）网络依赖引发网络倦怠，思维模式狭隘

日趋便捷的互联网成了大学生学习生活娱乐的最主要的工具，也就使得智能手机、平板电脑以及手提电脑成为大学生活的必备品。但是由于大学生的自控能力比较弱，不具备成熟的独立思考意识，因此难以克制自己，对于网络电子产品的依赖性比较强，容易形成网络依赖。长期的网络依赖会形成网络倦怠。尤其是现在大多数大学生面对老师布置的作业，除了自制力特别强的学生以外，部分学生会选择使用网络来搜索答案，过分地依赖网络，而不进行思考，久而久之造成了思维狭隘，缺乏独立思考的意识，缺少了开阔的眼界。近年来，形成网络依赖的大学生越来越多，高校学生毫无节制地使用电子产品，严重影响着他们学习和生活的质量，严重者甚至影响身体健康。而且由于对电子产品的依赖性，部分学生在远离电子产品时，甚至会出现焦虑空虚状况，严重影响到正常生活。

4. 网络安全若出现漏洞，导致学生个人信息安全受到威胁

目前，网络新媒体虽然给高校的教育以及沟通交流方面带来

了很多便利，但是是网络上对于信息的保护仍有很多不足之处，容易造成大学生的个人信息泄露。随着社会的发展，我们全面实现了信息的一网通，但是网络环境并不是一个完全安全的环境，它会受到各种因素的影响，导致信息被泄露或者盗用。而且学生在网络上使用的大多数软件都需要进行身份信息的绑定，不仅需要个人手机号、身份证号以及姓名等信息，这就使学生的信息暴露在了网络媒体上，这些信息并不能被完全保护，甚至有时会被有心人利用起来，实施不法行为。因此也就出现了很多的校园电信诈骗等行为，就是因为不法分子掌握了学生的真实信息，更容易博取学生的信任，使得诈骗行为进一步得逞。校园网络逐步提高了校园管理的效率，但是校园网络也会遭到各种因素的干扰，导致学生的个人信息安全受到威胁。本书将通过以下三个方面来分析威胁校园网络安全的因素：

（1）病毒或黑客的入侵

目前，校园网络已经在不断地完善，但是在设置和运营上仍然存在很大的漏洞。病毒的入侵会导致网络瘫痪，与此同时，很多黑客为了获取信息会设置木马程序，非法入侵校园网络，盗取学生的信息，进行非法售卖。并且网络病毒传播速度非常快而且范围广，学生在浏览各种网站或者下载资料时，很有可能受到病毒的入侵，从而导致信息泄露。

（2）学生安全意识不强

校园网络的主要使用者是学生，学生通常需要通过校园网络来下载收集资料，但是研究表明，学生使用校园网络的安全意识并不高，又因为现在网络环境相对杂乱，在进行搜索时，稍不注意就会碰到各种带有病毒的不良网页，导致学生在使用校园网络时，引发信息泄露。这可能会是由两方面的原因造成的。一方面是，学生由于知识上的欠缺，尤其是对于那些所学专业非计算机类的学生，对网络的了解较少，并对学校的信息安全工作有着绝对的信任，认为学校的网络环境一定是安全的，在上网时就忽略安全方面的考虑。另一方面是因为长期使用网络导致学生产生了一种麻痹的心理，只要没有大影响，就随意地浏览、访问各种网页。哪怕系统会提示该网页可能存在安全问题，学生为了想要获得自己想要的资源也全然不顾提醒随意进入。这就给校园网络的管理带来了一定的困难，同时也容易将病毒带入校园网络的其他系统里，从而导致病毒侵入，信息被泄露。

（3）校园网络管理不到位

一个学校的校园网络储存着整个学校学生的信息，所以校园网络信息安全的维护是非常重要的，然而有些学校并没有对校园网络信息安全的维护配备合理的专业管理人员，只是将重点放在了硬件的维护和设备管理上，对于软件的监督管理做得不是很到位，导致很多软件侵入了校园安全网以致校园信息的安全受到威胁。因此，在网络受到攻击时不能及时地采取措施制止。还有一部分院校的网络管理者责任心不强，只能解决简单的硬件问题，对于复杂的软件问题难以解决。此外，一些高校管理机制不健全，存在一些安全信息的漏洞，对于学生的文件信息保护力度不够，也会导致学生的个人信息、学业信息等泄露。校园网络的信息维护不是一项简单的工作，需要学校投入一大部分的人力、物力，然而有些学校不重视校园的信息维护工作，投入网络安全维护上的人力、物力不足。

5. 网络暴力和不良信息的传播，严重影响学生身心健康

新媒体发展以来，各种不良信息层出不穷，严重影响学生们的身心健康，主要呈现以下特点：

（1）影响学生对信息的判断，盲目跟风

相对于传统媒体来说，新媒体的交流方式更加便捷，人们可以在新媒体上接触到各种各样的人，这都为不良信息的传播埋下了隐患。近年来，随着网络媒体的兴起，网络上跟风的现象非常

严重，以微博为例，学生在看到某一则新闻消息后，会看本则消息下的评论来判别信息的真伪，而网络评论是一个自由发言的地方，因此关于某一则新闻的评论其实是五花八门的，但有时网络的评论风向也是一边倒的，因此，学生的思维可能跟着评论里的风向一边倒，丧失自身的信息辨别能力。如果评论里的风向并不是特别友好，就会传送一种错误的风评取向，而导致一群人跟风，在网络上肆意辱骂，以至于形成网络暴力，对学生的身心健康造成不良的影响。

（2）影响学生综合素质的发展

新媒体上不良信息的数量较多，传播速度较快、影响大，使一些大学生形成了错误的价值观和人生观，开始贪图享乐，直接对家庭、社会以及学校造成不良的影响。并且随着智能手机的盛行以及普及，很多人都变成了“低头族”，开始懒于现实社交，更喜欢对着手机或者电脑进行“沉默式”交往。大学生也受到这种风气的影响，开始惧怕现实社交，而在网络上谈笑风生，因此导致一部分人在现实生活中形成了孤僻的性格，变得沉默寡言，严重者可能会出现偏激的想法，甚至产生危害社会的行为。

综上所述，新媒体的发展使各个领域都发生了翻天覆地的变化，尤其对于高校来说，在带来一定机遇的同时也带来很大的挑战。通过以上论述可以发现新媒体带给高等教育的重大利好，但是我们仍然要重视网络信息中的各种不良信息。而对新媒体带给高校的挑战，高校要积极地采取措施应对，将新媒体的危害降到最低，保护好学生的权益和身心健康。

第二章　高校学生社团发展历程及现状

【摘要】 高校学生社团经历了五四前后高校学生社团的开创期、新中国成立初期的曲折发展期、改革开放以后的繁荣发展期，以及新时代以来高校学生社团的规范化成长期，以其组织的自发性、种类的多样性、成员的广泛性、结构的松散性、管理的自治性、活动的丰富性，逐渐在高等教育和社会发展中发挥着越来越重要的作用，成为推动社会进步的重要力量。高校社团根据其活动方式的不同，主要分为思想政治类社团、学术科技类社团、创新创业类社团、文化体育类社团、志愿公益类社团、自律互助类社团和其他类社团等，具有教育功能、文化功能、凝聚功能、协调功能和发展功能。新媒体平台广泛运用于社团活动之中，拓宽了社团的活动舞台，调动起学生参加活动的热情，为社团发展带来机遇和挑战。

社团的起源最早要追溯到 1904 年至 1905 年间，日本和俄国为了维护各自国家在中国领土上的利益，在我国东北地区发动了日俄战争，严重威胁了我国公民的生命安全、财产安全以及领土安全，当时腐败的清政府无力抵抗，具有超高爱国情怀的京师大学堂学生为了抵抗日俄的侵略，自发成立“京师大学堂抗俄铁血会”。当时的“抗俄铁血会”已经具备了一个高校社团所必要的特征，成为我国的第一个严格意义上的学生社团。

一、高校学生社团的发展历程

（一）五四前后高校学生社团的开创期

五四运动是1919年5月4日发生在北京的一场以青年学生为主，广大群众、市民、工商人士等阶层共同参与的，通过游行、请愿、罢工、暴力对抗政府等多种形式进行的爱国运动，是中国人民彻底的反对帝国主义、封建主义的爱国运动。受到京师大学堂“抗俄铁血会”的影响，五四运动前后，各个高校学生社团如雨后春笋般涌现出来。五四运动之后迎来了高校社团发展的高潮，辛亥革命失败后，袁世凯复辟称帝，使得当时的知识青年感到了恐慌，于是以陈独秀、李大钊等人为首的知识分子，主动承担起了唤醒群众的历史任务，发起了“新文化运动”。新文化运动以《青年杂志》（后改名为《新青年》）为主要阵地，这次的运动有力地动摇了长期以来的封建统治，唤醒了一个又一个有志青年，使广大知识分子打开眼界，接受了科学主义思想，在当时的中国掀起了一阵思想解放潮流。也正是这些广大知识青年的幡然醒悟，积极地自发组织起来，加入反抗北洋军阀的政治运动中，当时的中国社团的发展才达到了新高潮。与此同时，社会上还存在一种依托于学校的非政治性青年社团。这些社团与上述社团的区别就是，从不闻政治始，继而与闻政治，但终不采取同当权者合流的参政形式。这些社团所做的贡献是在当时的思想文化领域建立起了民主启蒙、扫除封建落后文化的奇功①。

五四运动前后的学生社团还有救国团、北京工读互助团、全国学联成立到武昌学生团、武汉学生联合会、觉悟社和新潮社等。“中华民国留日学生救国团”成立于1918年，是当时中国青年掀起的轰轰烈烈的爱国民主运动的重要组成部分。其历史背景

---

① 刘健清．社团志［M］上海：上海人民出版社，1998：2.

是在1914年时，日本借对德国宣战的由头，占领我国山东地区，且在1915年1月提出了旨在灭亡中国的“二十一条”。当时由于袁世凯想要及时称帝，并需要获得日本支持，就不惜以卖国为代价接受了日本的“二十一条”。袁世凯的行为，激怒了当时的热血青年，他们及时召开会议，并由李大钊起草《警告全国父老书》，呼吁全国人民一起，反对袁世凯签订卖国条约，同时派留学生中的代表团回国进行演讲，号召全国人民团结一心保家卫国。这次号召成功激起了广大人民群众的爱国情怀，纷纷给袁世凯施压，要求其下台，因此在迫于群众的压力下，袁世凯于1916年放弃帝制，“二十一条”也因此搁置。北京工读互助团是由李大钊、陈独秀、胡适等17人创办的，创办目的是帮助北京的青年实行半工半读，达到教育合一的理想。北京工读互助团成立以后，产生了很大的影响，因此在上海、天津、南京、武昌、广州、扬州等地逐渐也成立了各种各样的工读团。全国学联成立的历史背景是1919年6月全国各地代表在上海召开会议，成立了“中华民国学生联合会”，后又因为上海学生罢课一事，各个地方逐渐成立了地方学联，不久后成立了“中华民国学生联合总会”，这也算是学生第一次有了全国性的组织。武昌学生团、武汉学生联合会在1919年5月9日，为了响应以学生为主体五四运动的号召，武昌各大学校的学生开始在大学集会，决定以武昌学生的名义成立武昌学生团，并在当月12日成功创立武汉学生团。17日，在武昌中华大学召开第一次学生代表大会，正式成立武汉学生联合会。觉悟社的历史背景是在五四运动期间，男女学生的组织是分开的，但是随着斗争的逐渐激烈，学生中的骨干成员意识到必须打破男女的界限，实现各个方面的交流，建立一个统一的组织。由于社团性质，觉悟社的组织比较严密，要求新成员的加入必须有三名以上本社的社员介绍，然后由全体社员进行讨论后，才能决定新成员是否具有加入的资格。后来因为觉悟社的学生领导被抓，觉悟社的工作开始转入地下。新潮社的创立是以新文化运动为知识背景，与师长们的《新青年》秉持相同的理念，与旧势力展开斗争。

（二）新中国成立初期高校学生社团的曲折发展期

新中国成立后，学生社团进入了新的历史阶段，相继涌现了大量学生社团。根据 1949 年制定的《中国人民政治协商会议共同纲领》，中国共产党领导了全国高校，并对高校进行改造。新中国成立后，党对高校的管理进行了统一的规定，包括招生、分配工作、学籍的管理等方面。直至 1953 年高校全面整改结束后，当时的学术以及政治关系都处于平稳发展时期，因此学生自发创立的社团比较少。这一时期最值得一提的就是北京大学成立的“五四文学社”，其社团主要开展的活动是诗歌朗诵、征文比赛等，在当时的文学发展方面做出了杰出的贡献。

在“文革”时期，学生社团数量在此时几乎降到了最低点，而且另外一些非政治性的社团也在当时政治运动的冲击下所剩无几。

（三）改革开放以后高校学生社团的繁荣发展期

“文革”结束后，在实践是检验真理的唯一标准的大讨论中，全国迎来了思想解放的新局面，党的十一届三中全会的胜利召开拉开了改革开放的精彩序幕。社会上的各行各业都逐渐开始走上正确的轨道，同时中国的高等教育也开始蓬勃发展，并且在 1977 年恢复了全国高考制度，使得我国的教育进一步完善。与此同时，在这种历史背景下大学生的思想活动也逐渐活跃开放，越来越多的大学生社团开始涌现。随着社会的发展，在 1978 年复旦大学成立了“书法与绘画学会”，随后清华大学也开始逐渐涌现出各种各样的社团，有些社团一直活跃至今，当时的社团主要还是以文学艺术系的居多，其中的一些社团在全国范围内都有很高的声望。例如，北京大学著名的“山鹰社”，为我国培养出一批登山爱好者和运动员，对社会产生了广泛而深刻的影响。

1992 年邓小平同志发表了“南方谈话”，随后召开了中共十四大，又一次解放了人们的思想，同时也推进了高等教育的进一步改革，高校社团又一次得到了新发展。从 1999 年开始我国高校不断扩招，高校学生数量不断增加，因此高校学生社团也开始蓬勃发展起来。随着社团数量和种类的不断增加，社团的管理也越来越规范化、标准化。

（四）新时代以来高校学生社团的规范化成长期

经过了长期的不断摸索，在进入新时代以来，我国高校社团不断地发展壮大，时至今日再度进入繁荣鼎盛的时期，学生社团也开始变得多姿多彩。从 1995 年制订的《中国普通高等学校德育大纲》到 2004 年中共中央、国务院发布的《关于进一步加强和改进大学生思想政治教育意见》再到《关于加强和改进高等学校校园文化建设的意见》中，高校社团在学校能够承担的教育功能和文化功能逐渐受到重视，文件在针对社团发展的问题上，都提出了要结合科技的现状，鼓励支持社团的多元化发展，提倡社团在组织形式以及活动内容上不断地积极创新，与课程教育碰撞出新的火花。2005 年 1 月 13 日，教育部、共青团中央发布了《关于加强和改进大学生社团工作意见》，文件指出：第一，要充分认识和加强改进大学生社团工作的重要性，并要求全面积极推进实施素质教育、实施科教兴国、人才强国的培养方案，培育社会主义的可靠接班人和建设者，进一步加强和改进大学生的社团工作。第二，明确加强和改进大学生社团工作的总体要求和主要任务。要求大学生要坚持正确的领导思想并且全面贯彻党的教育方针，以推进社团活跃校园文化的作用。主要任务是积极支持学生的社团活动，大力促进学生社团的发展，切实加强学生社团的管理，引导学生社团健康发展。第三，积极支持大学生社团开展健康有益的活动，加强对大学生社团的指导，积极建设健康的社团活动，建设社团的骨干队伍，同时各大高校要加强对社团建设的投入，将社团的建设列入一项重要的学校工作中。第四，切实加强对大学生社团的领导和管理。这就要求各级党组织健全对高校领导的监督管理，对社团的建设规范完整的管理办法，要密切关注学生社团的走向，及时给予正确的价值指导，推动社团工作的不断创新。第五，不断健全大学生社团发展的工作机制，将学生的社团活动纳入学生的综合测评体系中，对于表现好的优秀社团实行奖励机制，并关注社团的工作动态，找合适的教师对社团进行指导帮助。

总的来说，高校学生社团在经历了萌芽阶段、探索阶段之后，在改革开放后已经进入了成熟的阶段，并且在工作上收获颇丰。首先是在政策的规定上逐渐将学生社团放在重要的地位，对社团的管理体系逐渐规范化。其次，学生的思想得到了解放，学生开始勇于创新。但是，客观上来说，高校的社团还存在一定的不足之处，比如，社团在一些高校里并没有得到重视，也不存在任何对于社团的奖励制度，使社团的发展失去了动力，也有部分学校对于社团的管理机制不健全，使得一些社团没有正确的活动方向，浪费了学校提供的各种资源。总之，时至今日，高校社团的建设已经在一步又一步地完善，不断地靠近最优的管理体系，逐渐展现出积极向上的作用，成为推动社会发展的重要力量。

图1　作者刘艳（左一）在河北石家庄邮电职业技术学院与石邮青年团队进行交流座谈

二、高校学生社团的内涵和特点

（一）高校学生社团的内涵

1. 高校学生社团的含义

（1）高校学生社团的定义

社团，是指将具有某些共同特征、爱好的人聚集在一起形成的组织。全称是社会团体，有营利性社会团体和非营利性社会团体，有正式的社会团体也有非正式的社会团体。

而我们所说的高校学生社团也就是大学生社团，即一种在高校中有相同爱好，且自愿结成的课外活动组织。高校社团一般不受年级、院系、专业等限制，其活动方式多样，其中的领导人员由参加者民主推举产生。在学术界对于高校社团还没有统一的概念，但是各位学者所总结出来社团的概念，大体意思都差不多。总之，传统意义上的高校学生社团是指，由学生根据自己的兴趣爱好形成的学校小团体，这个团体必须是具备正能量的，是对于学生的身心健康有益且学校支持的团体。一般情况下高校学生社团都是非营利性的组织，其目的是在学校中能够找到有着共同兴趣爱好的人，与自己一同发展兴趣爱好而共同组成团体。

（2）高校学生社团的属性

高校学生社团的基本属性是组织属性，高校学生社团的组织属性是社团本身所固有的属性。而高校社团的组织属性又可以分为他组织属性和自组织属性。所以本书将从这两个方面研究高校的社团属性。首先第一方面是他组织属性，也就是说高校学生社团的组织是一种“自上而下”的他组织，高校社团的发展要求高校的他组织严谨性有针对性、有目的地管理调控，不能因管理不足，而影响了自组织的发展。高校的他组织是为了引导社团的规范正确发展，符合社会主义核心价值观，不论任何社团都要做到对党和国家有深厚的情感寄托。与他组织属性相对立的是自组织属性，自组织属性是高校学生社团发展的核心力量。高校最主要的发展依靠自组织，进而使得每个社团的成员都能够活跃起来，营造和谐的发展氛围，促进高校学生社团的迅速发展。

（3）高校学生社团的本质

高校学生社团在新的历史时期有新的组织形式，与高校里其他组织机构相比，学生社团有以下本质特征：

高校学生社团的本质是自由和发展，自由是高校学生社团最基本的特征，发展是学生社团的永恒主体。学生发展是高校学生社团的首要目的，在社团活动中不论是学生的思想还是人身都是自由的，没有特定的要求。高校学生的自由性尤其表现在学生自己策划、自己组织、自己完成活动，学生可以根据本社团或者社团内成员自身的需求，发展自身所需要的能力，提升自身的气质。学生社团的发展不仅仅是学生自身的发展，还包括社团的发展，社团要在个体和组织成员中实现可持续发展。

高校学生社团的本质是学习与实践。高校本身就是学生学习知识和能力的地方，而高校学生社团更是以独特形式提供给学生进行学习和实践的平台。高校社团的学习方式改变了原本传统的学习方式，给学生的学习提供了多种可能性。一方面，高校学生社团给学生的学习提供了学习伙伴，高校学生社团是由一群志同道合的人结合在一起的组织，因此学生之间有共同的学习内容和学习目标，并且社团成员之间可以互相监督、互相鼓励，共同学习成长。另外一方面，高校学生社团给学生自主学习探究提供了一个良好的平台，可以提高学生的理论知识水平。

高校学生社团的本质是行动与反思。高校学生社团是一种动态的存在，它包含着社团成员在社团活动中开拓、发展与创新。社团的创办本身就是一种行动，行动也就是人与人之间进行双向沟通的过程，并且行动是社团存在的灵魂，是社团生存的保障。而反思是社团发展的前提，只有进行反思才能实现永续长远的发展。行动与反思之间的关系是正相关的，行动越频繁产生反思的次数就越多，就越能够优化社团活动，促进社团的发展。

2. 高校学生社团的基本任务

学生社团的基本任务是与社会的发展、学生的发展以及教育改革相适应，且开展的活动要符合学生的身心发展，满足学生的身心需求，其基本任务在于开展的社团活动要能够促进学校的文化建设以及对学校的持续发展提供动力，对学校产生积极的影响，并最终为党和国家培养栋梁之材。

（1）学生社团成立的基本目的是弘扬学生个性、丰富校园文化，同时使学生学习知识、增长能力。高校学生社团的思想要积极向上、丰富多样，要吸引更多感兴趣的学生加入社团当中去。在大学生活中，社团的存在使大学生活变得多姿多彩，并且社团的存在也尊重了学生的差异，使得学生的所长有施展之处，同时也能开发学生们的潜能。学校也可以通过学生社团建立起与学生之间的联系，能够保持学生与学校之间的联系，从而促进学校师生关系的和谐发展，同时也可以通过社团了解学生的思想特点以及情感需要，有利于加强学校教育的目的性和针对性。高校思想政治理论类的社团对学生们的价值观的形成起了重要的作用。高校的学生社团形式丰富，能够激发学生参与的兴趣。这也就表明学校的政治教育想要最大限度地发挥其作用就必须采用学生喜欢的方式进行教学，其中社团就是一种特殊的教育手段，其丰富多样的形式、自由安排的时间，更能够吸引学生，而且社团里的人都具有相同的兴趣爱好，更有利于学生在其中结交到志同道合的好朋友，使学生在一个更舒服、更有安全感的氛围下进行学习交流。

（2）树立学生正确的价值导向。随着互联网的迅速发展，高校学生的思想也发生了改变，互联网不断地传送信息，无时无刻不在影响着学生的价值观。因此高校社团承担起了树立高校学生正确价值观的任务，未来将学生培养成德智体美劳全面发展的社会主义建设者和接班人。高校社团思想的熏陶可以培育社团成员的思想观念、价值观念、价值判断以及行为表现，从而有目的地实现价值导向。例如学生在公益社团的熏陶下，会变得乐于助人、会产生舍己为人的观念，拥有舍小家为大家的格局，也就是说高校的社团不仅可以培养提高学生某一方面的技能，还可以在正确的价值导向中获得满足感和幸福感。在自律类社团的熏陶下，能够培养学生的自制力，使学生学会合理安排自己的学习和娱乐时间；在艺术类社团的熏陶下，能够提升高校学生的审美品位，并激发学生的艺术细胞；在环保类社团的熏陶下，高校学生能够形成环保意识，保护人们赖以生存的地球家园。

（3）传播中国的传统文化。文化是一个国家一个民族持久发展的动力，正如习近平总书记所说，高校应该加大对思想政治工作的重视，把中华优秀传统文化传承给下一代，增进学生的文化素养。文化的传播需要继承者，比如我国的皮影戏、戏剧等传统文化都需要新一代的年轻人来传承。高校作为高质量优秀人才培养的摇篮，是文化传播的重要场所。例如，一个有传统技能的学生可以申请创立社团，将自己所学习到的传统文化展示给同学，激发学生的兴趣，从而使得更多的学生加入其创立的社团中，使中国的传统文化得到传播。学生们也可以投身到高校中的社团去寻找感兴趣的活动，从而了解不同的文化理念，也可以拓展学生们的视野。各个社团在高校中百花齐放，有利于陶冶学生的情操，使学生在一个朝气蓬勃、积极向上的环境中健康成长。

（4）为社会培养综合性人才。如果初中高中学生所学习的重点是文化知识，那么大学就是在一定知识理论的基础之上，通过参与各种活动，拓宽眼界、提高见识。通过参加社团活动，学生们不仅可以发挥自己的爱好特长，而且可以提高学生的实践能力和道德意识，促进自身素质的提高。高校的社团举办活动都是由学生策划举办，老师只是负责监督指导，并不会参与到活动中去，活动策划与举办可以提高学生的组织能力、动员能力、协调能力以及团队合作能力。并且高校社团都是自发创办的，自由性相对来说比较强。因此，可以锻炼学生的统筹能力和综合素质，也可以使学生在活动过程中增长、积累经验，形成自己的独特价值观，促进学生身心的全面发展。同时，学生需要合理安排学习和参与课堂活动的时间，这样可以提高他们的时间管理效率，考验学生的自律能力。通过社团活动，学生不仅可以学习到各种才艺，同时也可以将自身的才艺展现出来，提高学生的自信，丰富自身的履历，成为德智体美劳全面发展的社会主义建设者和接班人。

3. 高校学生社团与学生会、团委的关系

（1）高校学生社团与学生会之间的关系

高校学生社团与学生会之间既有联系又有区别，联系主要表现为，学生会是学校的正规组织，其存在的目的就是帮助学校完成多方面发展。学生会有责任和义务为学生社团开展各项活动创造良好而有序的校园环境，并且不直接插手学生社团活动；学生社团同时也有责任和义务配合学生会的各项工作，以更好地服务在校大学生，丰富其业余文化生活。例如，高校的迎新晚会或者元旦晚会等节目都需要学生会的成员来组织操办，同时晚会上需要表演一些节目，像音乐、舞蹈、小品等这些节目就需要相关社团的人员积极参与，来共同完成。所以说学生会与社团之间并不是绝对完全独立的两个整体，两者相辅相成、互相依赖，共同发展、共同繁荣。

高校学生社团与学生会之间的区别主要表现在以下四个方面：

第一，学生会的任务与社团的任务不同。学生社团的基本任务上文中已经提及，学生会的任务是根据国家的具体政策，全面贯彻落实党的教育理念和教育方针，组织相关学生参加各种学习活动、实践活动以及创新就业类活动和公益活动等，并且帮助学校维护校园秩序，使得师生之间建立一种平等和谐的相处模式。协助学校建设有利于形成规范的教学秩序和良好的学习氛围、生活环境；开展有益于学生学习成长的活动，帮助学生克服在学校中遇到的困难挫折；要建立学校党政部门与广大学生群体之间的联系，通过学校提供给学生的反馈渠道，反馈所遇到的问题，并通过对社团进行积极的正能量引导，使各个社团成员在思想上和行动上永远坚持朝着正确的方向前进。要严格地执行学校规定的各种规章制度，规范各个职务相关人员的配备，同时也要规范自身的行为、举止、作风，从而对高校学生社团成员产生潜移默化的影响，做好学校正能量传播的积极带头作用。

第二，组织构成基础不一样。社团是拥有共同兴趣爱好的同学共同形成的组织，组织没有特别的要求，主要是为了发挥学生某一方面的特长，举办相关活动。而学生会组织更加严谨，需要根据学生自身存在的某项技能是否符合学生会的需要来判断一个学生是否有资格进入学生会，对于学生会成员的选择以及岗位安排有更严格的制度，学生会也会有负责老师进行监督和指导，它是维系学校和社会之间关系的纽带。以晋中信息学院的艺术部为例，其进行社团人员选拔时更侧重考查该学生自身是否具备艺术部所需要的能力，只有符合相关要求的人员才会被吸收进艺术部，而不符合的则会被拒绝。

第三，举办活动性质不同。对于学生社团来说，其发展需要靠社团自身的努力，也就是需要社团成员增加举办活动的频率，来增加社团的曝光度，从而使学生社团得到更多的经费，为以后举办更好的活动打基础。而学生会举办的活动往往都是学校要求举办的大型活动，相对于社团活动来说，学生会所举办的活动更加严谨，对质量的把控也比较严格，执行力要比社团活动更强。

第四，个人锻炼的程度不一样。社团是学生自己创办建立起来的校园组织，所以社团要学生自己进行运营，社团内的所有活动要由社团内部成员自己举行，这些活动都能对学生加强历练，而且成员会不断地进行创新，使得社团具有存活下去的动力，并且其中能力出众的成员，也更容易得到群众的认可。而学生会有严格的规章制度，成员必须按照严格的规章制度办事，因此缺少了创新形式，而且学生会中存在上下级关系，局限性更强。总之，社团活动灵活性更强，比较随意，而学生会更加强调组织管理，两者各有千秋。

（2）高校学生社团与团委之间的关系

《中华人民共和国高等教育法》《普通高等学校学生管理规定》两部法规，明确高校与高校学生社团之间的关系是领导与被领导的关系。高校对学生社团具有领导权、监督权和管理权。在高校中一般来说，应该是由学生工作部门来负责管理社团，但是由于我国的特殊情况，很多高校都将这一权利赋予了学校团委，因此从管理形式上来看，学生社团与团委的关系是被领导和领导的关系，但是在我国发布的相关文件中，并没有将两者界定为管理与被管理的关系，而是说，团委对高校学生社团进行引导和支持，并不存在隶属关系。因此可以说，团委对于高校学生的社团管理是合法的，并且明确区分了高校团委不属于社团组织，并且团委对高校社团有管理义务。

（二）高校学生社团的特点

大学的学生社团最早起源于剑桥大学和牛津大学。在我国，社团的发展相对来说比较缓慢，改革开放以后社团才开始展现出生机和活力。并且高校学生社团是高校的一道亮丽的风景线，其自身的本质属性和社团在学校中的地位，决定了高校学生社团有以下几种特点。

1. 组织的自发性

自发性就是指个体自觉地执行并推动发展的一种主观态度，自觉性是在信念的基础上产生的，为了实现个体自身的目的而激发的积极主动的行为表现。社团组织的自发性是指，学生根据自己的兴趣爱好且为了实现个体自身的价值而自觉形成组织的行为。高校学生社团区别于其他组织最明显的特征就是组织自发性。学生可以根据所处时代的社会形势、热点问题以及自身的兴趣爱好而成立社团，他们目标明确，有利于学校多元化的发展。同时社团的自发组织更有利于学生产生主人翁的意识，对社团活动更加重视，付出更多的努力，使活动呈现出最好的效果，从而吸引更多的学生加入社团。

社团组织自发性产生的原因：第一，大学最主要的参与者是刚刚步入高校的大一新生，刚刚结束学业繁重的高三生活，步入大学的生活中，会发现大学的课程相对于高三来说少很多，拥有了更多自由支配的时间，如果不能合理地安排这部分自由的时间，就可能会荒废时间，从而导致生活很空虚。因此需要一个组织来发展其兴趣爱好，发挥自己的其他才能。因而就会努力寻找志同道合的人来成立社团，来结交更多好朋友来充实那些空虚的时光。第二，大学生在刚步入大学时，会容易产生思家的情绪，需要感情上的慰藉，社团就充当了一个很好慰藉的“人设”，因为学生可以通过参与自己感兴趣的活动来转移自己的注意力。学生可以根据自己的兴趣特长来成立社团，招募社员，认识更多有相同爱好或者特长的同学，共同经营社团，做自己感兴趣的事情，从而达到慰藉心灵的作用。第三，自发性社团更能够给学生带来成就感。自发组织的社团会激发学生的主人翁意识，让学生意识到社团就像是自己的一个小家，这个小家存活下去要靠自己的努力，因此，学生会投入更多的精力在社团上，通过社团活动来提升自身的成就感，不断地经营不断地扩大，使社团得到长久的传承发展。

2. 种类的多样性

自改革开放以来，我国高校的社团不拘泥于政治性的学术社团这一种类型，随着社会的发展，逐渐出现了音乐、体育、舞蹈、科技、生活、养生等多个领域的社团组织。与传统的课程知识的传授相比，社团传授知识文化的方式更加新颖有趣，社团的存在为不同专业领域的学生提供学习不同文化的平台。多元化的学生社团可以满足学生的身心发展需要，尤其是当代大学生作为新时代的杰出青年，具有青春活力、具有饱满的热情参与学校的社团活动。如 2022 年 4 月华北水利水电大学武术协会积极响应校团委、大学生社团联合会举办的“青春向党 缤纷社团”喜迎二十大风采展组织的舞龙表演，通过展现武术魅力，发扬中华民族国粹。

现在，不同的高校有不同的社团，也有相同的社团，其中比较常见的兴趣社团有汉服社、文学社、摄影社、动漫社、武术社、轮滑社等。从名字上就能看出来汉服社是与汉服有关的社团，汉服社在各大高校成立的最主要目的是弘扬优秀的传统文化，让高校学生通过汉服了解古代的生活方式，并且让学生感受到古人的优秀传统。文学社是一些喜爱文学的学生创立的社团，社内文化气息比较浓厚，在文学社中可以提高学生的文化素养。摄影社是爱好摄影学生的聚集地，但是摄影社一般要求自配相机，由于一台好的相机价值不菲，所以摄影社的学生相对来说对经济水平有一定的要求。动漫社是一种比较有趣的社团，动漫社的人偶尔会进行角色扮演，会在校园举办展演活动，给校园生活增添一抹亮丽的色彩。武术社是大学当中比较吃香的一种社团，这种社团往往给人一种男生多的感觉，但其实高校的武术社女生也不少。轮滑社是大学当中比较酷的社团，轮滑社的学生往往各怀绝技。高校的社团远不只是这些，多元化的社团成为学校的特色，优秀的社团文化可以推动学校的发展，也是学校别样的招生简章。

3. 成员的广泛性

成员的广泛性主要是指广泛的群众性，包含各个阶层、各个年龄、各个不同层次水平的人，与此相对应的就是高校社团成员具有广泛性。由于近年来我国选用人才的标准由重知识向重能力转化，学生在课堂学到最多的是知识，而能力需要自己发挥主观能动性获得，所以大学生参与社团活动的意识也越来越强，由此各种不同类型的社团在近几年人数都在不断上涨。各类学生社团可以不同程度地提升学生的能力，为学生进入社会积累经验，因此来自不同层次的人都会选择积极地加入社团。

目前，我国高等教育实施学分制选课制度，学生有更多自由支配的时间。高校学生可以通过社团活动来充实自己这部分可自由支配的时间。社团种类繁多，给学生提供了更多的可选性，扩展了学生选择的范围。例如，民间一种说法“众口难调，但总有一款适合你”，社团的涉及面的广泛度能够决定学生的参与度，社团种类越多，学生加入社团的选择机会也就越多，可以满足不同层次学生的需要，高校社团发展至今已经有深厚的基础，因此有实力吸引更多的成员加入。从高校社团成员的组成来看，其成员是来自不同的院系、不同的专业、不同的年龄段的学生，他们进行思想的交流碰撞，互相学习。由于社团成员的广泛性，社团成员形成一个多层次、多方位的交流网络，各个成员之间可以相互学习、取长补短，锻炼自身的能力。如福建师范学院社团传统礼仪协会旨在复兴中华汉文化。有服章之美谓之华，有礼仪之大故称夏。以传统的汉民族服饰汉服为载体弘扬华夏文明，弘扬传统美德。

4. 结构的松散性

相比班级和学生会来说，高校学生社团在发展中也有不足之处。学生社团是学生自发组成，没有严格的行政属性，虽然在发展的过程中学生社团的组织机构和规章制度在不断地完善，但是由于学生社团里成员都来自不同的年级、专业，因此上课的时间也不同，聚集起来的时间比较难调和。而且高校的学生一般来说都是年轻有活力的青年人，青年人容易对新生事物产生好奇心，也容易产生三分钟热度，所以流动性也比较大。再随着年级的不断升高，尤其是到了大三、大四时，学生开始准备考研或者就业，就没有时间去参与社团的活动，因此高校社团成员的流失率更高，除了几个固定的成员以外，其他成员进退自由，成员结构的不稳定性强，因此在组织活动时也比较随意，尤其会存在分工不合理的情况，管理较为混乱。所以高校学生社团相对于校内的其他机构来说，不稳定性强，结构比较松散。

5. 管理的自治性

社团与学生会不同，学生会属于学校创立的为学校服务的学生组织，所以学校会有专门的老师进行治理，并且学校会提供一定的资金帮助学生会来举办各种活动。而社团是自给自足的存在，学校一般不会过多地插手学生社团的事情，学生社团都是社团成员自己去管理。

（1）社团运营的自治性

凯文·凯利认为，自主性包括自我修复、自我保护、自我维护和对目标的自我控制、自我改进，社团的自主化运营是社团不依靠外界进行发展的一种内在驱动力。高校学生社团肩负着促进学校发展的重要使命，在新形势下，社团的运营由社团成员自主决策，社团的自主运营体现了社团不依靠外界的主动性与独立性，这种自主运营的过程也是社团不断成长完善自我的过程，学生社团通过自主运营获得经验，从而准确地规划社团的运营路线，促进社团的长期发展。

（2）社团决策的自主化

社团决策的自主化，是社团自身所具有的性质，也就是说，社团是学生自主成立的，因此，决策权在社团成员本身，虽然学生社团由学校团委进行帮助和引导，但是学校的团委并没有直接插手社团工作的权利，社团在学校内仍然是一个相对独立的整体，因此社团做的决策，学校相关部门一般都会给予充分的尊重与支持。学生社团的活动主要是通过自主决定活动议题、活动的形式、活动的流程并且自主规划社团发展的具体目标与发展方案。也正是社团有足够的自主权，决定了社团以自身的需求与感兴趣的学生进行碰撞，才激发了社团的青春活力，使社团的个性得到充分的发展，形成了社团的专属标识。

（3）社团文化的自主化

社团文化就是社团在成立以及发展的过程中逐步形成的社团成员普遍认可的统一的价值观，也是一个社团长久发展的生命力所在。文化的自主性主要是指社团的内部在没有外界力量干扰的情况下自觉形成的文化底蕴，良好的文化底蕴是社团长久持续发展的重要保障。文化自主有利于社团内部成员的团结一心，从而推动社团各项工作稳步顺利地进行。同时自主的文化建设，使成员更大程度地发挥了其在社团中的主动性，并形成一种文化自信，提高社团成员的认同感、归属感。

6. 活动的丰富性

社团活动的类型差异很大，举办活动具有自主性，社团成员的自主权比较大。高校学生社团活动围绕学生展开，社团的主要目的是提高社团成员的水平。当代大学生都有其自身的特点，并且他们的价值取向是多元化的，根据学生学习生活的环境不同、经历的事情不同，其对于事情的看法就不同，因此就会产生集思广益的效果。也正是这种不同观点的碰撞才有了社团活动的创新，使得社团互动的内容、形式更加多样。高校社团的灵活性决定了其活动内容的丰富性，高校社团活动没有要求和规定，不限制题材，不限制规模以及形式，参与成员可多可少，社团活动可以根据不同的人数、不同的规模举办不同的活动，因此活动很丰富。

（1）活动形式丰富

高校学生社团主要是由学生自主创立并自由加入，因此社团组织活动的形式比较灵活，就出现了各种各样形式的学生社团活动。高校社团由以前的仅限于校内学生交流和研讨转变为与社会接轨，有助于扩大学生学习的范围，拓宽学生的视野。高校学生社团有举办活动的自主权，活动形式可以根据社团每次举办活动的性质而改变。理论知识类社团最主要采用的活动形式是讨论、演讲、辩论等，科技创新类的社团最主要的活动形式是竞赛、科技创新、成果汇报等，这些不同的活动形式可以对学生的身心发展起不同的作用。江西中医药大学大学生创业协会自 2014 年创办以来，践行“创业改变人生，励志改变未来”的宗旨，举办了创业文化节、创业沙龙、跳蚤市场、教师节义卖等多种特色活动，曾多次获得各级创新创业竞赛奖项，协会连续两年被评为全国“百优创业社团”。

（2）活动内容丰富

社团不仅是活动形式丰富，活动内容也比较丰富，不同的社团活动的内容也不同，公益性社团活动的主要内容是支教、公益宣传等。休闲型社团最主要的活动内容是参加各个具体社团的比赛活动，例如乒乓球协会、羽毛球协会、骑行协会等，他们的活动内容就是根据本社团的活动形式，分别进行不同的活动。学习型社团最主要的活动内容就是，组织学生聚集在一起，学习社团相对应的知识，例如考研组织、英语角、考证组织等等。丰富的活动内容可以激发学生的灵感，进行进一步创新。

三、高校学生社团的类型和功能

高校学生社团作为高校不可或缺的存在组织，其中不同类型的分类有助于学校进行规范化管理，并可以帮助学生合理进行社团的选择。

（一）高校学生社团的类型

高校学生社团分类的意义在于，高校已经意识到学生社团本身所具有的特殊性，以及社团对学校发展所起的作用，于是高校管理者通过将高校社团分类来对不同的社团进行有针对性的管理，使得不同类型的社团充分发挥在学校中的作用。而且通过社团分类，有利于学生在申请加入社团时更快地找到自己所需要的组织，从而简化学生的入团流程。另一方面是学校的学术以及科技社团不能混为一谈，需要经过精准的区分，从而选择不同的培养方式。高校学生社团划分的方式有很多，常规的划分方式是根据构成人数、组织属性、活动内容来划分。本书主要根据社团的活动方式对社团进行划分，主要分为思想政治类社团、学术科技类社团、创新创业类社团、文化体育类社团、志愿公益类社团、自律互助类社团、其他类社团等。

1. 思想政治类社团

高校的思想政治类社团具有引领高校风气的作用。虽然高校也会开设思想政治类课程，例如思想道德与法治、中国近代史纲要、马克思主义基本原理概论、毛泽东思想和中国特色社会主义理论体系概论，但是这些课程往往受限于课堂形式而缺乏足够的吸引力。社团活动与课程结合，会融入不同的因素，使这些内容变得有趣，提高学生的学习积极性，有利于传播正确的思想观念，并对其他的学生产生启迪。不只是思想品德课或专门针对性的思想政治社团会产生教育作用，各种各样其他类型的学生社团也会渗透思想品德教育。这类社团也可以成为学生的“第二课堂”，与思想理论相结合，有助于学生形成正确的价值观。如广州大学党建理论研究会连续10年获得校级五星级社团。在这里，他们不仅有机会与优秀党员师兄师姐交流学习方法、实践经验，而且还可以学会图像处理等高难度的技术，制作精美的海报与推文，策划多场社团活动。

（1）高校思想政治类社团具有政治性

思想政治类社团与其他社团最大的区别就是它具有政治性。其主要的目的是通过开展理论以及实践学习活动，将马克思主义理论和党的创新理论转化为学生容易接受的形式传达给学生，激发学生学习马克思主义理论的欲望，逐渐使马克思主义理论知识深入人心，使学生树立正确的价值观，达到对大学生思想政治教育的目的。一般思想政治类的社团名字都比较直观，例如“中国特色社会主义理论体系研究会”“时政新闻会”等。

（2）高校思想政治类社团具有时代性

时代性是政治最典型的特征，马克思主义是与时俱进的理论体系，在不同的时代被用来解决不同的现实问题。高校思想政治类社团要将马克思主义与中国实际相结合而产生的马克思主义中国化的最新理论成果学懂、弄通、用活，紧密结合高校大学生的思想实际，以多种形式向广大青年学生进行宣传、讲解，帮助青年大学生了解国家大政方针，了解党和国家在大学生学习、就业创业等方面的相关政策，以社团活动为平台，紧跟时代的发展需求，紧贴大学生的学习生活实际，与广大青年学生一起了解学习时事政治，深入研究党的创新理论，将自己培养成为合格的中国特色社会主义事业的建设者和接班人。

（3）高校思想政治类社团具有学习性

思想政治类社团，一般来说都是学习理论知识的社团，理论知识的获得是通过听老师讲解、自己阅读、推理探究等形式接受理论知识的过程。社团所组织的学习方式是小组学习、分组讨论、竞赛辩论等，很多学校的思想政治理论社团的制度比较严格，在学习新思想的过程中，要有严格的规章制度作为保障，为国家培养未来的栋梁之材。

2. 学术科技类社团

学术科技类社团是高校中进行学术交流的社团以及科技创新的社团。科技创新型社团与学术型社团相似，都是根据某一课题进行研究探索，只不过学术型社团侧重于理论知识的研究，更多地会吸引一些文史类学生以及喜欢文学类学生加入进来，学术型社团有例如学术研究组、知识学习协会、文化创意社、竞技社、发明创造营等。而科技创新型社团主要研究的是自然科学层面的内容，科技型社团的学习研究氛围比较好，往往会吸引一些理工类的同学或者喜欢动手实践的同学加入进来。这种社团通常情况下都有专业老师或者有深厚知识功底的学长学姐来指导进行，从而使社团成员在社团活动学习的过程中锻炼能力，这些社团主要承担的任务是知识竞赛、竞技比赛、演讲比赛、科技创新挑战赛等，尤其是科技创新挑战赛，是科技类社团学生实现价值的一种主要途径，也是检验学习成果最好的方法。这类社团最主要的目的是拓展学生的知识水平，培养学生的思维能力，培养社团成员的社团意识。

如复旦大学天文协会的标志性活动之一——路边天文，553名怀着对宇宙星河最纯粹最赤诚的热爱与向往如繁星般相遇，每一个晴朗的星夜他们都可以在复旦光草东侧进行观测，这里已成为天文爱好者们最为便捷的交流平台。

3. 创新创业类社团

高校中的创新创业类社团兴起以来尤其受到学生的喜欢，按照我国的法定上学年龄来算，正常情况下参加高考时，已经到了成年人的年龄。又因为我国的就业形势逐渐严峻，高校学生就将眼界放到了创业上来，学校教育中除了创业类知识讲座外，还有创业类社团，因此学生开始踊跃加入创业类社团，不少大学生加入进来想要学到创业的知识，导致创业类社团不断蓬勃发展。创业社团与其他社团的职能不同，其他社团有的是为了娱乐生活，有的是为了提高知识能力，而创业社主要是针对创业赚钱，高校创新创业类社团主要的目的是培养学生的自主创业能力、提高学生创新水平，使得学生在学校就学会走进社会后的基本技能，从而适应社会的竞争。如广东科学技术职业学院大学生就业创业协会，社团致力于为在校大学生获取最新招聘信息，了解创业相关知识，关注就业与创业渠道。曾获得2018年第八届广东省大学生职业生涯规划大赛优秀组织奖；2018年金湾区第五届大学生“职来职往”职场综合能力竞赛优秀组织奖。

（1）高校创新创业类社团是学生创业的萌芽

学生社团成立的目的是实现并满足学生的兴趣爱好，学生在社团中与志同道合的社团成员一起思考商量产生思维的碰撞，产生创新点，并且在社团的活动中，成员之间分工合作、各司其职，为学生积累知识经验，使学生的创业观念开始启蒙，通过高校创新创业类社团的历练，激发学生创业的动力，为以后学生走进社会进行创业做好铺垫。2020年初，受新冠肺炎疫情影响，国内外经济形势变得萧条，学生就业形势变得特别困难，各大公司不断地裁员，招聘单位的要求越来越高，尤其是对于实践能力强的人才需求旺盛，而高校毕业生往往只具备理论知识能力，不具备实践能力。因此，高校学生开始踊跃加入社团当中提升自己的能力，尤其是创新就业类社团，得到了广泛的喜爱。因为创新就业类社团组织的活动，可以使学生提前感受到职场的氛围，提高综合实践能力，有助于高校学生建立走向社会的信心。

（2）培养学生的自主创新能力

各个高校会针对创新创业开展不同的教育课程，会聘请社会上的成功人士来给学生做讲座，但不论是开设的课程，还是当地成功人士的讲座，传授给学生的都是理论知识，很少能够提升学生的实践能力，而高校学生社团可以在一定层面弥补实践方面的不足。学生社团的活动都是需要学生切身参与其中的，能够给高校学生提供一个进行实践的平台，学生针对自身想要创业的项目做社会调研，进行试验模拟，从而进一步在社会上进行尝试，可以培养学生的创新能力。并且高校在批准学生开展创新创业社团时要学会放手，保证社团的组织活动由学生自己组织实施，让学习的理论结合实践共同发挥作用，能够使学生在学校生活中提前适应社会上的职业岗位要求，提前获得其所需要的能力。

（3）帮助高校学生树立正确的职业价值观

创新创业社团是培养学生正确职业价值观的重要平台，随着社会的发展，以及高校的扩招政策，高校毕业生越来越多，进入高校的学生一般从进校开始就会产生三种分类，第一类是毕业后想要继续深造的，会选择考研的学生，另外一部分是选择毕业后找一份安稳的工作，平稳地度过以后的生活，而第三种就是创业就业的学生，创业就业的学生有足够的野心，但是在理论知识和实践能力上存在很大的欠缺。因此，有时学生在尝试创业的过程中会遭遇一些挫折和困难，容易产生放弃的想法。而社团教育活动，能够使学生正确地认识这种挫折，克服困难，形成正确的职业价值观。

4. 文化体育类社团

高校学生正处于身强体壮、朝气蓬勃的年龄，因此尤其热爱文体活动。文艺表演是高校学生喜爱度较高的社团活动，参与度较高，这种类型的社团活动主要包括唱歌、跳舞、书画、乐器等，有助于提升大学生的艺术素养，展示自身的才华。体育类社团开展的目的主要是为了满足当代大学生的日常锻炼。体育社团的存在，可以为热爱体育运动的学生提供一个结交运动朋友的平台。大学生有较强的健身运动需求，因此参加的体育活动比较多，这一类组织也是高校里一种大规模组织。这类组织里主要包括各种球类运动、健美操运动、武道武术运动，体育社团可以满足学生的运动需求，同时也可以为需要运动的人提供运动的器材和场地，使学生定时地开展体育运动，强身健体。

以华东理工大学为例，其京剧票友会在“第一届中华学子青春国学荟”活动中被评为“全国优秀大学生国学社团”。汉服社以及墨韵书法协会主要的目的是研究我国的传统文化，丰富高校的业余生活，为继承和发扬中国传统文化贡献力量。清风飞扬电影社则是在电影拍摄方面具有顶尖的水平，拍摄了许多微电影以及大型活动的宣传视频。这一个个社团都为学校增添了一道亮丽的风景线。

在这里，你可以接受专业的化妆指导；你可以亲身体验京剧化妆过程、穿上精美的行头登台演出；你有机会与其他高校或者留学生进行交流；在这里，你可以收获志同道合的朋友，一起进步，一起成长。

图2　华东理工大学京剧票友会活动照

5. 志愿公益类社团

志愿公益类社团就是社会服务性社团，这种社团最主要的特点就是公益性和非营利性。在校大学生积极参与社会实践活动，服务社会、帮助社会上的弱势群体。社会服务类社团主要有公益服务队、青年志愿者协会、动植物保护社、支教协会、关爱留守儿童协会等。社会的服务类型多种多样。成立这种类型的学生社团主要是为了将学生培养成为有爱心的社会青年，对社会弱小群体开展帮助。通过参加一些社会公益活动，培养学生的社会责任感，增强学生的社会“主人翁”意识，使学生成为有理想、有本领、有担当的时代青年。

山东青年政治学院成立的志愿公益类社团所坚持的信念是“星星之火，可以燎原，爱心点燃的是希望，奉献带来的是成长，以爱之名行扶贫济弱之途，奉献绵薄之力共创美好家园”。该校成立的山东青年政治学院青年志愿者协会，最主要的目的就是参与社会上的公益活动并参与社会保障事业，该社团秉承着“越青春、越奉献”的服务宗旨，遵循“自愿参加、量力而行”的原则，为经济社会的协调发展和全面进步做贡献。图书馆协会顾名思义就是通过组织和指导青年学生的志愿服务活动为学校图书馆提供志愿服务活动，并通过该服务提高当代青年学生的社会责任感、使大学生认识到作为新一代青年要有社会服务的意识，要不断提升自身的综合素质，为学校的健康发展贡献自己的力量。启明星青年志愿服务社秉持着奉献、友爱、互助、进步的志愿服务宗旨，其主要开展的活动是宣传禁毒、防艾等。小护士志愿服务队，最主要的活动是进入社区宣传保护环境并且帮助小区空巢老人打扫卫生。西部梦想协会是一个致力于服务西部计划的社团，其目的是让应届毕业生更加详细地了解西部计划相关信息，协会进行积极的宣讲，并邀请优秀志愿者代表做事迹报告。励志协会是一种能够丰富成员们的校园生活，提升成员的人际交往能力的学生组织，使学生通过活动感受服务社会的乐趣，掌握实用技能，提高自身素质。

6. 自律互助类社团

自律互助类社团是学生之间、社团之间通过相互帮扶实现共同发展，不同的自律互助类社团有不同的教育理念，一般来说互助类社团存在的目的是克服个人前进的局限，一个人的力量总是有限的，而集体的力量是无穷的，所以高校开始不断地发展自律互助类社团，这种社团可以培养学生的自律能力以及学生的互帮互助精神，这种精神符合我国的社会主义核心价值观，提高学生的思想觉悟。在活动的过程中，坚持科学的态度，发挥助人为乐的优良作风。

通过“帮扶”活动，加强同学交流，进行思想碰撞，不断创新提高思维的广度和深度。以华东理工大学的自律互助类社团为例，其社团将“自律自强、勇于担当”作为开展活动的初衷，在学校内服务同学。例如其中的大学生活联合会，其创办的目的就是搭建好学生与学校后勤部门之间沟通的桥梁，对学校的基础设施进行清查，广泛收集学生的反馈意见，并在全校范围内召集志愿者，让同学们积极加入社团中来，为全校师生的和谐相处提供有力保障。

7. 其他类社团

高校任何社团的存在，都有其作用，不论是上面提到的思想政治类、学术科技类、创新创业类、文化体育类、志愿公益类、自律互助类社团还是其他的一些社团，都能够促进学生的发展，对学校的发展起积极的推动作用。但高校学生社团不仅仅是这几种大方向的分类，还有很多小众社团，例如生态文明类和益智趣味类社团。生态文明类的社团会采取各种形式向学生宣传生态文明知识，使高校学生更加了解社会生态系统，从而产生保护环境的意识。益智趣味类社团，是一种可以引起学生兴趣的社团，可以锻炼学生的思维能力，培养学生的实践能力，深入挖掘学生的潜能。

（二）高校学生社团的功能

功能就是能够满足使用者需求的属性，是某一事物能够发挥的有利作用，对于高校学生社团来说，就是社团的存在能够对社团成员起到积极作用，包括显性作用、隐性作用、内在作用以及外在作用。高校社团的功能是促进社团永续发展下去的动力，具体包括教育功能、文化功能、凝聚功能、协调功能和发展功能。

1. 教育功能

教育功能也就是育人功能，高校学生社团可以通过显性教育以及隐性教育来育人。从显性教育层面来说，高校学生社团也可以像课堂一样规定用书，社长可以邀请优秀教师以及往届优秀学生通过优秀教材对学生进行正面教育，这种教育方式主要应用于课堂以及讲座的过程中，在学生社团的应用中相对来说比较少。从隐性教育层面来说，学生社团主要是通过活动对学生产生潜移默化的影响。随着社会的发展，高校学生社团的主要工作是为了缓解学生课堂学习的压力，又因为学生是根据自己的兴趣爱好聚集在一起，有共同的爱好和思想观念，因此学生社团的育人功能主要是通过社团内部以及社团与社团之间举办各种活动来影响学生的身心。例如，社团组织丰富多彩的辩论赛、讲座、演讲等活动，这种活动往往因为举办的自主性而使社团成员更容易全身心投入，不自觉地接受其活动产生的影响。

高校学生社团的育人功能体现在高校教育教学的各个方面。首先，从理论教育层面上来说，高校学生社团中有一部分社团是政治理论性社团，例如毛泽东思想研究会、马克思主义协会、邓小平理论研究会、中国特色社会主义理论体系研究会等。这些社团所传达的是我国的主流思想，往往通过演讲的方式来进行积极的传播，倡导社会的积极正能量。其次，从知识层面来说，高校中这部分社团主要以知识的学习为主，例如机械研究会、管理协会、知识信息网协会、心理健康疏导协会等。这类协会主要目的在于提升学生的知识水平，学习相关专业的学生可以加入，对所学知识进行探讨，不是相关专业的学生可以通过学生社团来学习不同专业的知识，拓宽自身的眼界。再次，从实践教育层面来说，这部分社团主要是通过实践活动来达到教育的目的，例如志愿者交流协会、考研与创业协会、“三下乡”公益服务队等，让社团成员通过参与各种实践活动来服务基层，从而了解社会基层现状。最后，从人格教育层面来说，每个社团都有其自身的社会主义核心价值观，这种价值观可以树立学生的荣誉感，为人格的升华提供精神动力。

高校学生社团建设有利于提高学生的综合素质。高校学生社团与课堂教学活动的育人方式不同，同时也形成了互补。高校学生社团有利于提高学生社会实践能力。美国心理学家斯滕伯格认为实践能力是一种能迅速适应周围环境的能力。它是以实践活动为载体，在一定生活经验和活动锻炼的基础上获得的[①]。虽然在

---

① STRMBERG R. J. Handbook of human intelligence ［M］. Cambridge University Press, 1990, 255.

教育政策改革之后，我国各大高校开始注重实践能力的培养，但是力度还是有所欠缺，多数学校仍然重知识培养轻能力提升。高校学生社团在高校的培养计划中弥补了这部分的不足，在学生社团中，学生会积极地投身到活动中去切身感受并参与组织各种实践活动，从而培养他们在实际生活中的人际交往能力和合作精神，使学生的身心素质以及能力得到锻炼和提高。高校学生社团有利于促进学生的身心发展。高校学生处于一个渴求新知识的年龄阶段，因此高校学生对身心发展有强烈需求，高校社团中的文体类活动可以锻炼学生体魄。从马斯洛需要层次理论来看，人的需求是从最低的生理需求到高一层的安全需求再到社会需求、尊重需求以及自我实现需求。对于当代大学生来说，前三个层次的需求容易满足，而后两项需求是高校学生所不断追求的，学生通过兴趣爱好加入社团，发挥各自的优势，从而得到他人的肯定，满足尊重与自我实现的需求，促进学生的身心健康发展。

丰富学生的情感，提高学生的社交能力。学生社团主要是由兴趣、爱好相同的同学组成，因此高校学生与社团里的成员相处更加舒服，他们互相理解、支持、鼓励，共同成长，在社团建设的过程中，也实现了自我的“塑造”，同时实现了广泛交友，这会提高学生的社交能力。

2. 文化功能

高校社团在开展活动的过程中会形成独特的社团文化。高校社团文化是社团的“魂”，促进社团文化的发展有利于建设和谐校园文化，高校社团的文化功能主要表现在有利于推动校园文化建设上。首先，学生社团活动可以促进高校的文化建设，其中包括校园的显性文化、隐性文化。显性文化包括校训、校徽、物质环境，隐性文化主要包括校园标语、校园的校风校纪等。高校学生社团因其活动的趣味性，会吸引大部分高校学生参与进来，对学生产生影响，目前已经成为校园文化建设的主要阵地。其次，高校社团可以丰富学校的校园文化，主要通过社团举办各种各样的文化活动，其中包括艺术文化、理论文化、科技文化等，丰富学校的多彩校园文化。最后，社团可以提高校园文化的核心凝聚力。高校社团文化是社团内全体成员所传递出的价值观念凝练出的精华，一般而言同一社团的成员之间的价值观念不会有很大的出入，这种共同的价值取向有助于形成一种强大的凝聚力，这种凝聚力是社团稳固发展的核心要素。最后，高校社团活动可以将社会文化与校园文化进行良性结合，将社会的优秀文化引入校园，避免校园的生活与社会生活脱节，引领时代观念，促进时代变迁。

3. 凝聚功能

高校社团的凝聚功能主要是指社团成员之间有共同的兴趣爱好，因此可以在举办活动时对活动的内容形式达成一致的观点，从而形成一股力量，共同努力，不断前进。又因为社团是学生根据自身的兴趣爱好自愿加入，也正如俗话所说，“兴趣是最好的老师”，所以有了兴趣学生就有学习的积极性主动性，就有利于在学生社团成员之间形成一种凝聚力。社团的凝聚力主要是在社团举办活动中实现的，高校学生社团的凝聚功能在于社团将不同年级、不同年龄、不同专业的学生聚集在一起形成一个团队，在团队中成员共同协作，汇集正能量，通过社团活动，将校园思想、教育、组织等联系起来。在社团中展开各种各样的活动，可以调动学生的积极性，培养社团成员的集体认同感。在社团中，每一个学生都会关心社团的命运，社团里的每个成员都有自己的价值取向，但是作为社团集体中的一员，个人的价值都是通过集体的价值实现的，社团成员在社团活动中履行义务，可以提升自身的能力。社团活动可以提升社团的成员的凝聚力，将这种凝聚力内化于心外化于行，从而增强大学生的团队精神。

4. 协调功能

高校大学生社团具有协调功能，高校学生的课程虽然不再像初高中课程那么多，但是也有很重的专业课程任务和公共课程任务要完成，而刚入校的大学生一般都会选择加入学生会进行历练，因此留给社团的时间也是有限的。因为社团的灵活性，不要求成员必选参加活动，因此考验了学生的自律性和协调能力。这就需要学生充分协调各个方面的时间，对各个活动进行合理分配。协调能力不仅仅表现在协调时间方面，还表现在调节自己的情绪方面，高校学生虽作为社会的高质量知识分子，但也难免与其他学生产生冲突，导致产生各种不良情绪，如果这种情绪不能得到及时缓解，就会导致情绪激化，对学生在学习生活中产生恶劣的影响。所以需要一个地方来缓解这种不良的情绪，而学校的社团刚好能起到这个作用，学生可以通过参加社团的活动，与志同道合的朋友一起聊聊心事，在社团中转移注意力，达到调节不良情绪的效果。

5. 发展功能

（1）促进个体发展

社团活动是促进学生个体发展最主要的阵地，在促进学生发展方面，最主要体现在学生社团可以在身心各个方面给学生提供帮助，促进学生能力的发展。高校学生社团其实相当于一个隐形的教学课堂，负责学校隐形教育这一块的内容。在这个“课堂”中，每一个人都可以担任教育者的角色，同时每个人也都可以担任受教育者的角色，社团成员之间可以相互激励，在团队中贡献自己的力量，同时学习其他成员的优秀品质。并且高校学生社团可以培养学生的人际交往能力，高校社团其实更像是一个为高校学生提供的交际平台。通过这个平台，学生可以学习到人际交往的礼仪、与人对话的技巧等能力。

以河源职业技术学院为例，有数据显示该校共 84 个社团，其中社团的类型可以分为以下 7 种：文体艺术类、公益服务类、发明创造类、游戏娱乐类、学术科技类、社会实践类以及其他。调查结果显示：学生参与意愿最高的是文体艺术类，大约占总体参与人数的 33.4%；其次是社会实践类，占总数的 15.6%。学生可以通过参加舞蹈协会练习舞蹈，可以通过参加“音浪社”练习音乐，可以通过滑板社学习滑板，等等，从不同的社团学习不同的技能，促进个体的发展。

（2）促进学校发展

众所周知，每所高校里都有学生社团，不同地区、不同学校对于社团的侧重点不同，社团能够促进学校文化的发展，是学校生机和活力的重要体现，是促进学生各个方面发展的积极平台，也是提高学生综合素质的重要平台。社团通过开展多种多样的活动丰富校园文化，优化学校育人环境。社团作为校园文化的重要承载者，不断地创造并丰富校园文化，使校园文化永远紧跟时代步伐。学校社团作为学校建设的常青树，在不同的历史时期以不同的内容形式对学校的发展都能够起不可估量的作用。如果说高校的发展依靠的是经久不息的生命力，那么社团就是学校生命力的源泉。

（3）促进社会发展

高校的任务是培养高质量的学生，从而使大学生能够为社会做出贡献，也就是说高校还肩负着推动社会发展的使命。而学生社团作为大学校园内最活跃的学生组织，其最终的目的是培养担当民族复兴大任的时代新人。

高校社团有利于引导学生感知社会，社会通过高校社团开展的活动获得新的社会力量。大学生是社会上的青年主力军，他们具有敏锐的洞察力和饱满的精神活力，因此当高校学生走入社会后，给社会带来的影响不可估量。比如有很多高校社团成员自主地开展关爱老人、弱势群体的公益活动，在学校以及政府的引导下，学生会不断地深入了解社会形态，尽自己所能来为社会做出贡献，大学生通过自身的实际行动，推动社会的发展。

高校社团还有利于引导学生服务社会。高校学生具备服务社会的身体素质和思想道德。当代的大学生群体是新时代发展的中坚力量，他们有健康的体魄，稳固的知识体系，甚至还有部分学生拥有过硬的科学技术手段，他们可以服务于社会的各行各业，使他们所掌握的知识能力转化为先进的生产力。

高校社团能够促进建设和谐社会。和谐社会的表现是社会的各个层级的关系处于协调且互相包容的状态，社会充满积极的正能量，思想政治类社团具有向社会宣传社会主义核心价值观的作用，公益类社团可以宣传服务社会的思想，学术科技类社团可以在社会上进行科普，从而使社会群众拥有更多的科学知识。各种各样的社团都可以通过不同的方式对社会做出贡献，促进社会的和谐发展。

四、高校学生社团建设成效及存在的不足

高校学生社团作为培养大学生兴趣爱好以及大学生展示个人才华的平台，加强了校园文化建设，已经成为高校非常具有感召力的团体，是大学生进行自我管理，自我教育，自我服务的重要阵地。如今，新媒体平台广泛运用于社团活动之中，拓宽了社团的活动舞台，调动起学生参加活动的热情，为社团发展带来机遇。新媒体平台具有传播信息渠道多元化的特点，社团管理者利用这一特点，充分发挥学生才能展示的功能。社团业务培训从过去的线下开展变为了线上开展，通过新媒体进行培训讲座，打破了时间与空间的限制。

新时代的大学生是以“00 后”为主的年轻群体，他们对新媒体并不陌生，接受起来也相对容易，新媒体在社团中的应用也更加广泛。现在不管是什么行业都会首选在新媒体的平台进行宣

传和造势，通过新媒体快速广泛传播的特点，用点击链接的方式，就可以让大众群体看到并了解宣传方向传达的内容。在新媒体广覆盖的大环境下，教育行业也顺应时代潮流，通过新媒体的手段让社团活动被校内外的大众熟知，把一些传统社团活动与新媒体结合时，可以碰撞出不一样的火花，通过新媒体平台的信息共享这一优势，呈现出更好的活动内容，这样的方式不仅可以起到宣传作用，还可以加速社团和社团成员的成长。新媒体拉近了人与人的距离，放大了学生个体的长处，学生乐于参与到社团活动中，发挥自身的优势。高校学生社团通过新媒体这一媒介的优势，可以多组织一些传播正能量的活动，不仅扩大了社团的影响力，还能增强社团成员的社会责任感。这个年纪的学生对一些新鲜事物的好奇程度比较高，学习速度也更快，在社团活动中可以提高学生的工作能力，还能增强社团成员的凝聚力，社团与新媒体的结合使得社团的发展前景更好。

（一）高校学生社团建设的成效

1. 高校学生社团种类和规模日益发展壮大

高校学生社团伴随着大学而产生，并随其发展壮大，社团文化是校园课外文化多元性的体现。大学生社团的发展是一个相当长的历史过程，美国最早的高校学生社团成立于十八世纪的耶鲁大学，如开展文学、辩论、演讲等活动的“克罗托尼亚协会”和“利诺尼亚协会”。在当时，这些社团丰富了大学生的课后生活，在学生中起到了积极的导向作用。曾经是耶鲁大学学生，后担任哥伦比亚大学校长的巴纳德说：“我在耶鲁所接受的任何训练，都不及我从自己所属文学协会的写作和演讲实践中所获得的经验更有益。”另外，在德国，大学联谊社团在十九世纪之前就已存在，主要是一些社交团体。在英国，十七世纪大学里就出现了会所和社团，至少在 1633 年，牛津就出现了一个名为化学俱乐部的社团，其活动重在激发思想。在我国，从蔡元培时代的进德会、少年中国学会，到五四时代的新潮社、马克思主义研究会，北大的学生社团不但在校内受推崇，而且在全国引起轰动，成为引领风尚、标新立异的时代精神代名词。五四运动前后，一批高校学生社团应运而生。20 世纪 70 年代后期，我国实行改革开放政策后，各校学生社团才开始复苏，特别是 20 世纪 80 年代以后，伴随着高等教育的发展和素质教育的推进，大学生社团如雨后春笋般蓬勃发展，逐渐成为大学校园文化建设中不可或缺的组成部分。

高等教育改革进一步发展，推动高校学生社团种类不断丰富，高中三年的时间都在忙于学习，同学们不得不放下自己的特长爱好，而大学的时间相对充裕自由，学生们可以借此机会发展自己的特长，按照自己的喜好加入相应社团。高校社团主要有以下几大类：一是思想政治类社团。这类理论社团旨在提高学生思想政治水平，紧随时政提高学生的精神境界，比如马克思主义研学社团、马克思青年学习社等。二是专业学术类社团。此类社团紧紧围绕相关专业领域内容，开展学术研究及学术交流活动，丰富自己的知识，比如文学社团、法学社团等。三是科技创新类社团。此类社团主要是提高学生的科技创新能力与实践能力，组织参加一些国家级比赛等，比如智能机器人创新社团、数学社团、物理社团等。四是兴趣爱好类社团。这类社团旨在发展自己的爱好，陶冶情操，满足了学生的精神需求，社团数量多，规模大，组织的活动多样。比如绘画社团、合唱社团、街舞社团、话剧表演社团等。五是体育健身类社团。竞技类社团，引导学生加强健身意识，具有趣味性。比如篮球社团、滑板社团等。六是公益服务类社团。此类社团以社会服务、公益实践活动为主要内容，是高校隐性思想政治教育的重要场所。七是网络社团。时代飞速发展，新媒体也得到了空前发展，信息传播速度之快，效率之高，加上便捷性等特点，不仅改变了大学生的日常思维模式，也使其价值理念愈发多元化。为了培养网络人才，网络社团也由此诞生，并且网络社团与其他种类的社团息息相关，不可分割。

高校社团的规模也不断壮大，举办的活动吸引了众多学生，过去的几个人的小型社团，逐步发展成数十人乃至上百人的大型社团。社团的发展影响了高校校园文化建设，也推动了高校思想教育的传播。社团作为学生管理工作的育人渠道，开展的各项活动满足了学生需要，学生可以充分发挥自己的主体能动性，在这个平台上得到成长与锻炼。

2. 高校学生社团在校园文化建设中的作用越来越突出

随着高等教育的快速发展，新课程标准对素质教育的重视，高校越来越重视学生的全面且个性化发展，刚刚迈入大学校门的大学生们正处于从青少年向真正的成年人转变的关键时期，这一时期为他们未来人生方向打下了坚实基础，此时的大学生对未来生活有着美好的憧憬，各类型的社团满足了大学生多样且丰富的需要，学校对大学生社团进行有力的扶持，并对社团开展活动给予更大的支持，鼓励各种学生社团的创办及多元化发展，近年来社团的发展十分迅速。高校社团对于营造积极向上的文化氛围起到了至关重要的作用，丰富多彩的社团活动给学生提供了展示自我才华和发挥创新实践能力的宽阔舞台，社团的某些活动还形成了学校历年来保留的校园传统，使社团得到了传承与发展。社团活动主题贴近校园、贴近学生日常生活，力求建设富有青春活力的校园文化氛围。

在社团成员们最初选择大学生社团加入的时候，社团已有的社团文化会影响社团成员们的选择，选择了该社团，学生就是对社团的现有社团文化予以认同，并大概知道未来的社团活动能满足学生的个人需要，这种初始的选择也反映了学生们的价值取向。社团活动要吸引学生，必须满足形式的创新和内容的丰富，社团成员在活动中可以发挥所长，充分展示自我才能，得到充足的磨炼机会和成长空间，提升个人素质。高校应注重思想、科技、文化、体育、服务等各类学生社团协调发展，不断拓宽社团的活动主题和方式，大学生有自由加入感兴趣社团的权利，自由可以使大学生充分发挥潜能，满足大学生多样化的需求，促进其自由全面发展，社团在校园文化建设中起到突出的作用。

在校园文化建设中，有效利用新媒体进行意识形态传播，是大学生社团建设适应时代发展的必然选择。高校学生社团自身及大学生思想政治教育特点都决定了新媒体可以更好地促进校园文化建设，大学生社团借助新媒体可以开阔高校学生的视野，更好地开创工作新局面，还可以通过新媒体及时获知学生关心的问题，引导学生做出正确决策，深入了解学生的心理状况和思想动态走向，新媒体在这些方面都助力了社团建设。① 在新媒体意识形态工作视域下，应对大学社团建设进行研究，对大学生社团进行延伸和创新，坚持以学生发展为中心思想，大学生应该全面提高自身综合素质，积极健康地发展，把内在的素质转化为外在的个人能力。因此，新媒体意识形态工作符合我国当今社会的发展潮流，运用新型的传播方式，提高大学生及教师的思想政治素养，根据大学生自愿性、广泛性、依赖性的特点，在互联网平台进行主流意识传播，让新媒体成为主流意识传播的重要载体。社团管理者应该认真策划每一次活动，运用好新媒体手段进行宣传，提高新媒体的使用能力，建设良好的校园文化气氛，培养符合新时代要求的时代新人。

3. 高校学生社团活动与新媒体结合得越来越紧密

随着网络信息技术的迅速发展和应用，微博、微信等新媒体已经逐渐渗入大学生的日常生活中，借助新媒体的优势探索高校

---

① 于晓庆，宋德群，姜宇，张蕊．新媒体助力大学生社团建设和发展思考［J］．沈阳农业大学学报（社会科学版），2020（5）：620－624.

社团建设和活动的新途径，有助于激发社团的活力，增强社团的吸引力，为社团成员自我教育的开展打下坚实的基础。

在社团日常管理中，社团成员要切实利用新媒体的便捷性，使用新媒体应用软件，建立微信群、QQ 群、钉钉群等社团专属群组，有效发挥新媒体软件在社团成员交流互动、意见表达、情感沟通等方面的积极作用，社团成员在活动后得到的个人能力素质提升，在很大程度上凸显了新媒体的强大作用，增进社团成员对社团的感情，提升社团成员在社团中的归属感。

不同于传统的黑板报、LED 屏幕滚动消息、条幅等宣传形式，新媒体环境下社团文化输出与传播方式更加多元化，单纯的叠加文字已不能快速引起高校学生的注意，而丰富的图片、视频等多元化形式交织在互联网中的多媒体则能第一时间抓取高校学生的眼球。社团会通过微信公众号、抖音短视频、运营微博官方账户、创办社团自有网站等新媒体平台，使用视频、音频、动画、图文等多样化丰富的形式，发送具有时效性和互动性的社团活动信息，第一时间吸引大众注意，大学社团文化为新媒体的发展提供广阔的用武之地。新媒体的便捷性和交互性，为高校社团组织建设提供了有效的技术支持和保障，有效提升了高校社团的宣传实效。新媒体具有的跨时空性这一特点，也实现了在最短时间内资源共享，学生使用手机和电脑等电子设备，随时随地就可上网查询到自己需要的信息。[①] 还可以在新媒体平台进行活动方案征集、讨论与修订，采取线上投票的方式增加互动性及学生的关注度，充分利用新媒体的优势，扩大宣传范围。如湖北工程学院伊甸园文学社，创办于 1995 年，挂靠于文学与新闻传播学院，依托新媒体工作室开展各项宣传活动。2014 年起连续四年获评校级“优秀社团”，于 2018 年创办网易云主播电台伊甸朗读。

① 邹欣芝，黄敏，肖梦倚．新媒体时代大学生社团党建工作机制刍议——以成都大学美术与影视学院为例［J］．开封教育学院学报，2017（11）：183－184.

在进行社团活动时，通过新媒体平台使用拍照、视频、直播等多种方式即时记录活动过程，在活动中开启实时弹幕交流的方式，实现线上活动和线下活动的有机结合，减少了时间和空间的限制性，大大增加了大众对活动的关注，大众也更愿意参与进来。在活动结束后，及时在新媒体平台上更新活动的详情，这不仅是对社团活动的有效记录，更是对社团的进一步宣传，扩大社团的影响力。

在这个时代，数字化互联网早已渗透到我们生活的各个领域，新媒体也改变了传统媒体一对多的传播方式，即由一个专门的传播机构将信息传递给大众，变为多对多的形式进行传播。在社团中，每个人都是信息的发送者，也都是信息的接收者，形成了一种网状的信息传播方式。在新媒体不断发展、大学生社团日益增多的现状下，社团与新媒体的结合越来越紧密。多媒体之所以被称为多媒体，不仅仅是在技术层面依靠数字技术，新媒体与高校社团相结合符合时代要求，要与他人产生互动。大多数高校社团已经开通各自具有特色的微博大V账号、微信视频号、抖音营销号等新媒体平台，有专人来运营新媒体账号，对高校社团的活动进行造势、宣传，与大家进行时政热点新闻的交流，以此提升社团自身的关注度与影响力，提高社团工作效率，激发学生对社团的兴趣。

新媒体与社团的结合，使得学生可以利用碎片化时间进行信息的获取和主体浅阅读。对于社团信息发布者来说，可以随时随地对于即时发生的事情进行短新闻短视频的创作，无须长时间积累。对于大众群体来说，在观看新媒体消息时，随性跳跃式阅读更符合现在大众的阅读方式，人们更愿意去获取自己感兴趣的新闻信息，人们在使用新媒体软件阅读信息时，是为了使自己心情愉悦，以娱乐式的阅读方式来缓解生活、工作、学习给人带来的压力。社团与新媒体的结合符合新时代青年人快节奏的生活方式，更加受到大学生的青睐，大学生的思维方式也因此而悄悄改变。

高校社团管理者应该做好引导与管理工作，对社团内部负责新媒体运营的社团成员进行思想政治的培训，对新媒体账号的舆情进行正确的检测和监控，对因为某一社团成员个人行为而产生的引发舆情关注的事件，即刻给予正确的引导和处理，掌握网络舆情的风向，抑制风险，降低舆论发酵产生的消极影响，建立健康的校园网络环境。在学习各社团新媒体相关知识时，网络社团应发挥自身优势，对其他社团提供帮助，予以技术支持。高校还必须加强新媒体与社团结合下对社团管理工作的关注度，利用网络新媒体的优势更好地发挥高校社团思想政治教育作用；对社团成员进行社会主义核心价值观的正确引导，确保社团成员树立正确的三观，不信谣不传谣，谨防消极观念及负面舆论在学生中蔓延。可以在校园网站开放一个接受学生和社会公众意见和建议的窗口，树立学校良好的社会形象。

4. 高校学生社团与社会的联系日益密切

社团能够将具有共同兴趣爱好，同样理想信念价值观的人聚集在一起，社团本身可以看成一个小社会，社团管理更好地服务社团成员，使得成员在社团中满足自身的个人价值，社团成员获得自我认同感，才会给社团的发展提供源源不断的动力。社团除了服务社团成员外，还服务社会，社团不局限于社团成员们自我价值满足，也鼓励社团成员走出校园，通过知识宣讲、志愿服务，养老院交流等公益活动来服务社会，帮助有需要的人群，为社会带来了价值，提供了正能量。学生社团在组织志愿者活动的过程中，注重铸就大学生的奉献精神、服务精神、责任意识，引导大学生在各种社会志愿者活动中实现高于自我价值的社会价值。通过这种社会志愿者活动，激发了大学生的社会责任感与政治使命感，使他们深刻认识到自己肩负的使命，形成正确的“三观”，发挥了高校思想政治教育作用。在当前多种文化思潮的冲击下，大学生在面临网络舆论是非判断时，会受网络风向的影响，但即使网络上声音再嘈杂，大学生对正确事物的判断依然坚持马克思主义的指导，坚定朝着正确的方向前进，充分发挥大学生社团的教育指导作用。大学生社团的价值观念选择必须符合社会现状及国情现实。新媒体与社团的有机结合，提升了学生社团对学生价值引领力，是对意识形态工作的话语权的彰显。

一方面，高校为社团成员创造了更多参与到社会中的机遇，社团与社团、社团与社会的关系更加紧密，充分运用社会的信息资源和文化资源，发挥各自优势，共同成长，丰富了社团学生的实践和沟通能力。通过社团活动，社团成员们可以走向并融入社会这个最大的“社团”。新媒体与社团结合十分融洽的原因是它符合大学生心理特点，大学生更愿意接受这种传播形式和传播理念。新媒体扩大了大学生社交范围，给学生提供了多种交际方式，加强了社团成员的人际交往能力；新媒体以其传播速度快、覆盖范围广等优势为宣传党和国家的路线、方针和政策提供了一个优质的平台；新媒体拉近了学生与外部社会的距离，让学生第一时间接收到国内外重大时政要闻，让学生养成关注时事、关注国家建设的良好习惯，有利于培养学生的世界眼光。另一方面，新媒体能够在社团活动中起到交流宣传和舆论引导作用。新媒体不仅给社团带来了新的信息传播与获取渠道，使学生乐于通过微信、微博等积极关注和了解其他学校新的社团活动方式，升级自己的社团活动，还能够提供丰富、及时的信息，让学生接触社会、深入社会，在社团活动过程当中重新认识自我、实现自我、超越自我，扩宽了学生融入社会的渠道。在社团活动中充分发挥服务社会的功能，增强社团活动在意识形态工作中的传播力、影响力和领导力，进而实现社团的社会价值，也使得社团与社会的联系日益紧密。

图3 作者刘艳（左一）在河北工业职业技术大学调研

（二）高校学生社团存在的不足

社团作为大学生提升自我能力的新途径，充分尊重社团成员的主体地位和主体精神，近年来在学生个性技能培养等方面发展态势良好。在新媒体时代，学生可以更充分地发表自己的意见，发挥自己的想象力，提高道德水平，新媒体所构建的虚拟空间环境已成为大学生日常生活的第二空间，对大学生学习生活的方方面面都产生了重要的影响，社团与新媒体的有机结合满足了社团成员的需要。然而目前，高校社团在新媒体环境下也出现了一些瓶颈问题，由于个别社团的管理经验不够成熟，社团组织架构缺失，社团功能不能很好地发挥，出现泛娱乐化现象，社团运行能力低下，加之对新媒体手段利用不足，导致活动良莠不齐。

1. 学生社团组织机构不完善

学生社团作为弘扬校园文化的重要组织，是由一群精力旺盛、善于交际的大学生自发组建的，为有着共同爱好的学生实现共同价值构建了一个平台。社团不仅提升了社团成员的人文素养、发挥育人功能，还使学生在实践中充实、丰盈、锻炼自己。学生对社团价值的认同程度越高，在社团活动中的投入的时间和精力就越多，社团的发展就更壮大。但是，很多社团没有明确的目标规划和完善的组织架构，导致社团得不到有效管理，内部缺乏凝聚力，无法发挥社团的真正作用。还由于学校领导的忽视，社团管理者的工作落实不到位，加上社团在运行中存在诸多问题，一些社团人数较少，社团成员流动量大，缺乏号召力和影响力，无法开展有活力有吸引力的活动，这种社团实质上已名存实亡。

为了更好地发挥社团作为学生思想政治教育工作的载体的作用，要完善社团中的团支部的组织建设，首先要做到机构组成完整，权责划分明确，明确社团负责人和社团成员的权利与职责，维护公平公正，禁止滥用职权的情况发生。其次，社团应完善有效的管理运行机制、活动机制、监督管理机制、培训机制和表彰激励机制。还应该加强社团的教育引导和服务工作，社团应该贯彻立德树人的理念，将社会主义核心价值观落实到日常的各个方面，对社团成员进行正确的思想和价值观的引导，树立学生干部全心全意为学生服务的观念，加强对社团成员的思想政治教育，增强社团整体的进步性。

2. 学生社团发展出现泛娱乐化现象

娱乐是人类的一种重要的精神文化需求，丰富多彩的娱乐生活可以将人们带入一个全新的世界，在这个世界里，人们舒缓压力，恢复创新和创造性。在娱乐的过程中，增加对自己、他人和社会的了解，产生新的情绪、态度、想法甚至信念，娱乐才富有精神生产价值。与娱乐相比，泛娱乐带有更多的消极意义，泛娱乐化指的是享乐主义，内容空洞浅薄，忽略了文化内在价值，把不宜娱乐的内容也进行娱乐化了。

然而大多数学生社团在成立时的初衷是由于早期学生生活枯燥，基于大学生追求文明生活、发展兴趣爱好、享受娱乐运动等需要而产生的。其中少数社团的存在仅仅是为了社团成员们单纯的娱乐，出现泛娱乐化现象，却没有形成真正的娱乐价值。首先，这种泛娱乐化对大学生的价值观会产生影响，导致大学生走向个人主义、功利主义及拜金主义，甚至丧失社会责任感。其次，新媒体技术在给大学生的学习生活带来便利时，也有可能出现泛娱乐化现象。网络信息良莠不齐，大学生很容易沉迷网络游戏、陷入过度追星等情况，这种泛娱乐现象影响了大学生的审美情趣，追求短期娱乐刺激，审美也停留在浅层表象，导致学生深陷其中，不利于大学生形成正确的世界观和人生观。再者，有些大学生思想尚未成熟，辨别是非能力不强，新媒体导致泛娱乐化信息大量传播，学生易于把娱乐消遣奉为人生信条，跟随媒体的舆论导向改变思维，缺失批判性思维，丧失独立思考的能力，网络文化削弱了大学生的民族认同感，造成文学经典漠视甚至恶搞的情况发生。泛娱乐化思潮冲击着大学生的价值观。最后要说的是网络是一把双刃剑，不仅重塑着大学生的生活，给大学生的各个方面带来了方便，还对初出茅庐的大学生产生了诱惑，网络的非面对面性、虚拟性让学生在网上畅所欲言，少数学生肆无忌惮地发泄情绪，语言攻击、网络暴力现象仍然存在。

高校学生社团及德育工作者，应该积极做好引导与教育工作。学生社团在举办活动时，学校要做好管理监督，在充实课外生活的同时，应更多地重视满足学生的精神需求，避免社团活动呈现娱乐化形式，真正的德育应该给大学生的心理埋下真善美的种子，铸就学生的美好心灵。作为大学生，应该自觉践行社会主义核心价值观，自觉抵制泛娱乐化的负面作用，多参加学校组织的理想信念教育，不断提高辨别是非的能力，最大限度实现自我价值和社会价值的统一，丰富并充实大学生活。

3. 学生社团对新媒体手段利用不足

当前，手机和电脑是大学生获取资讯、与他人交流最常用的新媒体媒介，碎片化、时效性、互动性是新媒体应用于社团的最大优势，社团与新媒体的结合对社团活动的宣传具有很多益处。社团活动可以利用多媒体吸引学生进行互动造势，宣传效果立竿见影。

然而还有一部分的社团没有充分利用新媒体开展科技创新项目，导致很多社团活动缺乏创新意识及精心规划，活动环节缺乏设计性，社团活动老旧，形式单一，效果不尽如人意。例如：文学社团习惯于社团成员自行创作，热衷于编印文学刊物，而不能较好地发挥微信、微博、电子刊物的作用；演讲社团平时组织经常性的活动少，只习惯于一年一次的演讲会或大赛；创客社团不重视宣传，不能吸引更多的创新爱好者；等等。[①] 除此之外，新媒体环境下大学生社团面临更多的挑战。新媒体环境具有开放性，信息传播速度极快，且不受时间和空间的约束，传播者和接受者可随时随地地发布和接收信息。诚然这种信息传播的及时和便利对大学生的成长有一定的帮助，但对于身心尚未成熟的学生来说，一时之间大量的、未经筛选的、是非难辨的信息，也会让青年大学生无法正确判断，对其价值观的影响不容忽视，像“扶老人”此类欺诈现象的不公正审判及网络谣言，很容易使大学生对自己原来的价值观产生否定和怀疑，这是一些理论社团无法对新媒体手段完全利用原因之一。

新媒体具有开放性、动态性和多样性的特点，使得它迅速超越传统媒体，成为人们接受和传递信息的重要手段，新媒体成为大学生生存和发展必不可少的工具，这是时代发展不可逆转的趋势。各种新媒体技术的层出叠加使人们获取信息的方式发生极大的改变，传统的纸质媒体和电视基本被互联网替代，大学生多通过新媒体平台来进行知识的学习与传播。作为当今时代思想最活跃、最愿意接受新事物的青年人，随着移动互相网的兴起，网络甚至成为他们获取资讯的最主要方式，大学生只有充分利用新媒体手段和社团进行结合，才有利于学生社团健康壮大。首先，学生社团应构筑社团网络资源，要重视新媒体这一现代科技手段，定期通过网络学习理论知识，对社团成员进行思想教育，多使用

① 胡霞．浅析新媒体环境下高校学生社团的管理［J］．人才资源开发，2017（2）：54.

多媒体进行交流沟通，激发社团成员对社团的积极性，激发大家的兴趣和的动力。其次，高校社团管理者应多关注科技创新项目，融入社团活动中，实施创新教育，正确引导学生成为创新型人才，围绕中华民族伟大复兴的中国梦不断创新进取。再者，社团活动应该积极融合新媒体，根据学生的爱好兴趣，多举办现代科技类活动和学科竞赛类活动。通过创新、实践、有趣的社团活动，提升学生的自主学习能力和实践创造水平，培育学生科学素质，社团活动才更具有吸引力。

4. 学生社团活动质量不稳定

学生社团活动质量不稳定的原因主要包括以下几点：一是大学生社团是由大学生根据自身兴趣形成的组织，一些社团在开展活动过程中只遵循兴趣爱好的表层交流沟通，没有深入社团成员的内心之中，活动的创新性较差，缺乏计划性和内部特色，活动缺少内涵和文化底蕴，导致社团活动质量达不到预期标准，活动水准上不去，社团便难以全面发挥积极正面的功能作用。二是在学生社团中，由于社团干部不能正确区分“权力”和“权利”，导致一些社团干部出现思想上的偏差，“拿着鸡毛当令箭”，近几年在社团中出现了“官场文化”，还由于社团管理制度太过自由，社团干部不知道如何管理和培养人，一些社团成员会受到社团干部的个人素质影响，产生情绪化的消极态度，导致社团活动举办的质量时好时差。三是还有某些社团内部拉帮结派，把好好的兴趣社团搞得乌烟瘴气，一些新入团的社团成员在社团内付出与回报不成正比，劳心费力却得不到应有的回报，没有被公平对待，年轻人本身热血的气质，极易受到情绪化的影响，导致社团活动质量极不稳定，活动质量偏低，社团成员在社团内也无法得到有效的锻炼，后期再举办活动时，学生们参与度会大大降低。四是高校社团新媒体没有专门的运营人员，社团管理者对新媒体的发展特点和问题认识不充分，特别是当有负面新闻产生时，没有及时予以引导和控制，导致网络舆情监管不力，不能及时控制舆论导向。在需要承担责任时，社团干部没有挺身而出，而是把过错归结于社团成员的头上，导致社团内部凝聚力不够高。问题如果一直没有得到妥善的解决，社团成员对社团活动的主动性会变差，也是导致社团活动质量不稳定的原因之一。五是有些大学生在选择加入社团之前，对社团没有进行深入了解，存在盲目加入，没有明确的目的。在社团待的时间长了以后，与自己预期的偏差，使学生产生消极心理，在社团举行活动时配合不到位，导致社团活动质量无法掌控。

为了改变现状，首先应该确立学生社团定位，完善社团制度，不要出现社团成员不公平对待及费力不讨好的情况，更多关心社团成员的情绪及心理动态。在纳新时做好宣传工作，让学生充分了解社团，也要给学生充足的时间去思考，是否有明确加入社团的动机目标，不要因为从众心理而随波逐流地随意选择社团。其次，对于学生干部权限及奖惩有更加明确的界定，抵制社团内部的“官场文化”，不再出现由于社团负责人的个人素质问题，影响社团成员的情绪，导致社团人员流动大及社团活动质量降低。最后，对于兴趣社团进行申报评优，社团成员对于自己喜欢的事，会投入时间精力，深入学习，进一步增强社团活动内涵，打造属于自己的创新品牌活动，促进高校内各学院社团的共同发展。

总之，高校学生社团存在和发展既有利于大学生的身心健康，又促进了学生德智体美劳的全面发展，是高等学校内部不可或缺的组织机构体系，是促进学校发展、推动社会进步的一支重要力量。只有充分发挥学生社团的各项功能，弥补学生社团在发展中存在的不足，才能使高校学生社团绽放出魅力，激发学生社团的活力，让其成为推动学校发展、推动社会发展的永续动力。

第三章　高校学生社团管理的目标、依据和价值

【摘要】新媒体背景下高校学生社团管理要有明确的目标，以促进高等教育“立德树人”根本任务的实现，助力新媒体成为社会主义核心价值观传播的重要渠道，为社团发展提供专业性的支持，促进校园文化百家争鸣百花齐放局面的形成，成为高校教育教学改革的有力辅助。高校学生社团管理的科学性和有效性必须依托科学的理论和现实依据。就其理论依据来说，高校学生社团管理必须依据马克思关于人的本质的理论、人的全面发展理论、人的思想政治品德形成与发展的规律理论以及思想政治教育载体理论等马克思主义理论，马斯洛需求层次理论、成就需要理论、社会本位论、建构主义教育理论等教育学理论，行政组织理论、自组织理论、目标理论、愿景领导理论等管理学理论，社会互动理论、组织管理理论等社会学理论；就其现实依据来说，高校学生社团管理必须遵守特定的法律、法规以及高等教育发展方针政策。高校学生社团管理于高等教育自身来说，科学有效的高校学生社团管理是培养时代新人的应然之选，是第一课堂的有益补充，是激发校园文化活动活力的有效途径，是构建和谐校园的重要力量；于社会来说，科学有效的高校学生社团管理有利于增强学校与社会的沟通交流，提升学校知名度；有利于加强学校与校友的情感联系，汇聚校友资源；有利于推动高等教育治理体系和治理能力现代化，提升我国高等教育现代化水平。

一、高校学生社团管理概述

现如今，新媒体时代推动世界高速发展，高校学生社团管理在享受新媒体带来便捷性的同时，也会产生一些消极影响，因此，找到新媒体作用于社团管理的特征和其消极作用的具体表现，依托科学的理论和现实依据才能使高校学生社团的管理更加具有科学性和有效性。

（一）高校学生社团管理呈现的特征

高校学生社团日益壮大且积极蓬勃发展，不仅能营造健康向上的校园文化氛围、丰富学生的课外校园文化生活，还能满足大学生整体素养的提高、拓宽大学生自我身心发展的渠道。新媒体促进学生成长成才，提升大学生的综合素质，是大学育人的重要部分，这些早已被学校和学生普遍认同。高校还要主动依据新媒体环境下信息交流的双向性、互动性、平等性，将教育者和受教育者的关系转变为双方平等、相互尊重、相互转化的交互主体关系，充分支持、鼓励、推动和指导高校社团建设。[①] 高校学生社团管理呈现的特征包括：

1. 自我管理与学校管理相结合

学生社团自成立之日起，就是秉承自我管理，自行组织的模式，但学生社团日常中也要遵循自己的章程，章程虽然是学生社团自己制定的，但确立后的章程就是社团成员必须遵守的规则。加强学生社团的自我管理，不是简单地制定社团章程就可以，必须充分结合学校的具体情况，制定具有针对性的、切实可行的、适合在校学生的方案，规范社团成员的日常行为准则，社团内部

---

① 高杨．新媒体环境下大学生理论社团价值引领力的提升策略［J］．思想教育研究，2018（6）：103－106.

按照完善的章程进行自我管理，有据可依，社团必须承担起自身需要肩负的使命。同时要使用新媒体手段来加强社团的自我管理，社团活动的交流宣传、维护和更新离不开新媒体，有针对性地对社团活动进行策划，确保通过新媒体传播出去的内容都是比较有影响力的、大家感兴趣的，不断提升社团活动在大学生群体中的吸引力。

大学生社团是自由的，但社团在学校管辖之内，学生社团管理必须遵守高校的规章制度。高校要时刻注重学生社团的发展趋势，坚持以人为本、育人为先的工作理念，实现学生全面发展的理念，落实立德树人根本任务，实现大学生道德引领。大学生的意识形态工作是做学生的工作，对高校来讲，要坚持以学生为本。在新媒体环境下，要根据大学生的思维方式，创新工作理念和机制，实现从封闭僵化思维到开放变革思维、从简单化思维到复杂性思维、从孤军作战思维到跨界联合思维的转变。①

科学利用新媒体，结合新时代高等教育理念，更好地把社团自我管理和学校管理相结合。学校一方面要加大对社团的关注和管理力度，发挥社团的最大效能；另一方面，社团的自我管理也促进了校园意识形态建设，社团干部充分发挥模范引领的作用，自觉接受学校的管理和监督，主动引导社团成员有共同的成长目标和正确的价值取向。社团的自由发展与大学的规章制度要相结合、成员的自由意志与社团的规则制度也要相结合。要感同身受地从大学生的角度去分析其心理特征和认知水平，将社团的自我管理与学校管理相结合，从而以一种双方都能接受的方式来把社团的优势展现出来，引领社团前进方向。

2. 规范化管理与灵活性管理相结合

社团的规范化管理对社团的可持续运行起着关键作用，应科

---

① 高杨．新媒体环境下大学生理论社团价值引领力的提升策略［J］．思想教育研究，2018（6）：103－106.

学地引导大学生社团，使其得到良好的发展。首先，管理制度是思想的具体化体现，完善并规范化大学生社团的管理制度及考核机制，是要在这些管理制度中，体现社团的精神思想、文化意识和价值追求。根据社团自身实际情况，按照完善有特色的社团管理制度进行管理，促使社团运行机制更加合理化。其次，强化社团管理者素质，加强社团核心干部的培养，明确社团未来的发展方向，增强社团的凝聚力，提高社团的团队意识，促进社团繁荣、健康、有序地发展。

然而，现在的社团管理更加灵活化，社团会按照学生的差异性对学生分别进行思想政治教育。社团多样灵活的活动方式必然需要灵活性的管理，可多借助新媒体这一手段来实现社团的灵活性管理，例如招纳新人也无须通过传统的线下填写表格方式，可以在线上通过手机、电脑等互联网平台进行填写，以邮件的方式报名社团。灵活性管理可有效地提高办事效率以及信息的传播速度。相比之前的传统媒体，新媒体转换了大学生以往的生活方式，使大学生日常生活更加快捷方便，社团管理者也可通过新媒体渠道随时组织一些线上活动提高社团成员凝聚力；社团利用新媒体的虚拟性为社团成员提供了疏导不良情绪的窗口，大学生可以随时随地通过在线方式获得解决自身心理疑惑的服务。社团与新媒体的有机融合也使得社团的管理更加灵活。

对社团的管理必须注意规范化和灵活性相结合，面对新时代的各种机遇和挑战时，要运用多种管理风格和沟通方式，在挑战中调整创新途径，社团才能有一个明确的积极发展方向。

3. 管理与服务相结合

大学生社团有了章程和制度文化，还需要社团内部的严格遵循和有效管理，才能使得大学生社团健康发展。加强大学生社团内部管理，服务好社团成员，增加社团的价值认同。社团应该完善内部的管理制度，社团干部和社团成员都应该严格执行各项管理制度，大家团结一致，在积极向上的环境中一起成长。除此之外，各个社团还应该有自己的特色，比如设计自己的社团团徽，填词谱曲自己的团歌，以此种方式增加社团成员们的凝聚力和归属感，无形中每一位社团成员都深化了维护集体主义利益的价值观念。

健康的社团还要通过一系列的学习实践活动体现它的服务功能。社团的服务对象是富有活力、追求新鲜感、渴望平等相处、渴望得到他人尊重认可的大学生，特别是现在的在校大学生大都是“00后”，他们正处在思想道德塑造的重要时刻，大学生的生理及心理特点促使他们自愿、主动参加到创新性的社团活动中，在社团中得到成长进步，满足他们的尊重需要。高校需要对大学生进行强有力的积极引导，而社团从某种意义上来说正好起到了这个作用。在参与社团活动中让大学生清楚，自己的尊重需要想要得到满足，首先要充分了解自己，学会理解他人、尊重他人。社团管理要健全社团激励机制，管理与服务相结合，社团成员在活动中表现优异时，要给予认可，客观公正地对待每一位社团成员，必要情况下要给予适当的奖励，提高社团成员忠诚度和积极性。在平时的社团生活中，采取民主管理的方式，每个社团成员都是社团的主人，都有参与社团管理的权利和义务，充分听取每一位社团成员的意见和建议，服务好每一个人。在社团成员们遇到困惑时，需要教师的帮助时，社团管理者应积极与辅导员联系，确保社团成员在社团活动中及时得到帮助，在遇到问题时及时得到心理疏导。这些都将内化为社团成员的价值观念，帮助他们在有价值冲突时，做出正确的选择。

4. 管理与监督相结合

高校通过大学生社团对大学生的思想引领和价值观的引导，将正确的价值观根植于社团的日常管理制度和措施中，社团成员的日常活动必须遵循一系列规范的管理制度，这样不仅对大学生社团起到监督作用，也约束了社团成员的行为，管理与监督有机结合，才能避免社团成员管理松散的局面，保证社团的健康发展。

社团自我管理的核心是自我教育、自我管理、自我服务，简称“三自”方针。自我管理，是社团成员对自身的约束和引导，遵守社团的各项规章制度。社团成员要深化对自我管理的认识，从思想意识层面提高学生主体在社团中的自我管理；自我服务，包含了社团成员为自己社团的发展寻求机会，谋取利益；自我教育，即加强对社团成员思想觉悟、社团制度的教育，社团每次活动的决策、策划、组织、执行、宣传、反馈和总结对参与成员来说都是很好的锻炼机会。社团成员要把自我管理意识融入社团活动的点滴之中，提高社团的管理工作的凝聚力和号召力。

对社团的监督工作，包括学校对社团的监督以及社团内部的自我监督。学校对社团的监督工作由社团联合会负责，社团联合会为保证社团的有效运行，特制定了整套的规章制度，并对其定期进行审核考察。社团在与新媒体结合时，也必须做好监督工作，充分了解新媒体对意识形态传播的冲击和影响。由于社团联合会工作内容多，无法参与到社团所有活动的监管工作中，这时就需要社团内部进行自我监督，监督工作主要由社团主要干部负责。

社团联合会在对社团日常活动进行监督的同时，还应积极引导社团进行自我管理，坚持马克思主义科学理论为指导，加强对网络文化传播的引导监督，对社团的自我管理要留有空间。只有社团的管理工作与有效监督相结合，才能促使社团发展态势良好。不仅要对社团负责人进行相应培训，加强宣传教育，每一位社团成员都能正确领会社团管理和监督模式，还应建立相关的竞争、奖励体系，激励社团成员的积极性，需要全体成员的配合与努力，才能做好社团的管理工作。

（二）高校学生社团管理有待完善的方面

学生社团不仅仅是学生思想政治教育工作的一条有效渠道，还是共青团育人的有效路径，对高校社团的管理尤为重要。新媒体为社团管理带来了良好的机遇，开放、迅速、无限的信息容量等特点，使新媒体在社团的应用也能更宽泛，在一些有关社团活动信息的宣传上，运用新媒体，使社团传达的理念能够更好地渗透到每一个人，社团在与新媒体结合的过程中发展得更加迅速。尽管我国高校社团形成了百花齐放、百家争鸣的繁荣局面，但还是能看出社团的一些建设和管理的方式的弊端，导致社团的发展有了新的挑战，主要存在以下问题：

1. 社团发展目标不够明确

有些社团的存在仅仅是一群兴趣爱好相同的学生联合在一起，他们在社团组建时，没有清晰、完整地了解社团存在的目的和意义，社团成立之初就没有明确的发展目标，社团干部和社团成员对社团的认识不明确，丧失了主动开展社团工作的积极性。尽管社团成员人数多，但是人员流动性很大，在换了几代社团负责人后，发展目标及未来发展方向更加模糊。加之社团活动缺乏指导教师的指导，社团活动质量低下，导致社团影响力较低，涉及面不广，社团缺少灵魂和精神支柱。

社团活动光靠社团成员的热情是不够的。首先，需要骨干有明确的社团发展目标，业务能力强且管理经验丰富，可以引导全体社团成员促进社团良性发展。其次，社团要坚持自己的特色，特色是一个社团的生命力，只有社团活动在内容和形式上独出心裁，才能吸引更多的学生加入，在这种独具特色的社团活动中，也可以给社团带来发展目标。还可以适当加强与其他高校具有成功建设经验的社团的交流，特别是与高层次社团的交流，这有助于社团成员们开阔视野，打开思路，提升社团建设的层次。

2. 社团自我管理机制不够完善

高校学生社团通常没有完善的管理机制，社团的主要凝聚力来自社团成员们的共同的兴趣爱好。社团内的自我约束管理机制十分薄弱，加上学生社团的规模不同，水平良莠不齐，在实际的运行中会出现管理失误，甚至导向偏差的情况。很多社团在成立之初都想大展拳脚，可是不是所有社团都能迎合社团成员的喜好，加上管理机制不健全，社团内部管理混乱，社团干部缺乏责任心，不明确自身的职责范围，时常对社团成员的错误行为视而不见，没有负起对社团管理的责任，导致社团发展十分艰难。高校社团除了社团骨干外，社团成员可自由退出社团，人员流动很频繁，这是由于社团没有长远的发展目标，也未制定规划，短期活动居多，无法吸引更多社团成员并保证其队伍的稳定。

自我管理是大学生社团的一个重要特征。社团的日常管理和组织活动除了要依托学校和指导老师的专业领导以外，更多是要依靠社团本身的成员来进行自我管理和自我领导。大学生社团的发展想要取得良好的成效，就必须以社团成员自身的能力作为依靠，这就要求社团成员必须严格管理自己，增强自身的综合素质，展示良好的学生精神风貌，树立正确的价值观念和发展目标。同时还要注重自我言行，增强自我管控能力，社团骨干以身作则，给社团成员营造良好的自我教育、自我管理的氛围，以自己的行为规范来增强整个社团的先进性。在社团活动中，通过自我管理机制也能充分考验社团成员的团结、合作的能力，有利于培养社团成员的集体主义精神和团队精神。社团成员在社团的民主氛围中可以各抒己见，主动为社团健康有序的发展出谋划策，这样有助于形成互信互爱、互帮互助的社团环境，进一步扩大自我教育的影响。

3. 社团管理制度不够健全

科学健全的管理制度是高校学生社团良性发展的前提保障，

可是目前很多社团存在管理机制不健全、社团活动举办随意、管理松散等方面的问题。这些问题在一定程度上阻碍了社团活动的有效开展，有悖于社团思想政治教育功能。

社团中是否有明确的科学化规范化的管理章程是社团规范化发展的前提和基础。一部分高校社团成立之初，内部的规章制度就不是很完善，虽然社团成员们有共同兴趣，可是社团管理无据可依，缺乏外在的约束力，社团成员在社团内具有随意性的特点。还有一部分社团虽然制定了相对规范的内部制度，可是管理条例陈旧，内容缺乏科学性和严谨性，管理制度没有依据社团的实际发展状况进行更新和完善，缺乏针对性、规范性，制度无法很好地落地，还有一些事宜没有明确规定，发生问题时得不到明确解释，使得管理条例形如虚设。就高校社团的制度来说，这些制度并不是事实上的强制约束，更偏向于在社团成员可接受的共同意愿的基础上的约定俗成，在社团的实践活动中遇到问题的时候，也没有完全按照这些书面的规章制度来强制约束社团成员，社团管理的制度没有被严格执行。

管理制度要包含活动制度、会议制度、奖罚制度、考核制度等，明确社团干部及社团成员的责任与义务，完善社团工作要求，所有成员必须遵守。在对社团内部的管理制度和活动内容完善过程中，必须做到科学合理，注重以人为本的理念，重视学生的发展。定期对社团管理者及骨干进行培训，增强社团干部的管理能力和水平，起到意识形态的领导作用。大学生社团管理制度建设应与学校的文化发展相融合，构建积极健康的社团文化和校园文化，注重对社团成员的思想政治教育，在社团中可以学习到课堂上学不到的深厚的实践知识，把德育教育融入社团日常活动中，提高社团成员全面素养水平，提升社团管理水平，提高社团活动质量，形成和谐的校园文化氛围。

4. 社团管理过程出现僵化现象

一些社团虽然制定了相关的学生社团管理条文，但是条文僵化，不具有针对性，为了管理而去强行地管理，没有站在学生的角度去考虑问题，这种僵化的管理条文不能促进社团的发展，也不能保证社团的利益以及学生切切实实关心的问题。一些高校对社团和学生会使用相同的模式和思路来进行无差别管理，忽略了社团成员的自觉能动性和主体能动性，社团被动地跟随学校的安排进行活动，而不是社团成员主动来开展活动。据调查，全国高校学生中有六成以上都参加过或了解过各种社团活动，高校社团是校园文化第二课堂的主阵地，可社团管理过程的僵化导致社团活动收效受到影响。

社团管理不能出现僵化现象，一定要注重理论与实践相结合，多组织一些学生感兴趣且乐于参与的创新性社团活动，在活动中寓教于乐，才能唤起普通学生对于社团的兴趣。社团的实践活动要充分贴近学生实际、突出社团的特色、结合当前时政热点，保证活动效果，扩大活动影响。

5. 社团管理内容有泛化倾向

对于社团管理，部分社团没有清晰的组织架构，相关制度不完善，社团干部职能之间有重合，在工作安排时会有重复或疏漏现象，还会出现越位和缺位的现象。在实际处理问题时，会相互推卸责任，导致办事效率低下，严重打击学生积极性，导致社团成员流失现象严重；还有些社团，在管理上，采用社团内部学生自主管理的方式，让学生自行制定各社团内部管理制度，这在很大程度上给予了学生自由，但缺乏统一的管理条例，也会使得社团管理出现混乱。同时这种自由的管理方式，扩大了社团干部的权力，有些高校社团组织被曝出“官僚气重”的现象，个别干部以一副高高在上的姿态去对待社团成员。

社团的存在宗旨是在校园生活中发挥更多的积极作用，作为

第二课堂这个平台，应该为学生的成长提供选择，为学生发声，维护学生的利益。社团内所有成员必须恪守学生本分，社团工作的初衷是为学生服务，坚决抵制“官僚”现象和“官僚”作风，要杜绝利己主义。社团就像一架飞机，社团干部就是这架飞机的机长，按照社团制度为社团指明前进的方向及道路，更好地服务于社团成员，带领社团成员感受校园文化的魅力，让社团成员有信心，有满足感，有强烈追求又不感觉累，高效地进行社团管理，营造良好的社团氛围。

6. 社团管理方式单一

现有的社团管理，多采用社团干部对社团成员单方向安排任务、单方向说教方式进行管理。这种管理方式导致社团内部缺乏活力和创造性，社团成员无法较快成长，学生对社团的满意度会降低甚至想脱离社团，导致社团内部人员流动性大。应该采取多种方式来对社团进行引导和管理。

社团管理可以借鉴引用其他高校优秀社团的管理经验，指导自己的社团建设，获得社团建设的新灵感；也可以将企事业单位的杰出管理运作机制引入社团中，使社团成员提前适应社会管理模式，社团建设也更加规范有序；还可以定期用社会上优秀的集体或个人的实际案例对成员开展示范教育，允许的话，可以将其请入社团活动中，以榜样的力量促进学生的成长、成才；高校社团管理者应该引导大学生充分发挥新媒体的积极作用，新媒体为社团成员搭建一个区别于现实生活的平台，一些有社交恐惧症的社团成员可以通过该平台逐渐融入社团，进而获得成就感和满足感，建立自信心，让新媒体为大学生更好地服务。通过多媒体平台开展不同社团活动，大学生可以通过手机进行投票报名，选择自己擅长的项目，在社团活动中更好地发挥自己的长处；学生社团干部可以基于社团内部实际情况，举办社团活动时，让社团成员充分参与到管理中，用换位思考的模式对社团成员进行管理；

基于党团建设目标，创造性地运用新媒体渠道开展符合社会主义核心价值观的社团活动，进行线上线下互动，在创新实践中提升社团成员综合能力，打造良好的社团氛围，提升社团成员的团队意识、服务意识和责任意识；[①] 高校应鼓励学生走出校园，多多参加社会组织的实践活动或参加比赛等，让学生充分了解并融入社会，充分挖掘大学生的潜力及各种潜在天赋，为国家培养并提供更多卓越人才。

7. 社团管理有效率低现象

高效的管理可以为社团带来良好的产出效应。高校社团中具备科学、高效率的社团组织管理机制，使得社团在每次活动中都能实现预定目标，某种程度上会影响校园文化甚至使校园文化更加繁荣。高校社团管理效率低下的原因有以下几点：首先，投入无效时间过多。如果社团内部在协调工作细节、上下级传达信息理解错误、培训简单业务操作、调整社团成员负面情绪等问题上花费过多的时间，导致在规定的时间内，社团无法完成预期计划任务，会严重影响社团的工作效率。其次，管理质量不高。大部分社团内会有明确的规章制度，包括活动制度、会议制度、奖罚制度、考核制度等，这些制度本意是为了让社团在应对问题时有据可依，但是如果制度不合理，反而会导致管理效率低下，甚至出现更严重的错误。

为了提高社团管理效率，要完善科学的社团规章制度，明确职责分工，出现问题时可以找到对应负责人；在传达信息时，需要确保信息接收者真正领会了传达内容；在沟通过程中，要自上而下传达信息，确保不同层级的社团成员都获取完整、真实、及时的信息，多采用文字叙述，代替电话语音等一次性无记录的消息；保证高效沟通，快速短时高效的会议，更能提高管理效率；

① 邹欣芝，黄敏，肖梦倚．新媒体时代大学生社团党建工作机制刍议——以成都大学美术与影视学院为例［J］．开封教育学院学报，2017（11）：183－184.

建立合理的社团组织架构，精简的组织架构无论是在信息传达还是在沟通成本上，都保证了较高的管理效率；及时关注社团成员的情绪，在社团成员出现负面情绪时，应及时疏通并予以共情，提高社团成员凝聚力，社团活动会更高效地完成。

8. 学生社团缺乏资源保障

高校学生社团在飞速发展及规模日益壮大的同时，也遇到了一些困惑，而大部分高校学生社团都面临着同样的问题：学校关注少、缺乏指导教师、内部管理机制不完善、活动经费不足、活动设备场地有限、社团建设发展缺乏必要的物质保障等。由于这些问题的现实存在，高校不能很好地开展社团文化建设，或多或少会导致大学生团结协作理念不强，没有创新创造意识，这对促进校园文化繁荣及服务大学生全面发展是一种挑战。

（1）缺少经费保障

社团组织开展的活动，完全是应学生们的要求完成，根据社团成员自己的意愿自行策划、组织和实施。经费是社团发展的保障，缺乏必要的经费支持影响社团活动的有效开展。在社团活动经费方面，一般来说来自两个方面：首先是学校团委的经费会有一部分被划拨到社团，这部分的经费十分有限。只有活动成规模或影响力大的活动，学校才可以报销费用，然而报销过程烦琐漫长。其次是自筹经费，这包括新入社团的成员所缴纳的社团费，这几乎是一些社团的全部活动经费。但是这笔费用往往和社团成员的数量息息相关，人数较少的冷门社团很难实现资金的周转，人力、物力、财力供给不足，导致社团不得不暂缓或停止部分活动。

社团缺少经费保障，会制约社团活动的开展，社团最低保障机制不健全，导致社团活动质量越来越低，参与的人数越来越少，纳新也变得更加困难，长此以往形成恶性循环，社团最终只能走向解散。高校党委、行政人员必须充分认识到学生社团的必要性与关键性，在社团举办活动时，为其提供相应的物质支持与资金支持，相关部门对社团活动的场地等其他需求进行配合，为学生社团顺利举办各项活动提供有利条件。

（2）缺少指导教师

高校鼓励、支持并认可教师对学生社团工作的指导，优秀的指导教师会推动社团快速成长，有效凝聚社团学生，增进大学生对社团的信任度，使得越来越多的学生参与到社团活动中。随着高校学生社团数量的不断增多，对教师的指导需求也进一步扩张，需求量增加致使老师工作量变大。而高校对指导教师的工作没有明确的激励制度，社团指导教师的工作量不计入薪酬体系，也不纳入职称评价标准，导致教师对指导社团活动在一定程度上产生消极态度。

高质量的社团活动需要专业教师的指导，高校应该针对指导教师在社团中付出时间与心血，对其进行相应的奖励，激发指导教师的积极性和荣誉感。建立完善的奖励机制，加大教师对社团活动的专业指导力度，对社团活动指导及培训的工作进行量化，把指导教师对社团活动的指导时长计入教师的课时中。如果条件允许，高校应该打造一支具有高度社团素养知识的教师队伍，根据不同社团的需要，可以提供相应的教师进行培训和指导，这样不仅提高了社团成员的积极性，还促进了社团成员和社团协同发展。对于社团活动取得成绩的指导教师予以嘉奖，促使指导教师更加专注地投入社团活动中，社团活动的质量会大大提高，同时会增强社团的凝聚力，提高社团活动的学生参与度，促进社团发展。社团要充分利用一切可以利用的力量，更好地促进学生社团全面发展，营造积极向上的校园文化氛围。

（3）缺少人员培训

在新时代的大背景下，学生社团应遵循党和政府有关社团建设和发展的相关政策、文件的指导，在丰富多彩的社团活动中，不断提高学生的学习能力、创新创造能力、分析问题和解决问题的能力，充分发挥社团思想政治教育载体作用，使学生可以更好地适应社会的发展。但是，社团中缺乏科学有效的培训，所谓的校内培训只停留在对某项工作内容进行简单指导，或者高年级学长进行社团工作经验分享，不具有连贯性和系统性。而且学校没有对学生进行培训的专业培训师，社团成员无法得到真正意义上的培训。社团外部的培训以学校组织的培训为主，主要形式是研讨会、座谈会，培训内容主要是时政国情内容传达，涉及社团业务的内容几乎没有。

社团成员聚集在一起主要是为了相互学习，交流借鉴，共同前进。为了加强社团成员和社团干部的综合素质，完善社团运行机制，增强社团的综合实力，应该强化社团培训机制，积极组织相应培训，提升学生技能。一是学校层面应该对社团培训进行关注，对不同的社团提供不同的教师，因材施教。对培训的内容进行把控，要求培训内容落地，对社团成员进行相关业务的培训，提高社团培训质量。定期组织进行相关业务培训，常学常新，培养社团成员自我学习意识。还需要对学生进行安全培训，增强日常生活及社团活动的安全意识。二是高校要组织社团干部集中培训，强化社团干部在活动中的作用，提高社团干部个人素养，发挥社团干部在提高社团凝聚力中的作用。三是社团还应该在社团成员未来职业选择、人生规划方面，对社团成员进行专业培训。学生选择在社团活动中得到历练和成长，不仅是为了提高自己的综合素养，把自己变成创新型人才，还应该对自己未来全方位的发展有一个清晰的定位。四是还可利用新媒体平台，加强社团技能培训，足不出户，便可学习更专业的技能。通过网络培训及时发现大学生在思想方面出现的问题并予以纠正，同时把正确的思想观点传递给大学生。大学生社团离不开新媒体的发展，这些新媒体推动大学生社团的发展和建设，提高了社团活动的时效性、便捷性。五是社团还应该给社团成员提供校外实践的培训平台，使学生可以走出校园，面向社会，在更专业的环境中锻炼自己，获得实践机会，培养创新能力。

高校学生社团作为众多大学生成长成才的平台，抓住大学生的心理特点，对其进行定期培训，可以有效凝聚学生、引导学生、服务学生，促进高校校园文化的建设凸显特色，形成和谐健康的文化氛围，呈现多格局画面。

二、新媒体背景下高校学生社团管理的目标

高校学生社团在活跃校园文化、提高学生综合素质等方面都具有重要的意义。时代的发展和社会的进步对大学生提出了新要求，在新媒体背景下，高校学生社团管理的目标也发生了新变化。各种新媒体手段在“立德树人”根本任务的实现、社会主义核心价值观的传播、社团专业性发展、校园文化建设等方面都发挥着不可替代的作用。在社团管理的过程中，管理部门要跟上时代的脚步，将传统的管理体系与新媒体手段相结合，充分发挥新媒体手段在社团建设和管理中的积极作用，合理布局，科学指导，实现高校社团的育人目标。

（一）促进高等教育“立德树人”根本任务的实现

党的十八大强调教育要将“立德树人”作为根本任务，“立德树人”是对我国传统教育思想的继承和发展。在学校构建合理的德育网络阵地，需要结合各种德育途径，形成合力，共同促进学生养成良好的行为习惯，形成正确的价值观念。如今，站在新的历史起点上，我们也要依托高校学生社团的强大力量，不断探索高校学生社团的育人模式。这要求我们不仅要理解和践行“立德树人”这一教育理念，更要与时代的发展结合起来，将“立德树人”落到实处。在海量的信息中，高校学生社团管理要顺应时

代发展的潮流，将社团管理与信息技术有机结合，并利用多样的新媒体手段将思想政治教育融入学生社团建设和管理的方方面面，在推动社团发展的同时，也提升思想政治教育工作的实效性。高校学生社团作为实现“立德树人”根本任务的阵地之一，管理者要引导大学生在社团活动中形成正确的世界观、人生观、价值观，促进大学生综合素质的全面发展和完善，将学生培养成为德智体美劳全面发展的社会主义建设者和接班人。

“立德树人”强调坚持育人为本，因此，在高校学生社团管理中要贯彻“以人为本”的管理理念。以人为本，促进学生的全面发展，是现代教育的主流思想。在社团管理的过程中，首先要确立学生的主体地位。学生是社团管理的主体，要达到优化社团管理的目的，就要充分尊重学生主体地位，激发学生的主人翁意识，发挥学生的主体性价值，在社团的管理和社团活动的开展中不断提高学生的主观能动性和实践能力。同时，社团管理要深入学生群体中，管理部门也要发挥主导作用，适当提供援助，指导学生的思想和行动。其次，要积极研究学生随着时代发展而发生的新变化，并善于创造和运用灵活多样的社团管理方法。高校学生社团肩负着德育的责任，需将德育贯穿于社团管理过程中。高校学生社团在利用信息技术优化社团管理的同时，也可以充分发挥网络平台的信息载体功能，运用官方网站、公众号、App 等网络平台，拓宽信息传播途径，将丰富的文化内涵融入学生社团管理过程中，选取贴近学生实际的内容，采用富有亲和力的方法，引导学生热爱祖国，培育其社会主义核心价值观。比如，在日常的学生社团管理过程中，管理部门的指导老师要精心运营学校的微信公众号、微博、抖音等，通过这些网络平台发布正能量内容，引导学生树立起积极的价值观念，朝着正确的方向发展。教师在组织社团活动时，也要特别注意学生在活动中对德育内容、道德价值的体验，引导社团成员在参与过程中体悟自己的价值，为社团管理贡献自己的一份力量，在参加各种社团活动和社团管理的过程中严格要求自己，强化社会责任感和集体荣誉感。避免出现“为了参与而参与”的走马观花式的社团活动。最后，要推动良好校园环境的建设。营造良好的校园文化环境是大学生德育培养途径之一，而高校学生社团在构建校园文化中能发挥重要作用。为了营造良好的校园文化环境，在社团管理的过程中要运用丰富多样的新媒体手段，在高校学生社团活动和社团管理中做好校园文化宣传，利用新媒体传播积极向上的思想文化，营造健康的文化氛围，使学生社团呈现出独立自主、积极向上和富有创造力的状态。如为了积极贯彻落实教育部“停课不停教，停课不停学”的要求，南京大学居家云竞赛“阳光体育”在线社团体育部为大家准备课外自主锻炼视频课程之外，特组织 10 个体育类社团开展丰富多彩、各具特色的课外阳光体育活动，用“云竞赛”的方式，鼓励大家积极参与居家锻炼，强健体魄，保持健康状态。

（二）助力新媒体成为社会主义核心价值观传播的重要渠道

大学阶段是青少年形成正确世界观、人生观、价值观的重要时期，大学期间学生接受的管理和教育对其思想品德的塑造和良好习惯的养成具有重要作用。新媒体手段以其便捷性、多样性、开放性等特点深受大学生喜爱。如今，新媒体已成为大学生自主学习、人际交往中的必不可少的一部分，在学生社团管理过程中也得到了广泛的应用。因此，利用新媒体助力社会主义核心价值观的传播，发挥学生社团管理的价值导向作用，成为高校学生社团管理的一个重要目标。

1. 利用各种新媒体手段传播社会主义核心价值观，扩大其覆盖面。新媒体的发展让人们传输信息的方式发生了质的改变，青年学生是受网络影响较大的群体，他们接收和传播信息的方式也发生了很大变化。新媒体为人们构建了一个开放的网络虚拟空间，也为社会主义核心价值观的传播开辟了新的途径。在学生社团的管理过程中，利用丰富多样的新媒体手段，将社会主义核心价值观教育从课堂上延伸到学生的课余活动中，潜移默化地在社团管理中对学生进行教育，扩大社会主义核心价值观的覆盖面。在社团管理中对大学生进行社会主义核心价值观教育时，还应该针对不同社团的特点，了解不同层次和类别的社团的发展需要，根据学生在知识、技能和情感态度价值观等方面的需求，通过新型的网络传播方式进行社会主义核心价值观教育，更加通俗易懂，使每个学生都能接受到优秀文化的熏陶。同时，利用新媒体传播社会主义核心价值观，覆盖面更广，有利于实现大众化。

2. 基于信息技术构建多样的社会主义核心价值观传播途径。当代大学生是国家未来的希望，也是践行社会主义核心价值观的主要群体，因此，在社团活动中培育大学生的社会主义核心价值观具有深远意义，应通过各种途径传播社会主义核心价值观，发挥其育人作用，这需要借助新媒体的优势，扩大其影响力。要想社会主义核心价值观根植于每一个大学生的内心，充分发挥其价值导向和引领作用，不仅要追求传播的深度与广度，更要追求传播的有效性，这就要求我们在传播社会主义核心价值观时选择合适的传播途径和传播载体。传播社会主义核心价值观的载体必须同时具备两个条件：一是必须承载社会主义核心价值观的内容、意义等信息，并能为思想政治教育者所掌控和操作；二是关于社会主义核心价值观教育的形式，必须是教育主体和客体都已熟练掌握的教育形式，教育主体和教育客体可以通过这种形式进行良好的互动和交流。在信息技术飞速发展的时代浪潮下，新媒体传播方式也得以优化，融声、光、色于一体，视听并举、动静兼顾，改变了社会主义核心价值观传统的传播渠道，并通过有趣的表现形式将抽象、枯燥的社会主义核心价值观内容具体化，因此，新媒体成为社会主义核心价值观传播的重要途径。利用新媒体搭建与新形势相适应的社会主义核心价值观传播新平台，应将对学生进行社会主义核心价值观教育的工作充分渗透到精彩纷呈的校园文化活动中，使大学生思想政治教育和社会主义核心价值观教育有机融合，使传播方式由枯燥转化为生动，由呆板转化为活泼，由抽象转化为具体，由浅显转化为深入，使学生的责任意识和爱国情怀在参与社团活动的过程中得到显著的增强。在社团管理的过程中，利用新媒体手段全方位地发布各种信息，节约信息传播的成本，深受社团成员和社团管理者的欢迎。新媒体使社会主义核心价值观的传播途径大大增多，极大地扩展了社会主义核心价值观的影响面，促进了社会主义核心价值观传播的大众化。在信息化大背景下，可以利用各种新媒体手段对宣传的内容、形式和途径进行创新，使人们更愿接受社会主义核心价值观并弘扬下去，利用趣味性和形象化的宣传内容与途径，吸引学生积极主动参与到文化建设的过程中。比如，通过视频、新闻或者趣味游戏等形式，宣传和弘扬社会主义核心价值观，唱响主旋律，弘扬积极向上的正能量。在学生社团管理过程中，充分利用快捷方便的信息工具将丰富多样的主旋律内容传播给学生，使他们对社会主义核心价值观的理解由抽象的概念转变成对自身的具体行为要求，这样更易于社团成员理解和接受。用学生喜闻乐见的方式进行传播，增强吸引力，提升社会主义核心价值观对学生群体的影响力和感召力。

3. 利用新媒体手段加强社会主义核心价值观的舆论引导。网络新媒体具有开放性、虚拟性的特点，人人都可以通过互联网来传播各种各样的信息，人人都有机会接触到各式各样的文化和价值观念，也可以通过网络平台对各种社会现象发表自己的观点、看法，形成不同的网络舆情。健康向上的网络舆情，有利于弘扬社会主义先进文化，培养健康、积极和正直的人。在高度发达的网络时代，想要通过新媒体技术有效传播和弘扬社会主义核心价值观，就需要高校在社团管理的过程中将网络新媒体作为传播信息的主要途径和舆论引导的重要平台。在网络中营造健康的社团文化环境，弘扬社会主义先进文化。也需要高校学生社团在管理过程中牢牢把握网络舆情出现的新时机，及时将网络舆情向正面引导。在校园文化建设过程中融入社会主义核心价值观的内容，使大学生学到有用的知识、形成正确的价值观念，让他们主动参与到社会热点、国家大事、社会敏感话题的讨论中，在潜移默化中影响学生的价值观念。还需要高校在学生社团管理过程中运用多种媒体形式帮助大学生树立正确的思想观念，提高学生明辨是非的能力，在面对互联网中多元的思想和良莠不齐的文化时，选择接受健康向上的文化。

（三）为社团发展提供专业性的支持

社团管理需要借助一定的新媒体手段、工具展开，新媒体为社团活动的开展提供了丰富多彩的环境，也为社团管理提供了有力的管理工具，还为社团发展提供了物质基础和专业性的支持。新媒体为高校学生社团管理提供了新的发展空间，使社团管理在整体上得到丰富和提升。高校必须充分意识到新媒体技术的巨大作用，充分利用现代信息技术，从而促进高校学生社团发展。

1. 新媒体手段为专业型学生社团提供技术支持。专业型学生社团是依托某一专业组建起来的，将某一学科、专业或研究方向有共同爱好的学生组织到一起，进行实践、交流、研讨等专业性活动，力求达到培养学生专业知识与专业能力的目的。随着学生社团规模的不断扩大，类型的不断增多，专业型社团依托互联网信息技术得以建立和发展，深受广大学生的喜爱，也在各大高校逐渐流行起来，如摄影协会、机器人协会、电竞协会、软件开发协会等学生社团，都深得学生的欢迎。由于这些社团专业性较强，与信息技术息息相关，这类社团开展活动就需要新媒体提供专业性的指导。社团活动的开展需要新媒体平台与网络公司联动，形成合力，即有效利用社会资源，寻求专业性的技术支持，开展校企合作，利用这些网络公司为社团活动的开展提供支持。还可以利用新媒体平台举办各类科技创新活动，在活动的过程中锻炼社团成员学以致用的能力，使他们较好地结合专业知识，提升学生的专业素养和专业技能，培养学生的创新精神和实践能力。

2. 新媒体手段促进社团管理向专业化、科学化的方向发展。学生社团在各个高校蓬勃发展，社团数量增多、规模扩大，这都增加了社团管理的难度。传统的学生社团管理模式存在着管理理念较封闭、管理机制较僵化、管理工具较落后等问题，而学生社团不断变化发展，传统模式存在的问题影响了社团管理的科学性，阻碍了社团的发展。如今随着新媒体的发展，新媒体手段的应用愈加广泛，也为高校学生社团管理提供了新思路。在社团管理过程中，依托互联网打造了操作简便、高效实用的学生社团网络管理平台，并有专门的老师负责平台的维护和运营。管理流程实现了去中心化，还能得到全体社团成员的共同监督，使整个管理过程更加公平、透明，社团管理资源的配置更加合理。在网络新媒体的助力下，根据各社团的性质和特点挂靠不同的管理部门进行分类管理。比如，专业型社团可以挂靠到专业所对应的学院进行管理，通过新媒体技术搭建的网络管理平台进行整合，使社团能够获得专业的指导和支持，顺利开展管理工作，构建更科学高效的管理机制，促进社团管理向专业化、科学化的方向发展。

图4　作者刘艳（右一）在太原理工大学与学工部、宣传部有关负责人进行座谈

（四）促进校园文化“百家争鸣”“百花齐放”局面的形成

在校园文化建设中倡导“百花齐放”“百家争鸣”是指在开展学生管理工作时给予学生充分的发展空间，让学生独立自主地思考问题，并敢于发表自己的意见，在思想碰撞中激发新的思维火花，进行新的创作，从而使广大学生在参与丰富多彩的校园活动的过程中形成不同的派别，相互竞争与发展，共同推动校园文化的繁荣发展。因此，“百花齐放”“百家争鸣”也是高校推动校园文化建设和优化社团管理的重要指导方针。良好的校园文化作为一种润物无声的隐性教育，在无形的情境中通过各种方式教育学生，对学生产生持久而深远的影响，并渗透到学生生活的各个方面，对学生社团整体和个人的发展都产生了巨大的影响。健康积极的校园文化可创建出和谐、向上的氛围，于高校而言，这是一种非常重要的教育力量，营造优质的校园文化环境也逐渐成了推进素质教育的重要途径。各大高校通过发展校园文化展现出学校丰富的精神底蕴，积极探索各种新媒体方法和手段，并优化整合这些方法和手段以发挥其巨大作用，陶冶学生情操，促进学生完美人格的形成，提高学生综合素质。如今，高校学生社团文化作为校园文化的重要组成部分，也呈现出“百花齐放”“百家

争鸣”的局面，积极推进高校学生社团文化的建设，更有益于营造健康的校园文化环境。当代大学生在课余时间常活跃在各种学生社团中，这些社团为学生的合作学习、培养爱好、提升能力等创建了一个良好的平台，也成了学生情感交流，释放学习压力的窗口。各种新兴的社团活动在各大高校非常受欢迎，举办的次数不断增多，规模也不断扩大，通过新媒体手段搭建社团管理信息化平台，还可以实现学生社团之间资源的共享、整合、联动，形成学生社团之间的良性竞争，助力校园文化建设。①

1. 新媒体在高校学生社团管理中的应用拉近了校园文化与主流文化的距离。良好校园文化环境的塑造离不开科学的管理模式，用正确的舆论导向影响学生，以崇高的品质精神塑造学生，以优秀的当代楷模鼓舞学生。高校学生社团管理要求社团管理部门和指导老师做出努力，要了解和掌握丰富多样的新媒体传播手段和传播渠道，并借此积极推动先进文化在各大高校的传播。校园文化具有时代性、创新性的特点，新媒体手段与时俱进、常变常新的发展方式与之相契合。在校园文化的建设过程中，往往不会使用单一的传播媒体，而是结合各种媒体的优点和长处，综合运用，从而为校园文化的建设与发展提供最优途径。新媒体手段丰富多样，社团管理部门和指导老师可根据社团管理的需要选择合适的管理方法。如今，通过新媒体传播积极向上的校园精神，已经成为促进良好校园文化发展的重要途径，利用新媒体手段来加强校园文化建设也成为推动社团先进文化发展的重要渠道。比如，学生可以通过今日头条、学习强国等主流媒体平台接触到社会热点问题，从而受到主流文化和价值观的熏陶，并在这个过程中学会辨别各种文化，认同社会主流文化，摒弃低俗文化。学生会在辨别各种文化的过程中逐渐形成“取其精华，去其糟粕”的文化观念，逐渐意识到民族文化应该采取的态度是批判性地继

① 胡艳华．高校学生社团管理问题与对策研究［D］．深圳：深圳大学，2017：37.

承，而对待外来文化也不全是抵御和排斥，而是吸取健康、先进的部分，抛弃消极、落后的部分。总的来说，在建设“百花齐放”“百家争鸣”的校园文化时，利用各种新媒体手段举办多元的校园活动、进行科学的社团管理都是促进校园文化百家争鸣百花齐放的重要途径。学生拥有良好的社团氛围和校园环境，不仅有利于提升自己的文化素养，还推动了先进文化的传播和发展。

2. 新媒体技术在高校学生社团管理中的应用拓宽了校园文化建设的视野。校园文化建设需要充分重视多元的校园文化活动对广大学生的吸引力，使学生在参与活动的过程中身临其境，展现自己的优点与长处，发展自身的兴趣与爱好，并在各种创造性的活动中不断挖掘自身的潜在能力。互联网的发展拓宽了组织校园活动、建设校园文化的视野，它作为资源共享的手段被广泛使用，同时它也是一座具有巨大发展潜力的信息资源宝库，高校应该利用好网络，打造出资源共享、信息交流、活动开展的重要平台。在社团管理的过程中，可以借助计算机、多媒体来开发校园文化资源，使学生在掌握信息技术的基础之上，乐意投入体验性的、探索性的社团文化活动中。值得注意的是，在利用网络信息资源的过程中，社团管理部门和指导老师要转变传统的观念，对于网络资源的开发，要从静态的“资源库”概念演化为动态的“信息流”概念，即各种网络资源不是静态的、封闭的存在，而是一种动态的分享过程，动态分享能够真正实现信息资源的流通、融合和充分利用。通过多种媒体手段，使学生主动参与到各种创造性的社团管理活动中，发挥自身的主观能动性来建设丰富的社团文化，从而营造出良好的校园文化氛围，促进校园文化百家争鸣百花齐放氛围的形成。

（五）成为高校教育教学改革的有力辅助

高校教育教学改革是指传统的教育理念、价值导向，以及社会对于各种人才的需求等都在新时代的影响之下产生了非常明显的变化，这些都对高校教育教学提出了新的要求，需要高校教育、教学在观念、内容、方法等各个方面不断深化改革，在符合时代要求的基础上向前发展。高校学生社团对学生来说是一种隐性教育方式，它既符合学生个体发展的需要，又具有丰富完善的教育内容，因此社团管理活动的改革成为推进高校教育教学改革的重要途径。在新媒体背景之下，充分利用信息技术的优点和长处，让高校学生社团管理成为高校教育教学改革的有力辅助，成为高校社团管理的目标之一。

当今社会深受信息技术高速发展的影响，以互联网和信息技术为核心的新媒体渗透进学生群体生活的各个方面，高校社团管理理念也受到新媒体的影响，更加开放、科学、高效。教育教学观念的转变有利于推动教育教学发展，所以进行教育教学改革需要了解最新的教育教学理念和社团管理理念。在社团管理的过程中，要引导学生自我管理，强调发挥学生的主动性，由学生自身通过实践获取知识、提高能力，在社团活动和社团管理的过程中要使用各种管理手段，并以此来激发学生参与社团管理的兴趣和热情，培养他们的组织协作能力、人际交往能力和自主创新能力，引导教育教学改革朝着多方向、重实践、高素质的方向发展。此外，还要提高教师的数字化能力，新媒体手段层出不穷，更迭频繁，各种数字化教学手段和管理手段对许多教师来说还比较陌生，导致他们往往在被动的、原有的思维框架里思考问题，因此教师自身的思维观念也要与时俱进，改变传统的教学观念，积极探索新媒体与教育教学改革相结合的有效模式。

教育教学改革还需要打破旧有的体制，利用多媒体构建环境育人机制，探索多样化的教学方法，从而达到全面提高大学生综合素质的目标。随着社团规模不断扩大，社团也成了对学生进行教育的阵地之一，必须认识到学生社团的巨大作用，并顺应教学改革的潮流，促进教育教学方式的变革，培养复合型人才。高校培养学生的综合素质，仅仅依靠学生的专业理论知识是远远不够的，可以利用高校社团搭建一个好的专业实践平台，为学生的自我管理和自我发展创造一个比较完美的条件，将社团中相对成熟的、深受欢迎的项目开发成日常教学的内容之一，在一系列的社团实践过程中培养成员们的专业兴趣，提高他们的学术水平与专业技能。此外，社团管理是借助一定的手段、工具展开的，社团管理方法在信息技术手段的加持下得到了丰富和发展，一方面提高了高校学生社团管理的效率，另一方面也为教育教学改革方法的优化提供了参考。新媒体技术更新换代的速度快，云计算等信息技术的运用也越来越广泛，都为高校学生社团管理提供了借鉴。在社团管理过程中，通过云端数据分析学生的行为和规律，并以此辅助社团活动的开展，学生在社团活动中也习惯通过新媒体技术获取大量信息，这种管理模式有利于加深社团管理的深度、扩展社团管理的范围，也为教育教学改革提供了参考。

总的来说，新媒体成了引导学生社团参与教学改革的有力辅助。高校学生社团在培养学生创新能力、提高学生专业技能、拓展学生专业知识等方面都发挥着重要作用。在高校学生社团管理的过程中，要善于运用多种途径来引导和鼓励学生，使他们在利用互联网获取信息的过程中，不断丰富自己的学术知识和社会经验。利用新媒体手段辅助高校教育教学改革，让教师之间、学生之间、师生之间的交流探讨更充分，提高学生的兴趣和热情，提高社团活动和社团管理的质量，在利用网络资源为社团管理服务的同时，积极参与网络资源的建设，与同行交流和分享，使社团管理的经验和成果成为网络资源的一部分，将高校社团管理作为高校社团改革的有力帮手。

三、高校学生社团管理的依据

高校学生社团管理是高校按照高等教育“立德树人”根本任

务的要求和大学生身心发展的规律，按照一定的目标，通过实施有计划、有组织的多种管理手段对学生社团活动进行规范和引导，并鼓励学生开展社团内部自我管理的、以发挥学生社团的资源效能以及高校的育人合力，提升高校人才培养水平的过程。高校学生社团管理的科学性和有效性必须依托理论和现实。

（一）高校学生社团管理的理论依据

高校学生社团是由一群志趣相投的学生自发创立的校内学生组织，经由学校批准后，按章程自主管理，在不影响正常学业的情况下，社团可组织开展活动。大学生可通过高校社团开展的丰富多彩活动来培养自己的兴趣特长、锻炼社交能力和实践能力。高校学生社团作为第一课堂的延伸和补充，也是激发学生创新创造潜能的重要渠道，极大地丰盈了在校学生的课后生活。充满趣味性、互动性、包容性的社团氛围吸引学生积极主动参与进来，健康又向上的社团活动不仅可以提升社团成员的理论素养，提高大学生的创新能力和解决问题的能力，还能帮助树立正确的价值观、世界观、人生观。高校学生社团管理是高等教育的组成部分，科学有效的高校学生社团管理理论，可以促进高校学生社团的健康可持续发展。

1. 马克思主义理论依据

办好我国高等教育，必须坚持党的领导。而党又是以马克思主义为指导思想的工人阶级政党。学生社团作为高等院校内部的学生组织，对其的管理也必然要以马克思主义为指导思想。

（1）马克思关于人的本质的理论

1845 年，马克思在《关于费尔巴哈的提纲》中，从实践的角度给出了关于人的本质的经典解说。马克思在文中批判了费尔巴哈的唯物主义不是完全的唯物主义，同其他旧唯物主义一样，都具有不彻底性，没有认识到社会生活在本质上是实践的。也并不是从社会实践出发去看待事物，仅仅在抽象地谈人的本质，把人的本质理解为“类”。于是马克思从人现实的历史活动出发，通过人的实践活动来分析人，完成了从抽象的人向现实的人进行转化。马克思指出，“人的本质不是单个人所固有的抽象物，在其现实性上，它是一切社会关系的总和。”① 可以看出人的本质在于社会性，必须从社会实践的角度来理解人及人的本质。人总是处在特定的社会关系之中，而人的本质是具体的、历史的。不仅人的本质具有社会性，社会生活在本质上也是实践的，社会生活本身也要从社会实践的角度来领会。马克思将唯物主义发展到了一个空前的高度。

现如今，互联网技术与数字技术发展迅速，新媒体与高校社团的联系愈发紧密。社团行政管理者应该遵照马克思关于人的本质特征的理论依据，从实践角度出发，充分利用新媒体这个具有操作简单、信息海量等优势的资源共享平台，使学生对马克思关于人的本质的理论有了深刻认识。学生作为学习的主体，应该从实践的角度来看待自己，从社团活动的筹备、宣传到实施的全部过程中，使学生走出课堂积极融入社会实践中去。高校坚持以人为本的理念，就是把学生作为社团建设的最高价值主体，把实现学生的全面发展作为最高价值理想，把关心学生、尊重学生、促进学生的全面发展作为社团建设的第一要义和根本目的。为了更充分地发挥高校社团的功能，高校应坚持以人为本的理念，② 加大对社团重视程度，加大成本投入，营造良好的环境氛围，更好地开展社团工作，使社团活动易于被学生接受，真正做到了让学生乐于进行实践活动，促进学生间的和谐交往。马克思主义理论一旦深入学生社团成员的心中，学生在社团内不仅可以得到应有

---

① 马克思恩格斯文集第1卷［M］．北京：人民出版社，2009：501.

② 冼季夏．马斯洛需求理论视域下的高校学生社团建设［J］．学校党建与思想教育，2009（17）．

的成长，学生社团的管理工作也变得更加高效，灵活。

（2）马克思关于人的全面发展理论

马克思关于人的全面发展理论的内容十分丰富，其基本内涵是指人的劳动能力、才能智力、志趣体力能够充分自由全面发展，以适应不同生产劳动和社会实际的需求，同时人的道德品质、审美情趣也高度发展。通俗地说也就是指德、智、体、美、劳和谐全面的发展，是人智能和潜力的最大限度的发挥。高校学生社团管理坚持了马克思关于人的全面发展理论，其目标是学生需要的全面丰富与满足，也是人的本质的真正实现，① 二者结合表现在以下几方面：

首先，可参加的社团活动种类十分丰富，可供学生自由选择。高校学生的日常社团实践活动内容多样，形式多变，这样的社团活动正好迎合了学生们需要，大学生的个人能力、社交能力及社会关系也得到了的全面性发展。其次，参与社团活动使得学生的整体素质得到了提高。包括大学生道德品质、个人素养、习得能力、社交能力与合作能力、审美与表现能力等在社团活动中的发展和完善，各种素质之间得到协调同步发展。最后，高校学生个性可以得到充分发展。高校学生社团为学生们展示才华、张扬个性提供了一个广阔的平台，社团成员的个性可以在这个平台中得到促进，学生个人倾向性得到充分展现和满足，社会价值更加优化，各种个性要素相互协调。

（3）人的思想政治品德形成与发展的规律理论

所谓思想政治品德，是指高校学生在一定的思想的指导下，通过日常自身的实践活动在品德行为所形成的相对稳定的心理特点、思想倾向和行为习惯的总和，受社会发展水平的制约。一个人的思想政治品德形成于长期实践，经由内外因素交互作用逐渐

① 袁旭东，王建．马克思关于人的全面发展理论及现实意义［J］．世纪桥，2012（5）：40－41.

发展，既决定于人的心理素质、认知结构和情绪变化，同时受外界客观要素的影响，甚至一些偶发性的因素有时也会在一定时间内或特定条件下起作用，教育及情感因素对学生思想政治品德的形成也具有驱动作用。这一过程很复杂，而且会表现出因人而异的特点，但共性寓于个性之中，人的思想政治品德理论的形成发展还是有规律可循的。

党的十八大以来，随着中国经济的飞速发展以及高等教育管理体制改革的进一步深入，给大学生的思想政治教育工作提出了很多新课题。高校学生社团作为高校学生马克思主义理论学习和思想建设的重要场所，对学生的思想政治品德的形成与发展起到了关键作用，在校园文化建设中发挥的作用越来越不容忽视。首先，学生思想政治品德的形成不是与生俱来的，而是学生通过社会实践，在社团环境的影响与学生主观意识下的相互作用、相互融合而形成、发展和变化的，社团对学生的思想政治品德形成提出了情感、态度和价值观“三维目标”，时刻关注社团成员的情绪、情感、态度、信念和价值观，进而培养社团成员的社会性情感品质，使社团成员发展形成积极的人生态度和独立健全的人格，所以培养良好的思想品德行为，引导学生践行社会要求是高校社团思想政治教育的直接任务；其次，由于学生的思想品德结构的复杂性，社团成员思想政治意志品质的形成是一个不断培养和锻炼的长期过程，这一过程必然要经过学生在社团活动中实践、认识、再实践、再认识这样多次循环往复，进行不断自我否定后再自我超越的过程，只有这样学生才有可能构建相对稳定的思想品德结构体系；最后，高校学生社团的存在，旨在给学生树立正确价值观。外部环境因素虽然影响着社团成员思想政治品德的形成与发展，但当社团成员面对外部环境影响时，他们并没有一味被动地接受，而是依靠个体的自觉能动性在社团活动中形成了良好的思想政治品德，并从学生的为人处世表现出来。学生对政治信仰、道德信仰的坚定，对于认知和践行正确的思想政治品德具有强有力的促进作用。

（4）思想政治教育载体理论

思想政治教育载体的含义是指在思想政治教育过程中，能承载和传递思想政治教育的内容或信息，能为思想政治教育主体所运用，促使思想政治教育主客体之间相互作用的活动形式和物质实体。[①] 社团在与思想政治教育载体理论相结合时，需要注意：社团作为一种思想政治教育载体的工具，首先必须具备对学生进行思想政治教育的功能，对校园文化建设起到重要推进作用；其次，思想政治教育载体必须满足可以通过某种形式联系教育的主体和客体，通过社团活动把高校与学生紧密联系在一起。

高校学生社团有一百多年的历史，从建立之初就承载了思想政治教育载体的功能。我国高校学生社团的历史可以回溯到 1904 年，为保障领土完整以及对日俄的顽强抵抗，京师大学堂的学生组织并创立了抗俄铁血会，青年学生们使用文字、图画、演讲宣传的模式抗议日俄在黑、吉、辽地区发动的残酷斗争，通过这样的方式唤醒中国人，对其进行思想政治教育。京师大学堂更名为北京大学后，1917 年，由蔡元培出任校长。为了便于革命同志的联络沟通，与帝国主义的侵略作斗争，改革封建思想，进而组织各种形式的社会团体，作为传播革命思想的渠道，体现了社团作为思想政治教育载体的重要性。1919 年，在五四运动的积极影响下，一大批学生社团涌现出来，他们纷纷展开爱国运动，发行报刊，进行反帝反封建的宣传，对接下来社团的兴起发挥了积极促进的作用，同时也反映了那个时代青年们生动的思想政治面貌。1920 年，北京大学成立了首个以“研究马克思主义著作”为主要核心的团体——马克思学说研究会，体现了当时的爱国主义志士对于个人的全面发展有了更加深刻的认识，社团中的思想政治

① 王惠岩.《政治学原理》[M]. 北京：高等教育出版社（第二版）：33.

教育一直在延续。

目前，高校学生社团已经愈发具有影响力，逐渐发展成高校对广大学生进行思想政治教育、建设积极向上校园文化的重要渠道，是高校进行意识形态工作的主阵地。高校学生社团活动的育人功能在教育过程中是颇为关键，理应受到学校和社会各界的大力的支持和鼓励，同时也是高校实施素质教育和思想政治教育至关重要的途径和载体。高校学生社团活动可以有效凝聚学生团结力、加强学生素质发展、促进学生快速成长、引领学生跨出迈向社会的第一步，是高校思想政治教育工作的关键一环。特别是习近平总书记强调要把思想政治教育工作贯穿教育教学全过程的今天，高校学生社团的积极意义更加凸显出来。

正是因为高校学生社团在教育中能够发挥如此重要的作用，高校对于学生社团的管理也应该引起高度重视。作为思想政治教育传播的载体，高校必须加强对学生社团的全面领导，同时提升学生社团引导大学生思想政治教育的水平，完善和规范学生社团的各种规章制度，从而逐渐改进高校学生社团工作方式，使学生社团在校园文化隐性教育建设和大学生的未来发展中发挥更大的思想政治教育载体作用。

2. 教育学理论依据

《中国大百科全书·教育》中对教育下了明确的定义："从广义上说，凡是增进人们知识和技能、影响人们的思想品德的活动，都是教育。"[①] 社团在结合教育学理论时，必须按照学校的规章制度，根据学校现有条件，对学生进行有目的、有筹划、有组织的培育，以教师已有的经验和知识对学生进行答疑解惑，为其解释各种原理、疑问和行为，进而提高学生的综合素质，其目的是在学生毕业时可以以一种相对理智的心态来面对未知事物。

① 董纯才. 中国大百科全书·教育［M］. 北京：中国大百科全书出版社，1985.

（1）马斯洛需求层次理论

所有的人都是处于社会关系中的，没有人可以脱离社会群体而单独存在。马斯洛需求层次理论表明人类总是受到生理、心理需求的本能驱动，人要生存，就不能离开安全、社交、尊重与自我实现等基本需要。学生根据个人的喜好自主地选择加入相关社团，在社团中可以发挥特长、开阔视野、活跃氛围、陶冶情操、提高能力等。从某种意义上说，大学生加入社团的原动力就是满足自身的需求。

高校学生社团的最大价值在于满足了大学生的成长需要中的安全需要、社交需要、尊重需要和自我实现需要。首先，高校社团满足了学生的安全需要层次。社团的管理机制健全，有各项规章制度及安全教育，结合新媒体给大学生提供一个满足其兴趣爱好的平台，同时社团保障了学生们在社团活动中的财产安全及人身安全，如果社团不能让学生有足够的安全感，那么学生便会拒绝加入社团，社团也就无法向前发展。其次，高校学生社团满足了学生的社交需求层次。对于刚刚脱离父母束缚、离开家乡的大学生来说，正面临需要独立又渴望与人交往的转折时期，他们愿意与他人交往，通过交往满足社交需要，这里包括情感的需要与归属的需要。社团的存在可以帮助大学生建立良好的人际关系，提供一个充满关爱的氛围，运用一些新媒体平台，使社团成员可以获得激励、自信，在社团群体中感受到归属感。对于高校社团来说，营造充满关爱和人性化的氛围，可以让成员在组织中获得关爱和归属感，并且通过对他人表达友谊的情感获得付出的愉悦。再次，高校学生社团满足了学生尊重需求层次。在社团中的社交需要被满足时，尊重的需要也就会更加凸显出来。这里的尊重，不仅指学生自我成就和自我价值，更多的是希望受到他人尊重与认同。有尊重需求的学生在社团活动中可以实现自我价值，产生自信和满足的情感，同时也可以通过努力让别人认可他的能力和成绩，如果不能满足尊重需要，他便会觉得沮丧。最后，高校社团满足了学生的自我实现需要。自我实现是在前几个层次基础上更高境界的追求，充分发挥自我潜力和才能的心理需要，在对自我本性充分认可的情况下，朝着自我进步的方向一直前进。高校学生社团不仅可以满足社团成员自我实现的需要，可以让大学生发挥所长，给学生施展个人魅力的机会，还不断激发社团成员的新需要，让大学生可以通过在社团中的实践来完善个人需求并且完成自我价值的实现。社团给大学生提供了更多磨炼的机会，在给予和需求中，社团和学生共同成长。

（2）成就需要理论

成就需要理论是研究人对成就需要的理论，是通过对人的需求和动机进行研究而提出来的。成就需要理论把人的基本需要分为成就需要、权力需要和归属需要三种，又被称为“三种需要理论”，其中成就需要最为关键，无论是对大学生的成长还是社团的发展都起着举足轻重的影响。然而成就需要并非每个人生来就存在，可以通过后天的培养获得，在社团中通过与他人的社会交往可培养成就需要。学生就像是一座座冰山，冰山分为两部分：水上可见部分是指学生的外在特征；水下不可见部分是指学生的内在特征，包括潜在特性和价值观等，而潜在特性中就包括成就需要。高校学生社团管理者也会专门通过卓有成效的教育方法来培养提高学生的成就需要，一个社团如果有多个具有高成就需要的社团成员，社团的发展会十分迅速。充分调动社团成员的主观能动性，更好地在社团中扮演不同的角色，对于社团的成长至关重要。如江西财经大学花粉俱乐部。在 2015 花粉年会，社团共 18 人赴深圳参加一年一度的华为全球性盛宴。800 位花粉汇聚于此，只因热爱，追求成就。

首先，成就需要会激励社团干部更好地完成社团内各种活动。具有高成就需要的学生适合担任社团内管理者角色，他们尽全力把社团组织的活动顺利办好，甚至办得更加有创新性。他们会在开始工作之前给自己设定一个难度适中的工作目标，一般会设定在自己力所能及的标准，往往不会避重就轻，具有高成就需要的学生懂得量力而行。在活动过程中，具有高成就需要的学生更加注重自己努力的成果，他们会自行解决难题，不全然依赖他人帮助，而不喜欢通过偶然的运气取得成功。具有高成就需要的学生，对于自己认为重要或有意义的工作，不但愿意去做，而且有争取成功、追求优越感、力求达到完美地步的需要。这类学生追求的是成就带来的心理满足感，而不仅仅是通过成就获得的报酬。具有高成就需要的学生一般很关心所从事的事业、非常有担当、有清晰的未来努力方向、敢于挑战、不怕辛劳，他们会谋求把事情做得比以前更好、更有效果。在社团中这种类型的社团成员越多，社团发展得就越迅速。

其次，权力需要更注重于社团内的团队成就，而不仅仅是个人成就。权力需要不同于成就需要，具有高权力需要的学生更适合担任社团干部中的领导者，发挥领导作用。领导的作用是鼓励其他社团成员去取得成就，激发其他社团成员产生成就需要。高成就需要的学生会考虑自己如何更好地完成社团工作，而高权力需要的学生会考虑让哪位社团成员去做才会更好地完成社团工作。具有高成就需要的学生在社团活动时会与其他社团成员达成有效沟通，进行明确的分工及人员的协作，以他人为出发点，了解其他成员的需要。具有高成就需要的学生具有很强的团队意识，善于合作，考虑大部分社团成员的利益，公平公正地处理问题，他们还具有责任感，认为社团利益高于个人利益，以大局为重，使得社团活动顺利地进行。

最后，归属需要也称亲和需要，是增强社团的凝聚力的关键。选择加入社团的成员都有归属需要，通过社团活动、交流学习、个人展示等方式都可以使得社团成员产生满足感及归属感。

在社团中具有高归属需要的学生渴望与他人进行交往，在帮助他人的过程中会给自己带来愉悦，他们希望得到他人的沟通与理解，喜欢合作而不是竞争，回避冲突来建立友谊，从而使得社团内充满和谐友爱的氛围。在社团活动中，高归属需要的学生会充分挖掘其他社团成员的特长及兴趣爱好，让他们在活动中充分展现自我，肯定自己的价值，进而增强团队荣誉感及社团凝聚力，归属需要是社团内部社团成员之间关系友好和睦的关键前提。

在社团中，安排不同需要类型的社团成员担任社团内所需要的角色，高成就需要的社团成员适合担任管理者角色，高权力需要的社团成员适合担任领导者角色，高归属需要的社团成员可以增强社团的凝聚力及归属感。这样，可以提高社团成员们适应社会角色的能力，也可以达到更好的社团管理效果。

（3）社会本位论

社会本位论主张教育的目的应根据社会的具体要求来确立。高校学生社团结合社会本位论的主要目的在于把高校学生培养成符合社会要求的公民，使学生在校期间就提早适应社会化，保证毕业进入社会后的生活如鱼得水。社团管理者主张高校所培养的大学生应懂得与社会合作，服务于社会，肯定学生的社会价值。学生的存在与成长离不开社会，社会价值高于学生的个人价值，学生的自身价值其中一个评判标准就是学生对社会贡献量。

高校学生社团管理没有离开社会本位论的观点，首先，学生的发展是依赖于社会并从属于社会的，社团内学生同样是受社会制约的，离开社会的个人是不存在的，我们生长在社会群体之中，各方面都需要从社会中获取。对于社团中的学生而言，参加社团，组织或参与到各种活动中是非常重要的。高校通过社团把社团成员塑造成为我国所需要的新时代人才，为社会奉献自己的微薄之力。其次，社团的教育目的就是使社团成员提前社会化。教育目的在于让社团成员提前进入一个微型社会，使学生提前适应社会并成为社会公民，为社会做贡献，不会等到迈出校园大门的那一刻，才发现无法适应社会。最后，社团的整体价值高于单个学生的价值。在社团活动中，常常需要面临牺牲自我利益而去满足集体利益的情况。在社团中，学生可以学习到社会的价值观念和集体意识，社团成员通过学习会进行个人利益和集体利益的取舍，集体利益最大化才是个人利益的最大保障。

（4）建构主义教育理论

建构主义理论是认知心理学派中的一个分支。图式是指个体对这个世界的知觉领会和思考的方式，是建构主义理论的一个重要概念，也可以看成是个体内心活动的思维导图。图式是一个人认知结构的关键，也是一个人认识事物的根基。因此，图式的产生和转化是认知发展的本质。①

刚刚升入大学的学生，在与新鲜的校园环境相互熟悉的过程中，会逐步建立一套新的关于周围环境的认知系统，从而使自己的认知结构进一步发展。参加社团的学生与社团环境的相互适应涉及建构主义教育理论符合同化、顺应、平衡的过程。首先，同化过程是指社团成员在接触到新鲜事物时，会把环境因素加到自己思维中已有的图式之内，让这些新鲜事物变成丰富自己的认知结构的一部分，加强了学生已有图标，当社团新成员们接触到同样的新鲜事物时，便会达到同化的目的。其次，顺应过程是指大学生升入大学后，周边环境发生了改变，而他们以往的认知结构无法适应大学陌生环境，无法对这个全新环境带来的信息进行同化，便导致学生的认知结构发生转变，甚至全部重建的过程。顺应过程改变了原有认知结构，简单来说，同化可以看成是认知结构数量的增加，而顺应是认知结构性质的颠覆，是质的变化；最后，平衡过程是指大学生在社团的环境中，在其他社团成员及老

① 张文君，韩猛，王媛珺．建构主义理论在教学应用中存在的问题探析［J］．中国教育技术装备，2015（16）：129－130.

师的帮助下，学生通过自我调节体制使认知水平从一个平衡稳定状态向另一个平衡稳定状态过渡的历程，最后使我们内在心理结构表现出连续的量变和阶段性的质变，进而适应全新的大学生活。

高校学生社团中涉及的建构主义理论的内容繁多，大学生活中的教育不再是高中教学时，单纯地把知识从老师的脑中转移到黑板上，学生再抄在笔记本上，新课程标准理念要求以学生为主体，强调学生在社团活动中的主观能动性，对个人能力的主动提升，以及对所接触的新鲜事物的认识体系的主动建构。过去的教学模式是以教师为中心，强调的单纯是教会书本上的内容，新课标中的以学生为中心，强调的是让学生学会学习，这是两种教学观最本质的区别。由于高校社团满足了建构主义教育所要求的学习环境，并且得到了新媒体的强有力支持，这就使建构主义理论与高校学生社团活动实践日益紧密地结合起来，从而使得高校学生社团的数量快速增长。

3. 管理学理论依据

高校学生社团是校园文化构建的重要一环，是一个可以很好地锻炼个人沟通、组织与策划能力的平台。高校学生社团在培养学生能力素质等方面离不开科学的管理，社团管理属于管理学的范畴，高校学生社团的建设结合管理学的理论依据，可以确保学生社团健康、稳步成长，而且富有活力和各自的特色。高校学生社团在建设发展过程中还要运用管理学的知识致力探索发展新出路。

（1）行政组织理论

行政组织理论是行政管理学的一门分支学科，与心理学有相关联的部分。理想的行政组织理论是一种实质在于以科学确定的、“法定”的制度规范为组织协作行为的基本约束机制，这主要依靠外在于个人的、科学合理的理论权威实行管理。社团应以适合、正当的权力为基础，只有社团规章制度确定的权力才能作为管理社团日常事务的基础，其最根本的特质在于它确保了公平公正。社团在把行政组织理论融入其中时，保留了以下几点内容：将社团活动工作细分给不同社团成员；给社团的每个职位以清晰明了的权利和义务；按照职位的要求进行相应的培训与锻炼；参与社团管理的人有明确的晋升机会；管理者严格按照社团规章制度和要求进行管理；管理以理性和公平正义为标准，不掺杂个人感情色彩。

高校学生社团把行政组织体系的内容融入了社团活动的各方面。第一，在高校学生社团纳新时，社团干部会将不同社团活动内容细分给不同的原有社团成员，职能分工明确。社团中不同职位根据其相应要求，按双方自由自愿的原则，每学期公开纳新时，满足相关要求便可录用，社团管理者把合适的人放在合适的职位上，使得每个职位都能找到对应的人才。第二，在进入社团后，社团干部会给予不同的学生不同的职务，以明确社团成员的权利和义务。一切职务和管理者都是任命的，社团的组织框架是一级级支配的体系。在社团内，按照职位的高低规定社团成员间安排任务与服从命令的关系。第三，在社团纳新后，会对不同的职务要求进行培训，社团内的所有职务均由受过专门训练的人员担任，科学合理地安排不同职位，对成员进行明确的分工并给每人安排适合的工作内容及权责，通过相应的培养来提高社团的整体工作效率以达到预期效果。第四，社团成员有明确的晋升机会，社团内部有明确的奖惩机制与晋升体系，社团成员晋升到副部，副部晋升到部长，使社团成员在社团内安心处理各项工作。第五，管理者严格执行规则与纪律，对于职权和职责有着明确的法规和规章。第六，管理以理性为指导，不带个人情感目标。在社团中，只有人与工作的关系，成员间的关系只有对事的关系而无对人的关系。任务的下发和完成均以文字或文件记录为准，组织内的每一个人员都必须忠于职守，按照职责要求完成每一项事务。高校学生社团具备上述几项特征时，社团实现了理想的组织模式，打造了一系列适合社团的管理制度标准，在这种理想模式下，社团成员在社团活动中的工作才能达到预期结果。

（2）自组织理论

自组织理论是一门近年来兴起的理论学科，尚属较前沿的领域，自组织理论的核心概念是“自组织”，即自行、自我组织起来的过程，[①] 这种组织行为是自发的，高校社团同样是由学生自发组织、自行活动的团体，社团的自组织理论模式要遵循的原则包括：主动参与原则，竞争协同原则，因势利导的原则。首先，主动参与原则强调社团成员要具备自主能动性。高校学生社团是开放的，表现为交流沟通的开放性与环境氛围的开放性，社团成员在这种积极开放的环境下是自愿融合到社团中的。其次，竞争协同原则即竞争与协同是社团发展的基本动力，二者既互相促进又互相制约，从而使社团内部形成有序的发展趋势，社团成员们已有知识的拥有程度及参与程度是有差异的、非平衡的，在这种情况下，让社团成员们在竞争中得到协同发展。最后，自组织理论告诉我们，社团的建立要遵循因势利导的原则，社团成员的综合素质培养要从基础性练习到引导性磨炼，再到创造性发展。在日常学习中，可以通过案例展示分析，实现一隅三反、融会贯通的效果，达到启发教学、养成创新思维的目的；通过社团教学活动，源于实践，培养社团成员的洞察问题、理解问题、处理问题的能力，提高学生的综合素质，注重细节培养。在社团活动中，需要多多注意教学形式，改变过去的以教师为主的灌输式的上课模式，发挥学生的个性创造及主观能动性，利用好学生的合作性的情景，提高学生的参与度，激发学生的兴趣。社团管理者在指

① 吴启贤，欧建峰．自组织理论视角下的管理学教学思考［J］．沿海企业与科技，2009（7）：168－169.

导学生参与社团活动时，要给予适当的引导和参谋。

高校学生社团管理结合自组织过程中，可根据社团成员层次不同而因材施教。在社团活动中，需要重视学生的综合能力的提升，以参与式、互动式实践教学为基础方法，充分在社团内部开展讨论与团队实践，坚持理论联系实际。同时，社团管理以多媒体教学为主线，运用多媒体课件、网上资源、社区实践等方式，把信息技术运用于社团活动中，使得社团活动更加多姿多彩，给学生的视觉、听觉等冲击更大，能有效吸引学生的注意力，能够让学生愿意参与其中、一起探索创新。为了丰富学生的实践活动，可以构建校企合作、校企共建的模式，讲授与多媒体结合，让学生有更多的机会接触实践、了解实践、参与到实践中。

（3）目标理论

目标理论是研究目标与行为关系的一种理论。目标理论认为，人的行为是实现目标、满足需要的活动。它可以分为两种类型：一是为实现预定目标所选取的准备行动，这种行动对需要强度起促进作用。二是径直实现预定目标的行动，这种行动对需要强度起减退作用。

目标设置理论是在组织管理心理学中兴起的一种目标理论。目标设置理论应用于社团中，主要用于解释社团成员在社团中工作的动机和成绩，先决条件是社团学生的活动必须是有目标，且有意识地受特定目标的指引。社团管理者应通过特定目标的设置来激发动机，指导社团成员的行为，使社团成员们的需要与社团的整体目标联系起来，从而调动社团成员在社团活动中的积极性。目标是一种外在的对象，它可以是物质的，如一定的社团任务工作量，工作的完成效果，也可以是精神的或理想的对象，如社团成员的能力达到一定的水平、思想境界的提升等，目标理论的出现使目标管理成为可能。

目标管理理论是以目标设置理论为前提的，是依据目标设置理论而提出的目标激励计划。目标管理理论与社团的有机结合，并且制订客观详细、切实可行的方案，应注重社团全体成员参与进来，共同完成这一方案。在社团中，必须把社团成员们看作社会中的人，影响人的生产积极性的因素，不应该只有物质，还应该有社会、心理等因素，社团整体的工作效率主要取决于社团成员们的精神状态，而精神状态又取决于社团成员的校园生活和社会生活，以及社团中社团成员们之间的关系融洽度。

结合目标管理理论，社团管理者对社团成员们可以采取信任型的管理措施：第一，管理者不应只注意安排给社团成员们的工作是否按时完成，而应把注意的重点放在关心社团成员、了解社团成员真正的需要上。第二，社团管理者不能只注意社团活动的方案、安排、支配和引导等工作，更重要的是社团成员们的心理问题，重视培养发展社团成员在社团中的归属感和幸福感。第三，在社团实行奖惩机制时，要注意社团的整体的获奖荣誉重于社团成员个人获奖荣誉，并正面指引社团成员增强社团集体荣誉感。第四，社团管理者应充分信任自己的社团成员，学会去倾听社团成员的心里话，让社团成员参与到社团日常管理中，增加社团成员的责任心，进而加强社团成员自我管理的能力。第五，可以适当权力下放，社团权力下放可以为社团成员们创造一个舒适的工作环境。管理者的任务在于发挥社团成员们的工作潜力，并把存在于他们内在的智慧和创造力发掘出来。

（4）愿景领导理论

愿景领导是指组织可靠的、真实的、具有吸引力的未来，它代表所有目标努力的方向，能使组织更成功、更美好。一群人在一起奋斗，不仅仅是为了追求物质条件，更是为了实现共同的梦想蓝图，这个蓝图就是愿景。在高校社团中，不同的社团具有不同的愿景，社团愿景包括社团年度规划及未来壮大发展前景，是社团现状与未来的纽带，愿景型领导者必须能将愿景进行有效的量化，激励社团成员主动完成社团目标。愿景领导本质上是一种哲学思辨模式，是一个思想工具。愿景领导理论与高校社团相结合，为社团活动提供了行动方针，帮助社团领导者跨越现状，社团才能进行革故鼎新。社团愿景通常是由该社团成员共同创造的，不仅代表了社团成员的个人愿景，还代表了学校的总体愿景，把学校愿景、社团愿景和学生个人愿景三者价值共同体转化为共同愿景使命，对内形成社团内部向心力，使学生体验成功；对外形成校园的向心力，促进校园文化繁荣。

如果社团正在实践其愿景，如果社团成员相信自己能够伴随着社团一同成长，如果社团成员相信自己所做的是有意义的，那么社团成员在社团内就会更加积极和主动地工作。社团成员作为社团愿景领导者的追随者，其忠诚度在很大程度上影响着愿景的实现效率及实现程度。大学时光是短暂而有限的，人的潜能是无限的，社团成员应将个人的成长融入社团发展之中，实现更大的价值。愿景领导者应该根据不同社团成员的具体情况来设定好相应的目标，来激发社团成员的自我潜能。学生社团建设的关键是对人的培养，合理健全社团的组织框架，让每一位社团成员都有机会成为社团的主角，每一位社团成员都能在社团中有归属感，每一位社团成员都能充分发挥自己的本领，学生社团的愿景领导者要做到加强社团成员之间的情感交流，寻找社团文化凝聚力，发挥社团的育人功能。

4. 社会学理论依据

社会学是系统地研究社会行为与人类群体的社会科学，是由社会哲学演化出来的一门现代学科。李大钊在《唯物史观在现代史学上的价值》一文中对社会学这个学科进行了定义：“社会学是一种科学，研究社会上各种现象及其原则与一切社会制度的学问，且用科学的方法，考察社会是何物，发明一种法则，以支配人间的行动。”社会学与历史唯物论一样是研究社会发展普遍规律的，高校学生社团属于社会性组织，为大学生社会化提供了独特的场所和环境氛围，加强了学生的主体性，增强了学生社会角色适应性，提高了学生之间的合作能力，培养了学生的主创精神。用社会学对高校社团进行分析，有利于我们深入理解高校社团及其运行模式。

（1）社会互动理论

互动是人们日常生活中一种最基本、最普遍的现象，社会互动是指个体对其他人采取社会行动，以及对方作出反应性社会行动的过程。在社团成员之间、社团之间、社团成员与社团之间，只要二者之间互相进行了社会行动行为，也就形成了社会互动，无论何种社会互动都有其存在的意义。从社会互动理论视角对高校学生社团进行分析，可以明确社会互动在高校学生社团中的重要作用。第一，高校学生社团间的社会互动必须发生在两个或两个以上个体之间。在社团中，社团成员间或社团间进行社团活动时发生了相互联系的行为时才被称为互动，如果在社团成员间或社团间没有采取任何社会行动，尽管在同一个空间，也不能被称为社会互动；第二，社团间的社会互动要以社团的活动及进行思想政治教育为基础，互动要遵循一定的规则；第三，社团间的社会互动总是在特定的情境下进行的，尽管同一个学生的同样行为在不同的时间、不同的场合也具有不同的意义；第四，在社团中我们会下意识地观察自己的行为对他人的效果，反过来，他人的期望也影响着我们自己的行为，社团间的社会互动对互动双方及他们之间的关系产生一定的影响，并有可能对社团环境形成一定的作用。社团中涉及社会互动理论包括符号互动论、角色理论、参照群体理论、社会交换论等。

第一，符号互动论。符号互动论是一种主张从人们互动着的个体的日常自然环境去研究人类群体生活的理论派别，是指强调符号和意义在于互动之中重要性的一种社会学理论。符号是指在一定程度上具有象征意义的事物，高校学生社团管理依据符号互动论，认为社团对社团成员社会行为的影响，往往不在于社团名称所代表的简单含义，而是在于社团本身相对于社团成员而言更深层次的意义，包括言语、文化、制度等与他人的互动的深层次的意义。比如在学习型社团中，不仅能学习到自己感兴趣的知识，提高自己的知识水准，还能够认识很多志趣相同的朋友；艺术型社团对于陶冶情操，培养文艺气息非常有帮助；诸如演讲、生涯规划类的实用类社团可以提升学生的个人技能，在自己未来的生活中有实用价值，也更明确自己未来努力的方向；公益性社团能够培养温良恭俭的特质，提高思想道德水平进而实现个人价值，培养社会责任心和奉献精神，向社会有需要的人传递自己的关爱，让更多的人感受到温暖等等。

第二，角色理论。实际上，角色理论和符号互动论之间的关联十分密切。首先，产生互动的二者在交往中都遵守相应的角色规范，一旦有某个角色出现偏差，就会停止或调整互动的方向。在高校社团中也依据角色理论，社团成员在与他人互动时，会试着站在对方的立场去进行感受，扮演他人的角色去预见对方对某事的反应，也就是学会换位思考。其次，如果对方拒绝互动，角色理论也就丧失了存在的必要性。在高校学生社团中，社团成员在社团活动中与他人进行沟通时，若对方没有回应，沟通便会停止，角色理论也就无法生效。高校学生社团满足了社团成员多种角色的转变，通过实践培育合格的社会主义建设者和接班人。

第三，参照群体理论。“参照群体”是指个体在心理上所从属的群体，是个体所认同的为其树立和维持各种标准、提供比较框架的群体。高校学生社团是社团成员在现实中的参照群体。首先，社团具有规范性功能，设定了相应的标准让社团成员不得不遵守，要求社团成员从心理上把自己列入认同社团中的一员，在认同社团理念的过程中，其实就是认同了这种社会规范，实现社会化。社团的价值观对社团成员来说是一种规范，从而以社团的规范为准绳评定或约束自己与身边人的行为，并逐渐形成与社团一致的观点，社团就起到了规范作用。其次，参照群体具有比较性功能，社团成员从属于社团这个参照群体，是以社团的特点或某一水平为比较的基准，社团成员对自我价值和对身边的人进行价值评判时，会下意识地与社团的价值观进行对照，尽管社团没有对社团成员提出看法或要求，社团成员想确认自己的价值和地位时，就要以社团价值标准为自己的价值观念的依据。参照群体理论对社团成员来说，起到了比较评价作用，当高于标准时，便从中获得满足感，低于标准时，便产生相对的剥夺感。参照群体不是唯一的，学生有多种沟通渠道，也就有多种参照群体。然而，如果社团没有足够的威信，社团成员在社团中被孤立没有归属感，或者社团的人员变动过大，那么社团成员都可能不再以社团为自己的参照标准。

第四，社会交换论。社会交换论是一种主张从经济学的投入与产出关系的视角研究社会行为的理论，认为趋利避害是人类行为的基本原则。社团在结合社会交换论时主张在社会互动中偏向于增加获益，降低代价或偏向于提高认同度、减少不认同度。社会交换论着重体现了生活交往中的代价和报酬，社会互动的本质是交换酬赏和惩罚的过程。

高校学生社团管理结合社会交换论，主张应尽量避免社团成员在利益中产生冲突斗争，应想办法避免竞争，采取合作的模式获得双赢或多赢，依据社会交换理论的出发点是希望所有社团成员都尽量避免痛苦而增进快乐。社会交换论有五种命题，在结合高校社团时，表现为：第一，在社团活动中，若社团成员的某种行动经常得到称赞，他就会越有干劲，更加愿意参与社团活动，这属于成功命题；第二，若在某次社团活动中，某种特定刺激的出现，成为社团成员行为得到赞赏的原因，那么在以后的活动中，如果出现了同过去相同的刺激，社团成员会大概率采取相似的行动，这属于刺激命题；第三，如果某行动对某社团成员越有价值，那么该社团成员越可能采取相似的行动，这属于价值命题；第四，在社团活动中，某社团成员在一段时间内经常获得某种特定赞扬与酬劳，随后同样的奖励对他便越没吸引力，这属于剥夺－满足命题；第五，在社团活动中，当某社团成员的行动没有得到预计的赞赏或收获了未预料的惩罚时，他将会愤怒，有可能会采取激进的行为，这时他所预计的赞赏变得更有意义。反之当某社团成员的行为获得了预期的赞赏甚或大于预期的赞赏，或未获预期的惩罚时，他会窃喜，预计的赞赏结果变得更有分量，这属于侵犯－赞同命题。这里所指赞赏包括社团成员与他人的交往中所得到的物质上及精神上的获益。

（2）组织管理理论

组织管理理论是研究管理组织的结构、职能和原则的理论，组织的存续和发展是由贡献与诱因决定的。组织是管理职能的一个要素，线性组织是一切组织共有的组织形态，组织效率取决于内在因素。组织管理理论包括古典组织管理理论、行为科学管理理论、现代管理理论等。

古典组织管理理论。古典组织管理理论的理论基础是“经济人”理论，古典组织管理理论认为人们工作是为了追求最大的经济利益以满足自己的基本需求。为了满足人们工作的经济利益，提出科学管理方法以追求组织的生产效率和合理化，因此要建立一套标准化的原则来指导和控制组织及成员的活动。高校学生社团以思想政治理论建设为基础，加强学生干部思想教育，引导高校社团健康发展，把握社团自身特点，明确社团发展方向，对学生社团干部的团队建设进行规范化设置，科学、合理地规划学生社团主要学生干部人数、相关职责、组织架构等。这一套标准化的组织管理，不仅完善了学生管理机制，还实现了社团成员们在社团中的公平对待、利益最大化，对实施素质教育具有深远的现实意义。

行为科学管理理论。行为科学管理理论重点研究了组织中的非正式组织、人际关系、人的个性和需要等等。社团管理在结合行为科学管理理论时，把社团成员看成有多种需要的“社会人”，想要满足社团成员的多种需要，在社团内部必须建立良好的社团成员人际关系，这是提高社团各活动效率的基本方法。随着高等教育进一步发展，高校社团在学生自我教育、自我管理、自我服务中的作用愈发重要。为使高校学生社团越来越壮大，团委可以给学生社团更多的自由空间，在社团活动中，社团成员扮演主人翁的角色，激发社团成员的创造思维与革新能力，调动他们的积极性、创新性，可以为社团的发展增加动力。社团成员也可以由此实现自我价值，在社团活动中能够充分调动社团成员的潜能，为构建和谐校园文化贡献力量。同时支持社团创新活动的深入开展，以调动大学生创新激情，满足学生在社会中的创新实践需求及个性的全面发展，提升大学生的综合素养。

现代组织管理理论。现代组织管理理论吸取了古典组织管理理论和行为科学管理理论的精华，并且在现代系统论的影响下有了新的发展。社团整体作为一个系统，要达成社团的既定目标，提高社团活动整体工作效率，离不开社团内部各管理者与社团成员之间的有效配合。高校学生社团组织的高质量社团活动，可以增强社团内部的凝聚力，还可以提高学生社团的声誉。加强社团的组织管理，充分认识到学生社团作为第二课堂的重要性，团委、社团管理者和社团成员们共同协作，学生社团才能得到实质性的成长，成为高校育人的关键平台。

（二）高校学生社团管理的现实依据

共青团中央的文件指出，高校学生社团是由学生依照兴趣喜好自发组建，按照相应章程，自由开办活动的学生组织。从文件中的定义可以看出，高校学生社团具备以下特征：它是经学校批准同意成立、自主管理的，社团成员来源广泛、自由自愿加入社团，社团可以满足社团成员的某种需要。高校社团必须从广大同学的切身利益角度考虑，丰富同学的课余生活，满足学生的个人需要，遵循民主管理，具有良好氛围，保证原则秩序，才能够健康发展。社团不具有完全的独立或自治性，它必须受高校党委、团委的领导，遵守特定的法律依据、行政依据以及高等教育发展依据。

1. 法律依据

我国宪法明确规定，公民具有言论、出版、集会、结社、游行、示威的自由。宪法赋予了高校学生作为一个公民应该享有的结社权。[①]《中华人民共和国高等教育法》第 57 条规定，高等学校的学生，可以在校内组织学生团体，高校学生社团是由高校学生自愿组成，实现学生共同意愿，按照其规章制度开展活动的非营利性社会组织。[②] 高校学生社团是高校大学生提升个人素质的主要场所，是高等教育育人系统的主要阵地之一，是校园文化建设的主要渠道。在中国现行的法律中，高校社团涉及的法律条文相对较少，这大大增加了高校社团管理的难度，使得高校学生社团和高校处于一种模糊的关系中。中国是一个法治国家，在依法治国的时代背景下，从法治的角度去深入探析高校学生社团管理，这不仅可以培养高校学生的民主意识，养成法治观念，而且对高校本身的法治建设至关重要。

从法治角度去探析高校学生社团，必须清楚高校社团的性质。

---

① 人民出版社．中华人民共和国宪法［M］．北京：人民出版社，2018－3.

② 中国法制出版社．中华人民共和国高等教育法［M］．北京：中国法制出版社，2016－01.

首先，应该探讨的是高校与高校社团之间的关系，究竟是管理者和被管理者的关系，还是平等的民事主体关系，这存在一定的争议。一方面，高校对社团及社团成员具有自主管理权力，这种权力是法律为保证高校对内部各项事务进行处置而赋予的。高校学生社团是在高校内部成立的，由内部学生自行管理的组织，社团向高校进行登记注册，接受高校的管理，由此看出高校与社团是管理者与被管理者的关系；另一方面，当社团成员在校期间发生意外时，学生与高校作为平等的民事主体，又存在民事法律关系，由此看出高校与社团成员是平等的民事主体关系。从以上两方面可以得出，在不同的法律背景下，需要合理地认识二者之间的关系。

其次，只有明确高校社团之间的法律关系，社团及社团成员才能更好地行使权利，所以还需要理顺高校学生社团内部及外部法律关系。（1）社团内部法律关系主要是指社团成员依据社团规章制度办事时需要履行的权利义务关系。在社团中，各位社团成员是平等的，权利义务也是相同的。社团必须依照法律成立，按照章程开展活动，社团内部的法律关系除了社团章程还包括社团管理制度、社团负责人制度等。（2）社团外部法律关系是指社团成员在同其他组织机构或自然人进行社会交往时，为实现各自社团目标而依据相关法律法规办事时产生的法律关系。社团成员必须遵循民事法律规范、行政法律规范。

最后，社团性质还涉及社团是否可以拥有独立的财产权，是否可以独立承担民事责任，学生社团活动中出现的人身和财产损害的责任如何承担等问题。显而易见，通常高校学生社团的有限经费往往来自高校的拨款、少量社团成员上交的会费。高校学生社团不允许通过商业性活动获得利润，高校拨款也是由社团成员先行垫付，然后凭发票和收据向学校报销才能取得的，由此可以看出学生社团是没有自己的财产的。社团在活动中出现的人身财产伤害事件中，高校屡屡出面承担责任。也就是说，目前的高校学生社团既没有自己独立的财产，也不能独立承担民事责任。

由上可知，为了高校社团的合理管理及有效运营，首先，必须树立法治观念，实现高校学生社团法治化管理，树立以人为本的法治精神，高校社团管理者也必须加强法治意识。高校学生社团管理工作的法治化进程是一个长期的工程，法治观念一方面促进了高等教育的发展，另一方面促进了校园文化的和谐建设，为法治社会的建设奠定了基础，推动依法治国的进程。其次，必须尽快完善相应的法律、法规和制度体系，制定学生社团法律制度，高校学生社团管理法制化是法治社会建设的必经之路。最后，需要健全管理制度。在法治化背景下，高等院校的学生社团管理必然要走向法治化，为此就必须重新审视目前对学生社团的管理制度。我国对于高等教育的办学已经有了相应的法律法规及文件，如何将其与高校学生社团管理相结合，是现在的重中之重。要实现高校学生社团管理工作的法治化，必须明确学生社团的法律性质及地位，完善学生社团的创建流程、行政规章制度，加强高校对社团管理力度，维护社团学生的切身利益。

2. 行政依据

20 世纪 90 年代以后，我国高等教育不断进行改革发展，同时素质教育也不断推进，单一的专业教育难以满足学生的需要，作为素质教育重要平台和校园文化建设重要载体的大学生社团，也得到了前所未有的重视。国家相继发布了对社团管理的相关文件，使大学生社团犹如雨后春笋不断涌现。2004 年中共中央、国务院《关于进一步加强和改进大学生思想政治教育的意见》指出："要加强对大学生社团的领导和管理，帮助大学生社团选聘指导教师，支持和引导大学生社团自主开展活动。"① 2005 年教育部、共青团中央《关于加强和改进大学生社团工作的意见》指

---

① 《关于进一步加强和改进大学生思想政治教育的意见》，中发［2004］16 号.

出："高校学生社团活动是实施素质教育的重要途径和有效方式，在加强校园文化建设、提高学生综合素质、引导学生适应社会、促进学生成才就业等方面发挥着重要作用，是新形势下有效凝聚学生、开展思想政治教育的重要组织动员方式，是以班级年级为主开展学生思想政治教育的重要补充。"① 社团的发展不是单纯的数量累加，而是体现在种类、结构、形式、内容等方面的变化，社团活动的学术水平、技术含量、社会服务能力显著提升。

为贯彻落实《中共中央国务院关于进一步加强和改进大学生思想政治教育的意见》精神，高校学生社团必须根据新课改中素质教育的基本原则，坚持以人为本，引领大学生形成正确的三观，大大充实大学生的课外生活，增强创新意识，提高大学生的综合素养，使大学生得到全面充分的发展。

为了巩固高校学生社团管理，增强高校学生社团的育人效果，激励高校学生社团的繁荣发展，教育部《普通高等学校学生管理规定》要求高校社团在举办活动时必须遵守相关规章制度，全面贯彻党的教育方针，遵照相关的审批流程举办社团活动，禁止任何人在校园中散布违反宪法条文及法律法规、违背党的方针政策的荒谬主张和言论，禁止开展与社团主旨相违背的活动，禁止开展以营利为目的的商业活动。

中共中央、国务院 2017 年 2 月印发的《关于加强和改进新形势下高校思想政治工作的意见》强调："要推进高校思想政治工作改革创新。强调要贴近师生思想实际，以改革创新精神做好高校思想政治工作，建立健全校领导、院（系）领导联系师生、谈心谈话制度，在平等沟通、民主讨论、互动交流中进行思想引导，有的放矢、生动活泼地开展工作，发挥师德楷模、名师大家、学术带头人等的示范引领作用。积极发挥共青团、学生会组

① 《关于加强和改进大学生社团工作的意见》，中青联发［2005］5 号文件.

织和学生社团作用。”① 高校社团的管理工作应该由高校党委部门统一领导。为了促进学生在素质教育中成长，必须对学生社团管理工作予以重视，强化高校学生社团的思想政治教育职能。社团活动是推动素质教育发展的关键一环。

社团如需开展校外活动，或跨校进行社团联合活动，需要提前向学校申请，有详细的预案，确保学生的人身安全，保障活动有条不紊地举办，同时，必须遵守《大学生社团校外活动管理办法（暂行）》。同时需要对外校学生社团开展考查、沟通、走访、培训等活动的核查和管理。高校团委要重视对学生社团网络舆情的管理工作，要及时关注社团宣传页面内容、新媒体社交宣传账号的网络舆情，要有专门的老师对印发宣传海报及社团报刊进行管理和指导，重视对社团与新媒体结合的指引和支持，筑牢社团成员的网络安全意识及网络文明观念，践行社会主义核心价值观，广泛传播乐观积极向上的正能量。

3. 高等教育发展依据

当今时代，科学技术发展如此之迅猛，对人才的培养提出了更高的要求。习近平总书记对全国广大教师提出要求：“教育是民族振兴、社会进步的重要基石，是功在当代、利在千秋的德政工程，对提高人民综合素质、促进人的全面发展、增强中华民族创新创造活力、实现中华民族伟大复兴具有决定性意义。”② 由此可见，高校在为社会培养人才时，不能只看重理论基础知识，还要求学生拥有独立思考、勇于创新的精神，具备解决和分析问题的能力。单一的课堂教育已不能满足素质教育的要求，高校社团恰好填补了此处空缺。高校学生社团近年来迅速发展，这不仅仅是国家高等教育高质量创新发展的现实需要，还是德智体美劳全面发展的中国特色社会主义建设者和接班人的内在要求。

---

① 《关于加强和改进新形势下高校思想政治工作的意见》，中发〔2016〕31 号.

② 习近平重要讲话单行本（2020 年合订本）［M］. 北京：人民出版社，2021：275.

（1）国家高等教育高质量创新发展的现实需要

我国高校高等教育现有的主要矛盾是教育与经济发展水平不相适应的矛盾，我国是发展中国家，高质量人才数量和质量均不能满足现有的经济发展需要。高等教育要深层次融入社会发展进程，坚持把立德树人作为学校立身之本，坚持优先发展令大众满意的教育，坚持立足中国大地促进素质教育，坚持以人为本发展高等教育，坚持改革教育体制创新，坚持把中华民族伟大复兴作为教育的关键职责，在全面建设社会主义现代化国家的新征程中，我们要进一步推动以高质量创新发展的高等教育，现阶段我国对各方面的人才的需求比历史上任何时期都更为迫切。

“十四五”期间，我国高等教育发展迅速，高校学生社团担负了重任，教育事业以新发展理念为引领，满足我国国民对优质高等教育资源的需求，提升构建新发展格局的能力和水准。高校学生社团为国家经济建设高质量地培养各类人才，这些人才不仅与社会发展、经济发展相适应，并且走在了经济建设的前面。过半的高校学生，在步入大学校园时对自己的未来没有清晰明确的规划，然而在社团活动参与过程中，越来越多的学生对自己未来的发展有了清晰的目标。

我们党在多年的实践中不断深化对高等教育的重视程度，教育改革离不开新理念、新思想、新观点，教育部部署高校开展科技创新工作，突破关键科技核心技术“卡脖子”的难题。完善科技创新服务体系，打造高水平人才培养体系，坚定不移贯彻新发展理念，为国家需求输送一流人才。争创世界一流学科建设理念，加快实现科技自立自强，增强国家发展实力，构建协调开放、高质量发展创新平台。

习近平总书记强调，当今世界，各国利益高度融合，人类是休戚与共的命运共同体，合作共赢是大势所趋。这就要求我国高等教育以更高层面、更宽的视角谋划新格局，以更大的力度、更有效的方法进行交流合作。开放的目标要更加清晰，以互利共赢为核、提升质量为要，扎根中国，融通中外，走中国特色社会主义教育发展道路。高等教育要发挥促进思想交流、增进文化理解的融合剂作用，一方面要“请进来”，秉持包容胸怀和时代眼光，加强同各校交流互鉴，不断学习吸收人类文明发展的成果与经验，另一方面要“走出去”，保持文化自信与战略定力，传播中华优秀文化和当代中国发展的理论与实践，彰显中国对人类文明价值的引领和对构建人类命运共同体的贡献，构建中国特色、富有活力、充满韧性的教育发展体系，体现了互利共赢宗旨。[①]

（2）德智体美劳全面发展的社会主义建设者和接班人的内在要求

高等教育的根本目标和使命是提升国民素质的整体水平，培养适应新时代社会的高素质人才，对高校学生更好地进行创新培养。社团活动是推行素质教育的主要载体和措施之一，社团活动在建设特色校园风气、提高学生整体能力水平、培养学生社会适应能力、助力学生成长就业等方面起到积极作用，将思想政治教育工作根植于社团建设，贯穿社团活动的各个环节，凝聚青年力量。

2019 年 3 月 18 日，学校思想政治理论课教师座谈会在北京召开。习近平总书记强调，青少年是国家的未来和民族的希望。我们党立志于中华民族千秋伟业，必须培养一代又一代拥护中国共产党领导和我国社会主义制度、立志为中国特色社会主义事业奋斗终身的有用人才。在这个根本问题上，必须旗帜鲜明、毫不含糊。用习近平新时代中国特色社会主义思想铸魂育人贯彻党的教育方针落实立德树人根本任务。[②] 高校社团只有明确这个信念，

① 朱孔军．以新发展格局引领高等教育高质量发展［J］．红旗文稿，2021（3）：36－38.

② 习近平．用新时代中国特色社会主义思想铸魂育人 贯彻党的教育方针落实立德树人根本任务［N］．人民日报，2019－03－19（01）..

才能全面落实党的教育理念，推行立德树人这一新时代高校根本使命，坚持用习近平新时代中国特色社会主义思想铸魂育人，努力培养担当民族复兴大任的全面发展的时代新人。

培养德智体美劳全面发展的社会主义建设者和接班人，要在社团活动中正确引导学生树立共产主义远大理想和中国特色社会主义共同理想，增强社团成员的中国特色社会主义道路自信、理论自信、制度自信、文化自信，自觉在政治立场、政治方向、政治原则、政治道路上同我党步调统一，增强对党的忠诚度，紧随党的步伐，始终高举中国特色社会主义伟大旗帜，立志肩负起民族复兴的时代重任。高校学生社团把立德树人融入社团内部思想道德教育、社会实践活动等各环节，思想政治工作是高校学生社团各项工作可持续发展的有力保证，贯穿社团活动始终，社团制度坚决围绕立德树人这个宗旨来制定，形成更先进的人才培养系统，凡是不利于实现培养德智体美劳全面发展人才这个目标的做法都要改过来。要用心打造和培育一支强有力的思想政治工作团队来引领社团高质量发展，把高校思想政治工作办好做活。

四、高校学生社团管理的价值

价值属于关系范畴，从认识论上来说，是指客体能够满足主体需要的效益关系，是表示客体的属性和功能与主体需要之间的一种效用、效益或效应关系的哲学范畴。社团管理的价值指的是高校通过社团的日常管理和活动这种形式，提高学生的合作探究水平，深化学生的思想道德建设，使得学生得到快速发展，进而实现学生自身更高的价值。

价值实现的基本方式存在于主客体互相作用过程的价值活动中，那么不论主客体之间以什么样的方式实现价值，都离不开价值活动这一重要中介。高校学生社团价值的实现离不开社团的价值活动，高校社团的价值活动有别于一般活动，它使得价值的主客体发生相互作用，并实现价值目标。大学生社团的价值属性决定了它对大学生潜在的教育影响力，把社团成员的潜在价值挖掘出来，转换为显性价值，通过参加社团活动，大学生们从一个新的、完全不同于自己过去生活经历的角度，重新审视社会、深刻了解他人、再次认识自己。学生在选择自己的行为的同时，也选择了自己的价值观，把学生的价值由“潜”变“隐”。

高校学生社团活动及校园文化建设的中心点在于社团活动对社团成员的重视，社团的诞生、壮大与发展，无一不体现社团以人为本的思想，社团成员在社团中可以体验到尊重、关爱、栽培与成长，这些感受极大地激发了学生们对于社团的热忱和潜能，进而又反作用于自身，促进了社团成员自身的发展，使他们的人格素养得到提升，尤其是在树立荣誉感和责任感、形成积极向上的精神风貌、提升道德规范、素养和塑造人格魅力等方面，大学生社团发挥的作用尤为明显。学生社团活动不仅能够使得社团成员的个人能力需求和多元发展需求得到满足，还实现了营造健康和谐校园文化的目标，高校学生社团管理对高校思想政治教育工作的开展具有很重要的作用。

（一）高校学生社团管理的校内价值

高校校园文化建设的核心内容是德育，思政课是高校德育第一课堂，相对于思政课来说，更多大学生喜欢参加社会实践和各种各样的社团，而参加高校社团是最容易被学生接受且最合理有效的德育手段。社团采用多样的实践性较强的活动，有更多的理论联系实际的机会，通过隐性教育的方式使大学生获得德育熏陶，达到德育的预期目标，同时也是培养实践能力及营造校园文化氛围的重要途径。

1. 培养时代新人的应然之选

习近平总书记在党的十九大报告中明确提出，“要以培养担当民族复兴大任的时代新人为着眼点”。[①] 在新形势下，宣传思想工作的使命任务尤为重要。高校社团树立“以人为本”的管理理念，在指导学生的过程中，以新时代人才培养为核心。高校学生社团是大学生理论联系实际的重要平台，自由平等的社团文化为创新人才的培养营造了良好氛围。“青年一代有理想、有本领、有担当，国家就有前途，民族就有希望。”[②] 大学生正面临价值观形成和发展的重要时期，高校社团抓住了这一时期学生特点，正确引导并帮其养成正确的价值观。作为新时代接班人必须认同社会主义核心价值观不动摇，大学生的价值取向决定了中国将来发展的高度，大学生是中华民族未来的希望。就像习近平总书记说的一样：“这就像穿衣服扣扣子一样，如果第一粒扣子扣错了，剩余的扣子都会扣错，人生的扣子从一开始就要扣好。”[③]

高校学生社团中还有一个不可忽略的群体就是社团干部。社团干部的选举十分关键，不仅引导社团健康有序发展，而且也为中国特色社会主义社会培养了符合要求的时代新人。高校社团干部要求政治坚定，毫不动摇地执行党的基本路线和各项方针政策，热爱和拥护中国共产党，积极投身实现中华民族伟大复兴的事业中；工作刻苦，善于思考，敢想敢干，勇于革新，有强烈的事业心和高度的责任心；积极主动地在社团中为同学解决困难，发扬民主，热心为同学提供帮助，不沾染官僚习气，不做表面文章，通过自己的实践做出实绩。社团为社团干部提供了实践锻炼平台，为培养时代人才提供了渠道。

志不立，天下无可成之事。理想信念是一个人奋斗的力量源泉，引导学生树立高远志向是培养时代新人的重要法宝，使学生

---

① 习近平．决胜全面建成小康社会 夺取新时代中国特色社会主义伟大胜利［N］．北京：人民日报，2017－10－19（01）．

② 习近平．决胜全面建成小康社会 夺取新时代中国特色社会主义伟大胜利［N］．北京：人民日报，2017－10－19（01）．

③ 习近平谈治国理政：第一卷［M］．北京：外文出版社，2014：172.

具有不懈奋斗的精神和自强不息的性格。大学生社团为培养时代新人创造了环境与氛围，高校社团活动激发了大学生积极主动的行为和潜能，促进了大学生的创新精神和创新能力的培养，是大学创新人才培养的重要补充渠道。社团成员在社团中具有创造和发展的双重机会，学生在思想自由不受束缚、思维活跃不受权威影响的情况下，就会大大激发人的质疑精神和批判精神，这正是时代新人所需要具备的精神。时代新人不仅应该具备创新精神，还需具备创新能力，而创新能力则主要从实践中锻炼获得。陶行知先生提倡的“生活即教育，社会即学校”教育思想，杜威提出的“做中学”教育理论，都是强调实践对于教、学的重要性。高校学生社团管理层面需要关心和关注每一位社团成员的成长，了解其内心需求，做好相关成长培养，使得学生在社团创新活动中更加容易将理论与时政联系起来，通过亲身实践感受社会和人生，更好地发展自己，积极上进，成为更加符合祖国需要的时代新人。如北京大学团委“4S”工作法跑出思政教育新速度新风尚。团委干部因势利导、精心谋局、大胆破局，以“新媒体”驱动团学组织全局改革，以“时、式、实、势”4 个“S”，重构聚合育人思路、组织构架、工作单元、业务流程，不断提升组织力、引领力、服务力和大局贡献度。

2. 第一课堂的有益补充

如果说思政课是高校思想政治教育的第一课堂，那么，高校学生社团就是高校开展思想政治教育第二课堂教育的主阵地。高校坚持大力扶持理论学习型社团，将隐性教育运用学生喜闻乐见的方式融入当代校园文化建设中，使用寓教于乐的方式对第一课堂进行了补充，相对于枯燥的思政课，学生更愿意接受在社团中进行实践，德育效果更好，提高了大学生综合素养。除此之外，高校支持各种科技类型的社团，大力提倡志愿者服务社团，正确指引种类丰富的特长类社团，以此来推动高校社团更好更快地发展。大学生参加社团首先是以兴趣为出发点，学生更愿意利用学习以外的时间，去做自己感兴趣的事。这也体现了现在的学生非常重视自身素质的全面发展，而非单一地被动接受课堂学习。

除此之外，社团还可以提高学生对专业课的学习兴趣，兴趣是学习途中最好的老师，离开了兴趣的学习是枯燥的，只有选择自己真正感兴趣的专业去学习，才能达到理想的效果。但现在大学里有很多学生在高考选专业时，因为高考分数和家长参与等原因，不能按自己真正的想法去做选择，被动地学习导致专业学习的效果并不理想。提高学生对专业的兴趣和掌握有效的学习方法，是学好专业课的有效方式。学生社团与大学生专业学习的关系有几种情况：一是参加与学生本专业相近的学习型社团，可以直接激发对专业课的学习兴趣；二是尽管参加的是其他专业的学习型社团，但在感兴趣的社团内，可以找到一条新的专业学习途径与方法，进而间接地对本专业产生兴趣；三是通过学生社团的教育、引导、影响等作用，使一些大学生走出专业学习的困境，或是提高了学习兴趣，或是找到了合适的学习方法。由此可见，激发大学生的专业学习兴趣也是大学生社团的价值目标之一，社团补充了学生单一的课堂类的学习。

3. 激发校园文化活动活力的有效途径

社团成立的初衷与未来的壮大发展，应该与校园文化建设及高校的校风校训紧密联系，息息相关。社团活动的开展，应该成规模、有质量、有一定的影响力，采取多种方式加大社团活动对学生的吸引力，指导学生积极主动参与到活动中。从前期的策划到活动中的完善，大量社团成员参与其中，相互配合，不仅得到了锻炼、成长，还在社团活动中感受到校园文化的魅力。

在新媒体时代，要激发校园文化的活力与魅力，要充分使用微信、微博等其他自媒体平台，打造积极健康的校园文化氛围，促进学生身心健康发展，为社会培育高素质的优秀人才。新媒体的多样性使得大学生传统校园学习与生活方式发生巨大变化，这些变化都在影响着大学生的价值观念。新媒体发展为校园文化活动及学生社团发展建设带来众多新的机遇，新媒体的兴起打破了以往只能面对面进行交流的空间因素的限制，微信群、QQ 群、腾讯会议、钉钉等更为便捷的新媒体工具，逐渐成为社团进行开会沟通、信息传达的主要渠道，新媒体融合学生社团，在宣传时要坚持“内容为王”，进行资源整合，引领高校学生的思想、弘扬主旋律，既符合社会发展特点和时代需求，也遵循了当代大学生主流意识形态。

社团的发展必须朝着多元化、创新性与多媒体结合的方向，社团文化建设的内容需要借助新媒体平台不断丰富充实，类型各异的社团活动对于校园文化建设具有创造性作用，为大学校园营造了活跃的文化氛围，增添了人文气息，发挥了社团的育人功能和思想指引功能。高校社团在培育中华民族共同体意识时，激发了大学生理想信念。高校社团在开展活动时提升了社团成员的沟通能力和交往能力，增强了社团成员独立承担任务和处理复杂问题的能力，以及抗挫能力。学生社团必须坚持“立德树人”，抓住大学生思想教育这一根本任务，把社会主义核心价值观传递给社团成员，正面引导。社团活动不仅富有思想政治教育的特色，又充分融入学生的日常活动当中，有效激发了校园文化活力。如上海交通大学自 2017 年连续五年举办的“启源”水灯节，依托 40 多个学生社团，围绕学校地标思源湖打造环湖文化长廊，思源湖上，水灯盏盏，光彩动人。思源湖畔，弹琴对词赏花画，同学们感悟沉浸式体验传统文化的魅力。

4. 构建和谐校园的重要力量

绝大多数的大学生在加入社团组织后，在心理方面都会较之前成熟许多，比如在适应性方面、在人际交往方面、在自信心的建立方面等等，这都对构建和谐校园起到了重要的作用。离开成长十余年的家乡，独自来到陌生的城市，学生常会有孤独的感觉。高校社团及时地充当了大学新生适应大学的过渡平台，以丰富、开放、自由、创新的社团活动为载体，和兴趣相投的朋友在一起，可以使学生尽快适应陌生的大学环境与生活。种类繁多的学生社团为大学生塑造阳光向上的心理素质提供了场所，丰富多彩的社团活动在帮助大学生保持心理健康方面有着重要作用，社团还可以帮助大学生提高自信与抗挫能力，在不断面对困难、解决困难的过程中，也可增加心理承受和抵御风险、挫折的能力。某些大型社团活动，需要多个社团的鼎力配合，必须周密规划，活动才能取得成功，对学生的人际交往能力有很大的锻炼。这不仅仅是一次难忘的经历，也为构建和谐校园奠定了重要基础。

社团在与新媒体结合的同时，要充分利用新媒体带来的全新理念以及开放格局，促进在社团活动过程中意识形态工作的传播，将提升学生的道德水平这一理念深深融入社团学生教育的全过程，指引青年人形成正确的价值观，构建和谐校园。高校社团教育引领学生培育和践行社会主义核心价值观，脚踏实地树立理想信念，成为构建和谐校园的有大爱精神的人。同时社团强调美育的作用，以美育人，提高学生审美水平，提升学生人文素养。高校社团还指引学生树立高远的志向，磨炼勇于承担、锲而不舍的精神，具有艰苦奋斗的精神意志、豁达乐观的人生态度，要在培养拼搏精神上动脑筋，做到刚健有为，高校社团的积极作用构建起了和谐向上的校园氛围。

（二）高校学生社团管理的社会价值

我国的政治、经济、文化日益走向现代化，面对现有的社会环境，高校社团逐渐成为大学生社会化的重要场所之一。大学生可以通过社团客观认识社会环境的变化，顺利提前适应社会，通过社团活动提升校园知名度，加强校友间的情感联系，提升高等教育水平现代化，这些都体现了高校学生社团的社会价值。

1. 有利于增强学校与社会的沟通交流，提升学校知名度

新媒体与社团管理的有效结合有助于提高社团的关注度，提升学校名气，进而拓宽学校的影响面，通过活动进行资源优化整合。随着数字技术的不断创新，新媒体平台也不断推陈出新，目前在大学生中间比较流行的有微信、微博、QQ、腾讯会议、钉钉等新媒体通信方式，很多高校在本校有重要活动时，选择通过微博公众号、腾讯会议等多种新媒体的方式进行直播，不仅吸引校内大学生的关注，校外人员也可参与其中，增加本校与其他高校或社会人士的沟通交流渠道，也有机会搭建更大的平台和更高的起点，深化大学生社团活动内涵，使大学生社团活动更具价值，高质量完成社团活动。同时，也不能忽视校园网络文化建设，创建高质量社交群组，扩充高校社团人员，提高学校及社团的社会声望。越来越多的高校学生通过腾讯会议等方式去搜索自己感兴趣的会议，通过新媒体进行理论的学习。新媒体能够有效促进校园文化建设，及时更新扩展社团活动信息，为社团成员素质提升提供渠道。大学生社团充分运用了这些新媒体平台对社团及学校进行宣传，并通过这些平台拓展社团活动领域。新媒体平台具有实时性、便捷性的优点，并且不受时空限制，有助于大学生之间相互交流、社团各项业务的开展。

每到开学之际，社团都会举办纳新活动，为社团的壮大补充新鲜血液，吸引很多综合能力较强的社团成员，并加强培训。高校社团不仅会经常开展校内活动，还会定期进行校外公益实践活动，比如到社区宣传爱党精神，关爱敬老院的老人，参加无偿献血等，一方面帮助学生实现了社会价值，另一方面，让学生增强社会参与感，增强学校的社会地位，提高学校的知名度。除此之外，部分即将毕业的社团成员会申请创业孵化项目，进行自主创业，社团成员不仅能够通过孵化项目得到一定程度的锻炼，也能

为社会的发展贡献自己的微薄之力。

2. 有利于加强学校与校友的情感联系，汇聚校友资源

丰富的社团活动是高校引导学生适应社会的关键渠道，也是对学生进行思想教育的重要载体，对于学校与校友之间的情感联系也起到了加强的作用。大学生社团是学习场所，也是创新的场所，创新是一个社团可持续发展的重要条件。社团管理要引导学生提升政治素养、道德素养、人文素养，提高创新意识、创新能力。社团只有坚持个性创新，具有顽强的生命力，才会吸引优秀的学生主动参与其中。在社团的日常管理中也要树立健康第一的教育理念，社团活动可以安排体育竞技，在体育竞技中，学生们不仅可以强身健体、磨炼意志，还可以加强同学们之间的情感联系。

社团成员在社团中可以通过精神活动得到精神价值，精神生活是人类发展的方向，我们生活的社会只有在物质文明和精神文明相结合相互促进时才能更加快速地发展。精神生活同物质生活一样，需要不停地创造、传播，才能产生精神价值及精神财富。通过社团活动，学生可以在其中找到精神价值，并且积攒精神财富，这些宝贵的财富，有利于增强学生与学生之间的情感联系，对精神财富的占有不仅可以实现自我需求，还可以实现学生的社交需求。

3. 有利于推动高等教育治理体系和治理能力现代化，提升我国高等教育现代化水平

随着经济全球化的深入发展，当前世界范围内各种思想文化交锋更加频繁，某些西方国家加大对我国进行战略围堵和牵制遏制力度，高校抵御和防范敌对势力渗透的任务更加繁重，高校立德树人的根本任务更加紧迫。要全面贯彻党的教育方针，落实立德树人的根本任务，发展素质教育，推进教育公平，培养德智体美全面发展的社会主义建设者和接班人，各高校必须全面推动高

等教育治理体系和治理能力现代化，提升教育现代化水平，把立德树人这一理念当作检验学校一切工作的根本要求，建设高质量教育体系，推动教育强国建设目标，提高育人质量，根据新课标要求全面实施素质教育。

大学生社团的建设是高等教育事业的重要组成部分，要利用好社团对大学生进行培养和熏陶，让社团教育有灵魂，有温度，以润物细无声的方式进行育人工作，从而帮助大学生在纷杂的社会中找到自我，不迷失方向。《中共中央关于坚持和完善中国特色社会主义制度、推进国家治理体系和治理能力现代化若干重大问题的决定》指出，只有积极推动高等教育治理体系和治理能力现代化建设，才能实现文化强国。治理体系是指高等教育体制改革中的组织框架及其关系。治理能力是指高等教育治理人员必须具备的能力或水准。治理体系和治理能力二者意义不同却有着共同的目标，都是为了高校的发展，旨在实现我国高等教育现代化。高校学生社团为了保障高校教育现代化，必须树立法治理念，完善相应的包含法治理念的规章制度体系，消除用人治代替法治的行为。高等教育治理能力和治理体系现代化的理念是我国社会主义教育事业健康发展的一个重要要求，也是培养大学生全面发展的重要要求。高校社团组织引导学生积极参与，建立相应的考察及监督制度，坚持弘扬民族精神和时代精神，加强“四史”教育，树立终身学习理念，从根本上满足人民日益增长的美好生活的需要。

第四章　新媒体对高校学生社团发展与管理的影响

【摘要】新媒体时代的到来，为高校学生社团建设与管理提供了机遇与挑战。首先，新媒体开辟了新的高校学生社团类型，提升了高校学生社团内部的民主性，丰富了高校学生社团活动的形式，增强了高校学生社团活动的吸引力，开拓了高校学生社团交流的新途径，给高校学生社团的发展带来了无限的机遇。与此同时，新媒体全方位的数字化呈现易导致高校学生社团活动重形式轻内容，新媒体信息资源的共享性易限制高校学生社团活动的创新性开展，新媒体传播方式的交互性使用不当易降低社团干部的履职能力，新媒体传播行为的个性化易影响学生参与社团活动的积极性，给高校学生社团的发展带来了挑战。其次，新媒体也给高校学生社团管理带来了机遇。在创新了高校学生社团管理的方式、提升了高校学生社团管理的效率、拓宽了高校学生社团管理的思路、促进了高校学生社团管理的民主化、扩展了高校学生社团自我管理的手段的同时，也使传统的社团管理理念受到冲击，对管理者的媒介素养提出了更高的要求，增加了学生社团管理的工作内容，加大了学生社团自我管理的难度。如何顺应时代的发展，将新媒体手段合理运用于高校学生社团建设与管理之中，并不断推进高校学生社团健康向上发展，就成为一个具有重要价值的研究课题。

一、新媒体给高校学生社团发展带来的影响

新媒体是在当今社会广泛使用的新兴信息技术，其传播方式的多样性、传播内容的多元性、传播渠道的便捷性在丰富和便利人们日常生活的同时也深受学生群体的欢迎，成为其学习和生活中必不可少的一部分。随着现代化进程的不断加快，依托信息技术构建现代化管理平台为社团的良好发展创造了条件。各种新兴的信息技术被越来越多地应用到高校学生社团建设的各个领域，高校学生社团在新媒体这一新型传播载体的影响之下规模越来越大，社团数量也越来越多，无形之中给高校学生社团管理带来了压力，使学生社团的管理工作面临着前所未有的挑战。因此，如何顺应时代的发展，将新媒体手段合理运用于高校学生社团建设与管理之中，不断推进高校学生社团健康发展，逐渐成为学界具有重要价值意义的研究课题。

（一）新媒体给高校学生社团发展带来的机遇

在5G信息时代和数字化转型的背景之下，新媒体依托其新颖便捷的传播特点得到了迅猛的发展。不管是在传播方式、传播速度还是传播内容上，新媒体较之传统媒体有着自身独特的优势，比如微博、抖音、小红书等网络媒体平台实时更新各种信息，与大学生日常生活的联系越来越紧密，也为学生群体构建了“第二生活空间”，不断影响着高校学生的认知方式、行为方式和价值理念。学生在各种网络平台、手机终端上都可以看到各种类型的信息，并能在接受信息的过程中不断丰富自身的兴趣爱好，组建类型多样的学生社团，高校学生社团也因此形成了繁荣发展的局面。在相对开放、宽松的信息化环境下，社团的发展呈现出多样化的发展态势，各种新媒体手段的运用也为高校学生社团注入了新鲜的血液。因此，新媒体对于社团类型的开辟、社团活动

形式的丰富等都具有重要意义。通过灵活利用新媒体带来的积极影响，能有效提高学生对社团活动的可接受性，并不断推进社团活动的创新与发展，高校学生社团的发展在新媒体的影响之下面临着前所未有的机遇。

1. 新媒体开辟了新的高校学生社团类型

传统的高校学生社团类型主要有以下四种：一是文体型，以提升成员的文体素质，展示成员的文体才华为主，如街舞社、曲艺社、合唱团、武术社。二是实践型，以培养技能、技术开发为主，如广播社、软件应用社、翻译协会。三是服务型，以培养成员的服务精神和社会责任感为主，如敬老协会、爱心协会、低碳回收协会、猫咪救助协会等。四是学术型，以培养成员的学术能力为主，如论文写作社、数学建模社。由此可见，传统社团的建设以及社团活动的开展都是从社团成员们的兴趣爱好出发，在活动的过程中围绕着增长学生的知识和技能，提升学生思想觉悟这几个方面来开展。随着现代化信息技术的迅猛发展，学生社团的建设也不断推陈出新，在保持传统社团特点的同时不断吸纳时代发展带来的新优势。在新媒体变幻多样的传播形式、丰富多彩的内容的影响下，高校学生社团呈现出层次多样、内容多元的发展趋势，逐步建立起传统手段与新媒体手段相结合的专业型社团、创新型社团，向着培养具有创新精神和专业技能的成员的方向发展。

（1）专业型社团已经成为高校学生社团的一个重要分支。受新媒体传播方式的影响，学生的社团活动不断开辟出新领域。专业型社团引导成员学习专业知识，举办各种专业学术活动，引导社团成员在参与活动时主动探究。在此过程中，学生们不仅能学习到自己感兴趣的专业知识，同时也能与其他成员共同实践，在交流与互动中不断提高动手能力，培养创新精神。专业型社团为学生提供了各种专业活动，比如知识竞赛、技能大赛等。在参与这些活动的过程中，不仅学生专业知识的学习情况得到了检验，而且为提高学生综合素质提供了有效的平台，使学生在思想碰撞、动手实践的过程中将枯燥的专业知识融会贯通。如机器人社团、物联网社团、硬件与软件技术开发社团等，这些社团在互联网、云计算、大数据影响之下应运而生，兼容学生兴趣和实际应用，具有专业性、趣味性、应用性与实践性等特点，能有效地将学生在课堂上学习到的专业理论知识与现实需要相结合。高校专业型学生社团依托各种网络平台和网络工具所提供的方法与途径来培养大学生的动手实践能力，使学生自觉养成创新与思辨的意识，并在此指导之下，从实践层面来探究专业性社团在培养学生专业思维、科研水平、创造能力的方法与路径，进一步优化专业型社团的功能，扩大其影响范围。

（2）创新型社团在新媒体的影响下蓬勃发展。新媒体多样的传播方式为高校社团建立提供了新思路。随着信息技术与大学生生活的关系越来越密切，创新型社团的建立成为数字化时代培养高素质大学生的现实需要。创新型社团具有实践、创造、分享的特点，而新媒体共享性、多样性的特点正好与创新型社团的发展需求相适应。如“互联网＋”创业社团，这类社团将互联网的特质与自身社团的发展需要相整合，利用互联网这个高效便捷的平台为社团的发展提供各种资源。创业社团的活动方式是线上创业与线下创业相结合，成员们可以借助社团搭建起来的平台随时随地获取各类创业信息和该领域的发展前沿资讯，更可以与各大企业进行合作，利用网络平台进行校内实训，还可以将社团的最新成果在各个平台上展示出来，吸引感兴趣的同学参与，整合优化团队的同时刺激各大企业的投资欲望。“互联网＋”创业社团与传统的创业社团有很大区别，网络技术能通过云盘保存大量数据，利用云计算为学生分析数据，发现新的创业机遇，开发各种基于互联网应用的用户服务，并通过智能终端和 App 应用来扩大社团影响，形成线上、线下相结合的创新创业模式。在此过程中，社团成员的创新创业能力、团队合作能力都在此过程中得到了很好的锻炼。

2. 新媒体提升了高校学生社团内部的民主性

高校学生社团是学生自发组织成立的，具有平等、自由、非正式性的特点。学生社团成员能根据自己知识学习、个人技能的发展需要和自身兴趣爱好，直接或间接影响社团的各种决策以及未来发展，因此，社团就成为大学生的自治组织。大学生活是学生步入社会之前的一个缓冲阶段，而社团作为学生主要的课余生活活动空间，不仅仅是大学生将所学的知识融会贯通、灵活运用的重要途径，更是大学生社会化的重要中介和纽带，在培养新时代所需的专业型和创新型人才方面发挥着重要作用。随着丰富多样社团的蓬勃发展，也要对社团进行适当的引导、规范与管理，来促进社团规范有序地健康发展。在新媒体环境下，海量的网络工具、知识信息都为社团管理方式、组织活动形式、活动开展方式提供了丰富的资源条件和创新因素，也为提升高校学生社团内部的民主性提供了新思路。

（1）新媒体手段的应用提升了社团内部管理方式的民主性。学生是社团的主体，社团的良好运行依靠学生的自主管理、自主监督和自主服务。学生社团的自主管理即由学生自主负责社团人员招募、活动开展、管理人员换届、优秀社员评选等活动，实现社团健康快速发展，发挥社团育人功能，推进校园民主建设。由于社团是学生自发组织的非正式团体，各个社团内部管理水平参差不齐，大多运行不规范，思想自由散漫，导致社团内部的管理缺乏生机。传统的社团往往通过直接管理的方式进行，导致社团核心成员与社员缺乏沟通，社团的核心凝聚力不强，而新媒体手段的独特优势为社团内部管理提供了新思路。利用微博、QQ、微信等常用的社交软件来扩展社团内部的交流途径，丰富成员之间的交流内容，逐渐淡化社团成员之间的身份感，大家以朋友的身份相处，平等交流、共同学习，成员之间各司其职或通力合作，促进社团内部的真正融合。在社团资料管理方面，以往社团成员档案、各种活动资料往往是纸质的，数量庞杂，且不易保存和提取，经常会出现资料丢失或者提取不易的情况，不利于社团内部的管理和社团文化的传承。如今，网络云盘空间具有内存大、私密性强、传输快、易共享的特点，为社团活动资料和社员档案的留存带来了极大便利，也为传承和发展社团文化创造了良好的条件。在社团经费管理方面，社团活动的举办、道具的制作、服装的租赁都需要一定的经费，学校给予的补贴是这部分经费的主要来源。此外，社员自发缴纳的会费也为社团活动的开展提供一定的支持。在高校学生社团规模扩大、数量增多的背景下，学生社团对于经费的需求也大大增多，在社团经费管理方面要做到公开透明。新媒体为经费管理提供了多样的管理工具，比如社团经费管理人员可以使用 Excel 函数制作经费收支表，并向管理部门和社团成员实时公示、更新经费使用情况，自觉接受成员监督，提高管理效率。

（2）新媒体手段的应用还有助于提高社团内部决策的民主性。随着高校社团规模的不断扩大，社团文化的建设也在培养学生的过程中发挥着越来越大的作用。良好的社团文化的形成离不开和谐融洽的社团内部氛围的构建。学生社团是学生提升自我、展示自我的平台，大家在社团活动中平等交流、共同进步，共同为社团的良好发展建言献策。各种新媒体手段丰富了学生之间交流的途径，转变了学生之间交流的态度，因此，新媒体手段的应用还有助于提高社团内部决策的民主性。社团决策的上传下达不仅对于社团自身的发展起着重要作用，同时也在提高社团凝聚力、促进社团决策科学化方面发挥着重要作用。在现实生活中寡言少语的同学在网络上变得幽默诙谐，虚拟世界拉近了社团成员之间的距离。当社团内部进行决策时将方案提交社团大会广泛讨论，浓厚的民主氛围使每个成员都能公开发表自己的意见，做到集思广益，集体商定社团决策。而新媒体技术则为社团内部决策的制定提供了更高效、更科学的方法。如社团在制定决策前，可以通过问卷星制定问卷，投放给社团成员，进行数据统计，再根据社团成员的建议拟定决策草案，并通过各种小程序进行投票分析，最终制定出成员满意的决策。运用新媒体手段来辅助社团制定决策，既节约时间又促进决策的科学化、民主化。

3. 新媒体丰富了高校学生社团活动的形式

高校社团活动是大学生课余生活的主要方式，已逐渐成为学生校园生活中必不可少的一部分，在培养学生的兴趣爱好和提升学生的人际交往能力及团队合作能力方面发挥着越来越重要的作用，承担着构建积极向上校园文化的重担。在新媒体技术的帮助之下，多种类型的社团活动在各大高校蓬勃开展。新媒体以其便携性、创造性、时效性的特点一方面打破了社团活动的时空限制，使得越来越多的学生能不受地域、时间的限制参与自己感兴趣的社团活动。另一方面也创新了社团活动形式，满足大学生多样化的兴趣和发展需求，吸引了越来越多的学生参与，使学生社团在各大高校大放异彩。

（1）新媒体打破了社团活动的时空限制。传统的高校社团活动形式以线下活动为主，如学术讲座、团建活动、知识竞赛、歌舞活动等。举办这类活动需提前预约场地，并报送相关部门审批，审批通过后再进行场地布置、开展活动等。虽然线下活动形式丰富多样，但会受到场地、时间、审批程序的限制，常常因为审批时间过长、审批流程复杂而使学生望而却步，在一定程度上限制了社团活动的举办，而在带入新媒体技术后，多元共享的信息资源、便捷的信息传播方式都拓展了社团活动的发展空间，弥补了线下活动的不足。特别是在新冠肺炎疫情的影响之下，高校社团线下活动无法开展，而依托新媒体平台举办的线上活动则弥补了这一不足，学生足不出户就能参与各种社团活动，丰富了学生们的居家生活，还促进了社团文化的发展。在互联网、移动客户端等新媒体技术的帮助之下，高校学生社团形成了一个便捷高效、内容丰富的多元信息管理体系，打造了社团活动的新模式。例如在活动开始前，可以利用微信公众号推送功能，将最新的活动资讯推送给社团成员，配以图片、音频、视频等宣传资料，在扩大活动宣传范围的同时也激发学生广泛参与社团活动的热情。在活动过程中，也可以通过网络直播平台、聊天室等进行实时转播，并使用抽签工具抽取幸运观众进行互动，提高学生们对社团活动的关注度，增强现场互动性。在活动后期，也可以利用网络平台进行活动倒计时、人气投票、结果公示，实现校内与校外、学校与家庭的有效联动，扩大活动的影响力。

（2）新媒体创新了社团活动的形式。网络为大学生开辟了第二生活空间，各种新媒体手段在高校学生社团中的广泛应用也拓展了社团活动的新领域。各个社团根据自身的社团特点与新媒体手段进行组合，打造个性化活动方式，促进社团活动创造性发展，由以往的指导教师规定活动内容到自下而上的、充满求知欲的活动方式。社会服务类社团如学校猫咪救助站等，可以在网络上搭建志愿者平台，及时发布志愿信息或筹集善款，并利用微信公众号进行转发与分享，扩大志愿活动的影响力。知识竞赛类社团如英语俱乐部、围棋俱乐部等，也可以利用网络直播与其他高校或者是国外的同学展开线上比拼，整个过程都有第三方的监督，既创新了活动的方式又增加了比赛的公平性。文艺表演类社团也可以利用最新的网络科技来丰富活动形式，如舞蹈社利用3D全息投影打造逼真的舞台布景。另外，社团内部的团建活动也在新媒体的影响下进行了创新。以往的团建活动大多是社团成员聚集在一起吃饭、聊天、玩游戏，现在网游、剧本杀成为大学生喜闻乐见的团建形式，社团成员在丰富多样的社团活动中相互沟通与了解，社团的向心力也在此过程中得到了加强。

4. 新媒体增强了高校学生社团活动的吸引力

社团活动就像一种黏合剂，将成员的思想、情感、行为凝聚起来。社团成员们亲身参与各种社团活动的审批、策划和筹备，并为社团活动的完美举行建言献策，共同努力，在这个过程中成员们互相帮助，将社团的建设作为自己的使命，每个成员都为推动社团的发展添砖加瓦，社团的凝聚力也不断增强。传统社团活动为学生提供了展现自身魅力的平台，但随着各种信息技术的迭代更新，与各种新兴的活动形式相比，传统的社团活动较为呆板，对于走在时代前列的大学生来说略显单调，在满足学生的审美需求方面也有明显的劣势存在，导致参与社团活动的人数较少，参与活动的群体大多集中在低年级的学生群体中，高年级的学生成员参与积极性不高。

随着科技的发展，新媒体带来了丰富多彩的感官体验，对大学生有着无法比拟的吸引力。随着电子信息技术的普及，学生可以通过智能手机传输文本、音频、视频信息，可以通过微信、QQ、微博等社交软件更新动态，与远在天边的朋友分享自己的见闻趣事，也可以通过快手、抖音等短视频平台进行自媒体创作，培养个人的兴趣爱好。如今，新媒体已经融入学生生活的点点滴滴，也为高校社团活动注入了新的血液。新媒体传播内容极大丰富了社团活动的资源，使呆板无趣的社团活动内容在新媒体的包装下变得生动活泼，由静态转变为动态，更容易被社团成员接受和认同，同时也更具有时代性和现实性。如社团活动可以结合新的校园文化资讯、社会热点话题，并通过有趣的新媒体平台使社团活动的策划以大学生喜闻乐见的方式进行。比如，活动之前的预告可以通过短视频平台宣发活动排练花絮、小游戏抢票等形式吸引更多的同学参与其中，将封闭的校园活动转变为开放性的全员参与的教育活动。活动时可以宣传制作快闪视频，通过抖音等短视频平台转发，同学们也可以随时随地在网络上发表自己的想法，增强活动的互动性，营造轻松愉快的活动氛围。活动结束后，也可以制作活动集锦投放各个短视频平台，通过点赞、分享、转发，扩大社团活动的影响力。

此外，当代大学生无时无刻不在关注着社会热点、国家大事，通过新媒体平台发布热点话题，能极大地增强学生的社会关注度和参与度。因此，可以在设计社团活动时依靠新媒体平台将社会热点问题巧妙地融入活动的过程中，利用社交网络的现实性、及时性使得学生在参加社团活动的过程中注意到现实生活中的热点问题，这样既增强了社团活动的吸引力，又能在轻松愉快的社团活动中传递正确的价值取向，将学生培养成为有责任心的当代青年。

5. 新媒体开辟了高校学生社团交流的新途径

社团活动是大学生精神生活的调节剂，学生在参加各种社团活动中接触新的知识与文化，也提高了各种技能，开阔了眼界。社团活动也是大学生发现自我，展现自我的平台。社团成员在参与社团活动的过程中，释放身心压力，展现自我魅力，丰富知识，完美人格，由此，能够更好地参与到社团活动的中去，形成良性循环。新媒体以其即时性、交互性强的特点，开辟了高校学生社团交流的新途径。

就社团成员之间的交流而言，新媒体的使用丰富了大学生感情联系、沟通思维的方式。新媒体，尤其是网络媒体，在大学生群体中广受欢迎。网络媒体的一个重要特性就是匿名性，即网络主体身份具有不可识别性，这种特性能让个体在互联网交流中无所顾虑地表现自己，流露真情，打破现实生活中的信息茧房，内敛害羞的社团成员在轻松愉快的网络氛围中打开心扉，卸下思想负担，畅所欲言。通过与其他成员在网络平台互相关注，分享在社交网络上的所见所闻，促进了成员之间的信息共享，满足成员的分享需求，也让他们的内心在轻松的聊天中越走越近，增强了社团凝聚力。此外，新媒体也为社团成员之间的交流提供了多样化的沟通方式，比如一段视频祝福、一张 QQ 贺卡、一个微信红包，都满足了大学生多样化的心理需求。在新媒体平台的帮助之下，成员们都积极主动地参与到社团文化建设过程中，促进了成员自身心理的健康发展和完美人格的形成。

就社团间的交流而言，新媒体也成为社团间学习交流的重要媒介。新媒体提供了分享和交流的平台，突破了班级之间、年级之间、学院之间的交流限制，社团间交流的范围不断扩大。利用微信、抖音、微博、QQ 等社交软件来搭建学生信息工作平台，实现社团联动发展，推动了社团的多元化和可持续发展进程。比如电竞协会，可以与各个高校的电竞协会展开线上切磋，在交流中进步，分享成功的喜悦和失败的教训，展示社团的个体魅力和活动成果。在开展社团活动的过程中，还可以利用网络工具的开放性来扩大社团影响力。依托新媒体平台，各个学校的同类型社团共同举办的大型社团活动的数量不断增加，社团交流的领域不断扩大，在活动的过程中互相交流学习成果和社团管理经验，实现了学校之间社团资源的共享，促进了同类型社团之间的交流。通过高校社团发展论坛、社团文化节、高校社团年会等活动促进社团的文化交流，在交流的过程中，学生逐渐开阔了自己的眼界，在思想火花的碰撞中不断提高创新思维和活动能力，促进各个高校的学生社团共同发展、共同进步。

就社团与社会的交流而言，高校学生社团要贴近生活，贴近实际。校园不是封闭的场所，社团也不是脱离现实社会而独立存在的，高校学生社团与校园文化的构建息息相关，也与社会的进步和发展密不可分。新媒体所提供的海量信息资源，扩大了社团交流的开放程度，使得社团与社会的交流更加便捷、更加频繁，实现了社团与社区、企业的交流与合作，并通过这些交流与合作获得社团建设的专业型性知识，促进高校学生社团专业化发展。比如，创新创业社团可以依托新媒体平台开发创新创业基地，与各个优秀企业进行合作，社团成员们可以通过新媒体平台随时随地与企业沟通、交流，获取创业经验，并不断提升自身的知识水平和个人技能。在这个过程中，不光拓宽了社团成员的社会化视野，变通了思维方式，也弥补了大学生社会经验不足的遗憾，扩大了社团的辐射范围。

新媒体甚至开拓了社团的国际交流途径。首先，新媒体的使用开拓了社团之间的国际交流途径。很多专业类、创新类社团需要接触到当下最新的专业知识和专业技能，并通过这些专业知识和专业技能来指导社团活动的开展，比如机器人社团、编程社团等等。依托新媒体建立的网络交流途径可以使高校专业类社团随时随地都能与外国优秀学生社团沟通交流，并接触到最前沿的研究问题，开阔眼界，提高学术科技水平，加强学术科技交流。新媒体的使用为社团的发展创造了良好的条件，为学生提供了良好的学习观摩机会，促进高校学生社团向专业化、科学化的方向发展。其次，新媒体的使用开拓了社团内部的国际交流途径。特别是在新冠肺炎疫情的影响之下，很多国家的留学生都无法返回学校参与社团活动，新媒体直播平台就为他们参与活动提供了一个很好的途径。如英语俱乐部以往的活动是举办英语辩论赛、晨读或英文诗朗诵，如今借助互联网平台，留学生可以通过网络直播参与社团活动，而在校的大学生也能借助新媒体平台直接与留学生进行沟通、互动。

（二）新媒体给高校学生社团发展带来的挑战

新媒体带来了海量的信息资源，为高校学生社团注入了鲜活的发展动力，但同时我们也要看到新媒体给高校学生社团带来的挑战。由于各种网络信息和网络资源具有的开放性、便携性、共享性、随意性等特点，各种信息鱼龙混杂，传播速度快，影响范围广，对于大学生来说，这些信息既有促进人们身心健康发展的有利因素，也有消极、落后的不利因素。大学生长期生活在校园这个相对单纯的环境中，社会化的程度不高，其思想观念、价值理念也没有完全定型，这就导致了大学生在面对腐朽落后、颓废消极的价值观念和道德标准时无法进行准确的鉴别，很容易受到不良信息的污染。因此，将新媒体与社团发展有机结合，利用新媒体平台发挥学生社团的思想政治教育功能，引导学生提高自身的舆论鉴别能力，并积极开展各类社团文化建设活动，还面临着一定的挑战。如何用好新媒体这一把双刃剑，探索新媒体在社团建设中的有效策略，成为我们亟待解决的课题。

1. 新媒体全方位的数字化呈现易导致高校学生社团活动重形式轻内容

信息技术的不断创新和发展带来了数字化的传播方式，全方位的数字化成为新媒体最显著的特点之一。新媒体架构起了可持续发展的数字化传播平台，融声、光、色于一体，视听并举，动静兼顾，对学生有无可比拟的吸引力，大数据、互联网、人工智能等新兴技术也融入学生学习与生活的各个方面。将多样化的新媒体手段应用于社团活动中，有利于完善和丰富社团活动形式，辅助社团活动的良好开展。形式服从和服务于内容，内容需要合适的形式，若是空洞或低劣的内容，形式再好也无意义，内容精彩而形式一般也会影响内容的宣扬。社团活动内容一方面是要培养学生的兴趣爱好，满足学生的交往需要，并在活动的各个方面融入思政因素，传播积极向上的文化内容。不可否认，新媒体手段有其特定的优势，但并不意味着在社团活动中一味地追求使用新媒体活动方式，追求人气和趣味性，这很容易导致高校学生社团活动重形式轻内容，不利于实现社团的育人目标。新媒体手段是用来辅助社团活动开展的，但并不意味着新媒体手段的运用越多越好，要注意适度。各种新媒体手段都用上了，导致举办的社团活动热闹非凡、花样繁多，学生也只是在看热闹、走过场，社团活动效率在此影响下反而会降低。特别是那种花里胡哨、假大空的社团活动，不仅会使学生身心俱疲，降低参与活动的积极性和主动性，而且还浪费了学生们宝贵的时间和学校划拨的各种资源。比如，一些社团依托网络平台举办各式各样的活动，仅仅是为了吸引学生的眼球，活动设置较为随意，活动之间的关系缺少梳理，缺少对社团成员的科学分析，甚至缺少活动目标，这些都影响了社团活动的实效性，违背了社团活动举办的初衷。像这样不恰当地使用新媒体手段反而浪费了有限的社团活动时间和资源，冲淡了社团活动的重点，忽略了活动内容的深刻性、专业性。

事实上，传统的社团活动形式也同样具有可感知、可观察等比较优势，在社团文化建设中也有其特定的作用，因此社团活动的形式并不是越高级越好，新媒体的使用也不是对现有社团活动形式的全盘否定和排斥，而是起到辅助社团活动的作用，将新媒体与大学生的现实生活紧密结合，传播积极向上的正能量，并通过科学使用新媒体技术来影响社团文化观念。因此，新媒体手段是用来辅助社团活动开展的，必须符合社团活动的需要。对于新媒体手段的使用我们要有正确的定位，增强新媒体活动形式与活动内容的匹配度，明确举办活动的原因和活动将要达到的目的，将丰富多样的形式与深刻的活动内容相结合，相互补充，相互促进，在最大限度上使得社团活动的综合效应最大化。

2. 新媒体信息资源的共享性某些方面限制高校学生社团活动的创新性开展

学生是社团建设的主体，学生积极主动地参与社团建设的各个方面，对社团的良好发展起着重要作用。同时，社团活动也为学生自主创新、创造提供了一个良好的平台，学生积极主动地参与各种社团活动在一定程度上也促进了社团活动的多样化发展。时代的更替、信息技术发展的日新月异，都要求社团活动不断与时俱进、推陈出新。新媒体涵盖了各种类型的传播模式，优化了传统的单边传播。各种网络信息平台、移动客户端都可以随时随地分享和发送各种信息，每人每天都能在网络上分享动态，也能随时随地接收别人传输的各种信息。新媒体增强了信息传播者与接受者之间的交互性与共享性，并以其新兴技术特别是网络技术，实现了各种信息资源的流通，促进了用户之间简便、快速、高效的沟通。此外，新媒体还为大家带来了一个广阔的信息开放海洋，网络上的海量信息面向大众开放，可以通过点击、分享被更多的人看到。新媒体在全世界范围内的使用，让所有人每天都处于杂糅的信息世界中，一方面丰富了学生们的生活，另一方面也在一定程度让学生的思维受到局限，在某些方面影响了学生的思维发展。

首先，新媒体信息资源的共享性影响了学生发散思维的形成。高校社团活动应该是多样化、多层次的，在结合网络经验的基础之上进行再创造。可是，新媒体传播方式的便捷性转变了学生的思维方式，快餐式的网络文化充斥着我们的生活，导致了学生自主思维能力弱化。碎片化的信息使学生在阅读时有极大的选择自由，却在获取信息的过程中缺少了逻辑和理性的分析，长此以往会影响有些学生自主深入分析信息的能力，直接导致有些大学生面对问题时出现分析不深入、条理不清晰等问题。由于受到知识、经验和思维的局限，有些学生搜集资料时还往往容易出现主观、片面的情况，比如在策划社团活动时并没有考虑到本社团的特点、成员的基本情况、学校基础设施以及周边环境来设计最符合本社团特质的活动，而仅仅只是在互联网上搜索相关内容，拼凑方案。学生对于为什么要举办社团活动，活动的意义和目的都不十分明确，这导致社团活动与实际主题适配度不高，实效性不强，缺乏吸引力与感染力，也不利于社团可持续发展。

其次，新媒体信息资源的共享性使用不当影响了学生自主思维的发展。学生在网络上搜集信息的同时产生了一定的依赖性，降低了有些学生自主学习思考的能力。比如，在策划社团活动时，很多学生会直接在搜索引擎搜索“大学生社团活动”，网站会立即显示与搜索内容相关联的各种信息，如社团策划方案、活动方式、内容等。搜索引擎所提供的内容一方面为开展丰富的社团活动提供了参考，减轻了学生在社团活动中的工作量，另一方面有些学生也容易迷失在片面化和碎片化的网络信息中，照搬照抄别人的活动策划，长此以往社团的活动也会出现雷同，变得呆板无趣，影响了高校学生社团活动的创新性发展。

3. 新媒体传播方式的交互性使用不当易降低社团干部的履职能力

新媒体以互联网为基础，各种信息的传输在内容、形式上都弥补了传统传播方式的不足。多样的传播方式使得信息传播的范围不受时空限制，无限地扩大。学生作为使用新媒体技术的主力军，在获取知识和信息的能力上更强大，方法更多元。他们只需要借助网络就能轻松查找到自己需要的信息，也可以任意在各种网络平台上发布信息，每个人都成为信息的来源，也可以随时对信息进行反馈、评论、补充，社团成员之间的交互更加深入、便捷。这最大限度地发挥出了社团成员的积极性和主动性，满足了他们掌握话语权的需求，但新媒体这种传播方式交互性在便利了学生沟通、交往的同时，也使社团干部的服务社团能力面临着新的挑战。一定程度上说，新媒体技术的出现弱化了学生对同学和组织的依赖。

高校学生社团体现的是学校教育和社会教育的结合，学生在参与各种各样的校园活动中逐步实现社会化。社会化是指一个人将社会对普罗大众的行为要求和道德标准贯彻在自己的日常生活中。学生在社团活动中不断锻炼自己的社会能力，以更好地适应社会的需求，一边实现自身的价值追求，一边为社会的发展贡献自己的一份力量。社团内部构造与一个小型的社会群体相比是差不多的，成员们来自不同的班级、年级和学院，拥有不同的能力、才干、经验，每个人都有自己的位置、特长和责任，他们都是喜欢同一件事，为了达到同样的目标组建或参与学生社团。不同的学生由于自身的性格特点、能力不同，在社团中所负责的工作内容也是不同的，并在社团学生干部的带领下共同促进社团的长足发展，共同进步。社团学生干部是整个社团工作和管理的核心所在，作为学生群体与老师之间的纽带在社团管理中有着特殊的地位和作用，同时也有担负着建设良好社团的重任。一方面，社团学生干部是指导老师与社团成员之间的纽带，在辅导老师开展学生工作的过程中发挥着重要作用。另一方面，社团学生干部在社团队伍的建设中也发挥着重要作用。社团干部运用科学的方法增强社团的向心力和凝聚力，因此，他们的能力高低关系到整个社团的未来长期稳定的发展。在社团管理的过程中，社团干部要有引领意识，在管理的过程中有意识地树立社团的威信，把握社团成员的思想动态，本着为广大成员服务的态度来行使社团赋予的权利。学生社团干部由学生选举产生，因此必然受到学生的喜欢和爱戴。优秀的社团干部在组织和协调社团各个工作方面都非常上心，也很有自己的协调技巧，知道如何调动群体的积极性、团结和凝聚群体的力量，将其与各种要素相结合，具有较强的大局意识，充分发挥社团合力。此外，如果社团干部自身的专业知识和技能过硬也会受到成员的钦佩与支持，在群体中树立自身的威信。

由于社团是一个非正式性的学生组织，社团干部约束力和权威性与正式的学生组织相比相对较小，这就导致社团干部的威信更容易受到成员们的挑战。特别是在新媒体传播方式的交互性的影响之下，社团成员的信息传递的角色彻底发生改变，成员们既每天都在网络上浏览各种信息，并通过分享转发来扩大影响，同时也能在这些平台上表明自己的观点。新媒体手段的交互性扩大了社团成员的话语权，人人对于社团的管理工作和社团的未来发展都有自己的想法，这就要求学生干部给予社团成员发言权的同时还要给予他们足够的时间和空间来表明自己的态度和立场。网络媒体的匿名性使得成员们能在网络空间里畅所欲言，这导致了社团活动舆论引导的难度加大，不利于社团领导者管理，同时也对社团干部提出了更高的要求。

4. 新媒体传播行为的个性化易降低学生参与社团活动的积极性

新媒体的发展使学生获取信息的渠道大大增多，不同于以往教师讲授，学生可以在网络上查找自己所需要的知识，满足了他们多样化、个性化的需求。新媒体传播行为的个性化表现为信息传播定制化、传播工具多样化和内容形式多元化。第一，内容形式多样化，即新媒体的出现拓展了主流的传播渠道，各种 App 客户端满足了人们获取各种信息的愿望。比如微博、微信、小红书等社交软件，为用户提供了沟通交流的平台，同时大量的“网红”也成为学生群体所模仿的对象，大家都在社交媒体上通过私信、点赞、评论等进行交流和互动，使得新媒体传播关注点周期短而多元。第二，信息传播定制化即大数据会根据用户的历史行为和相关的搜索信息搜集用户喜好、特点、需求，并对其进行细致而专业的加工，在数据分析的基础之上对用户进行个性化的推送。这样做无疑是进一步固化了用户的喜好，使得受众更多地关注自己所感兴趣的信息，和更多与自己有着相似兴趣爱好的人交流沟通，逐渐禁锢在自己的世界里，形成了一个信息茧房，长此以往便消磨了与其他思想碰撞的机会，久而久之个人的思维容易钻牛角尖，与整个社会大环境格格不入。第三，传播工具的多样化。新媒体传播是利用新的技术支撑体系下出现的媒体平台、智能终端来进行传播，比如互联网、手机App、数字电视等。随着各种信息技术和媒体平台的不断发展，如今已形成了传播媒介多样化的发展趋势，为各种信息提供了丰富的传播渠道，但同时人们也容易被片面化、碎片化的信息所裹挟。

大学生的思维和认知具有跳跃性，对于追求新鲜、时髦的事物有强烈的好奇心。新媒体以其便捷的传播方式、多样的传播形式和精彩的传播内容迅速吸引了大学生的目光，成为他们生活中必不可少的一部分。但由于大学生社会阅历浅，对于依托新媒体构建的五光十色的虚拟世界没有抵抗力，甚至对信息网络产生了依赖性。部分学生陷进五光十色的网络信息中，在面对视听一体、动静兼顾的新媒体的诱惑时难以控制自己的思想和行为，全身心地投入虚拟世界中，比如熬夜通宵玩游戏、刷抖音、逛淘宝。沉沦于虚拟的电子信息中，学习成绩也会有所下降，长期的熬夜和看电子屏幕也影响身体机能，最终造成精神上的不健康发展。除此之外，长期网络社交也对大学生来说有着很大的诱惑力。现在的大学生很多都是独生子女，处在一个相对封闭的家庭环境中，这导致很多人在心理上往往只关注自己的想法，长期缺乏人际交往的经验。由于互联网的隐蔽性、虚拟性，大学生满足于虚拟世界的互动，一个个“社恐”变“社牛”，与网友聊得火热朝天，在现实生活中却无法与人推心置腹；与手机形影不离，却缺乏现实生活中的真正的朋友；长期缺乏与身边的同学或朋友间面对面的交流和探讨，与家人和朋友之间的距离越来越远，弱化人际交往能力，最终导致大学生人际关系淡漠，性格孤僻，缺乏人情味、同理心。

在这种情况的影响之下，社团活动的开展也是网上如火如荼，现场鸦雀无声的状态。比如在社团微信、QQ 群里聊得火热朝天，开社团例会时却无人发言；打网络游戏时积极主动，举办社团活动时却变成清一色“低头族”。社团成员在现实生活中缺乏眼神、肢体以及言语接触，导致社团成员之间互不了解，团队意识淡薄，极大地降低了成员参与社团活动的积极性。

二、新媒体给高校学生社团管理带来的影响

新媒体的飞速发展极大地便利了人们的生活，也与大学生的日常交往联系越来越密切，也越来越多地被应用于高校学生社团管理领域，使得高校学生社团管理呈现网络化的发展态势。新媒体时代的高校学生社团管理，就是将新媒体作为媒介，创新社团的管理方式，为社团和学生提供大量信息发布、资源整合和共享的优质平台，促进社团管理的专业化、规范化。一方面新媒体为高校学生社团管理带来了新的契机，使得社团管理更加规范、高效、科学，更能为学生所接受，同时还提高了社团的管理效率。另一方面，将各种新媒体手段应用于学生社团管理需要科学的整合方法，各种媒体的使用也对社团管理者提出了新的要求，使学生社团管理面临着全新的挑战。

（一）新媒体给高校学生社团管理带来的机遇

相对于传统的社团管理手段，新媒体具有多方面的独特优势，为高校学生社团管理注入了新活力。新媒体手段运用于社团管理中，使社团组织工作更加丰富、高效、灵活，也贴近学生生活，为学生所接受。新媒体便捷性、科学性的特点可以更好地提升社团管理效率，提高社团管理的科学化水平和社团管理质量。依托新媒体技术，社团管理加强了与老师、学校、社会的互动，方式不断更新，与时俱进。

1. 创新了高校学生社团管理的方式

学生社团日益呈现出纷繁多彩的局面，社团的数量大幅增

加，规模逐步扩大，学生社团的管理职能和育人功能也在校园文化的建构中越来越明显。在新媒体时代背景的影响下，学生社团结合学校以往的教育管理规律，创新了社团管理的基本模式。当前很多高校的学生社团管理工作都是由校团委或者其衍生出来的执行机构负责，比如由学生社团联合会来进行管理，再挂靠到社团管理中心或社团工作部。这种管理模式在一定阶段内发挥出较大的优势，为学生社团的管理和发展提供支持与帮助，创造了良好的发展环境，引导社团向有序化、规范化的方向发展，因此取得了一定的成效。但如今随着社团数量急剧增多，社团呈现出多元化的发展态势，这加大了单一的学校社团管理主体管理社团的难度，在社团管理过程中可能会出现程序繁杂、效率低下等问题，导致传统的社团管理模式难以满足日趋庞大的高校社团队伍。由于管理主体单一，无法兼顾多元的社团，导致社团发展不均衡，资源、资金分配不平等等问题，这些都制约了学生社团活动的开展，降低了社团管理质量和水平。比如社团数量增多导致管理人员不足，上级部门与各个社团负责人沟通不畅。加之团委本身要处理的学生事务繁多，在学生社团的管理和服务方面难以投入更多的精力，传统的管理手段就显得尤为单薄和落伍，这也在一定程度上制约了社团的发展。

实现对学生社团的精细化管理，必须紧跟新媒体发展步伐。高校不断加强对学生社团管理体系构建的探索，在社团管理过程中充分发挥互联网的积极作用，整合有利于学生发展的网络资源，并与学生自身的发展需求相结合。依托新媒体技术构建“一站式学生社区”，创新了高校学生社团管理的方式。高校“一站式学生社区”是指将大学生在大学校园中遇到的各种需求和服务都整合在一起，通过一个固定的场所为学生提供更加统一、便捷、集中的服务。在一站式学生社区中，学生可以通过不同的途径，运用不同的方式来获取相关的帮助，为学习和生活带来很大的便利。在社团管理的过程中，通过整合网络资源促进“一站式学生社区”建设，能提高社团管理的整体性和创新性。一站式学生社团管理的内容就涉及社团服务、社团活动、社团宣传等等，在具体的工作过程中，还可以通过优化职能，提升服务过程来进一步优化社团管理模式。依托信息技术手段建立起社团管理“一站式”网络服务大厅平台，社团成员随时随地联网登录服务大厅，根据需求自己选择服务内容，通过网络获取信息指导，上级管理部门也可以通过“一站式学生社区”对学生进行“网格化管理”。这种管理方式具有整体化特征，促进了社团成员、学生干部、指导老师和学校管理部门之间的沟通和合作，使得社团管理更加稳定、全面。同时，有专门的老师和运营人员负责社团日常管理和网站运营，简化和优化了社团管理程序。

2. 提升了高校学生社团管理的效率

随着信息技术的迅猛发展，社会文化也呈现出多元化的发展趋势，各种信息飞速更新，如何在有限的时间里运用现有的资源来提高社团管理的效率，成为高校社团改革的重要内容。传统学生社团在管理模式比较僵化，管理工具落后，管理理念陈旧的影响之下，管理效率不高，困扰和制约了学生社团活动的开展和社团文化的建设。比如社团注册、登记程序烦琐，导致学生创建、参与社团和筹划社团活动时花费时间长，不利于培养学生参与社团活动的主动性和积极性；各种活动审批流程复杂，审批周期长，导致学生举办的社团活动时效性不强；社团考核不透明，导致社团管理权威下降；社团活动宣传报道途径少，导致活动影响范围小等等问题。

一方面，新媒体、网络信息技术的广泛应用为社团管理提供了一个良好的平台。依托新媒体技术建立的现代化管理手段的优势是传统社团管理手段所无法比拟的。在新媒体手段的帮助之下，社团管理的信息渠道增多了，社团管理的内容也更丰富多元。通过多平台联动融合优化社团管理体系，形式多样的宣传窗口大大提高了管理信息在学生群体中的覆盖率，具有传播渠道通畅、宣传成本低等优点。社团的管理模式由线下转为线上，促进了社团管理的严格化、规范化。社团注册、登记网络化，可以将社团注册资料和社员资料上传至网络云盘，方便保存和随时提取查看，弥补了纸质资料不完善，不易保存，提取不方便等缺点。社团活动审批网络化，简化了审批流程，使学生更加主动积极地策划各种活动。在筹备社团活动时，由活动负责人将活动相关资料提交至网络管理中心，再由负责老师直接线上审批，大大减少了审批过程中时间和精力。社团考核网络化，使得考核更公平公正、公开透明，考核全程进行网络监督，防止刷票或作弊现象。社团宣传报道网络化，降低了活动的宣发成本，还具有影响范围广、活动形式新颖等特点，弥补了传统宣传方式的局限性等缺点。利用新媒体进行社团宣传，相对降低了人力、物力成本，同时保证了信息的快捷性和及时性。

另一方面，高校新媒体平台的搭建往往是基于学生群体的社交关系或者是固定的社交环境，这些平台的用户黏度相对比较高，信息传播的效果也更为优化。社团管理借助微博、微信等新媒体平台作为辅助的管理和沟通渠道，在网络上发布一系列公告和信息，并用成员们喜闻乐见的形式引导他们主动关注并参与社团管理。在管理的过程中还可以借助信息技术手段潜移默化地传播主流意识形态，将社团民主建设和管理的相关理念和内容以寓教于乐、润物无声的管理艺术推送给社团成员，进而避免成员们心理上产生的抵触和抗拒，弥补传统的社团管理宣传方式刻板、效果不佳等缺点，从而增强社团管理网络建设的有效性。在新媒体手段的帮助下，高校学生社团管理方式得到质的提升，管理模式趋于成熟，管理制度也不断完善，新媒体的使用极大地提高了高校学生社团的管理效率。

3. 拓宽了高校学生社团管理的思路

如今，各种信息技术飞速发展，层出不穷，已经形成了一个巨大的情报网络，它不同于以往任何通信技术和通信工具，拥有信息容量大、资源丰富、传播互动快、覆盖面广、形式多样等特点。发达的网络媒体极大地缩短了交流的时间、空间的距离，为思想的解放提供了更加便捷、高效的新途径。充分运用好这一新途径，有利于鲜活的社团管理新理念、新思想迅速被更多的人所吸收、所掌握、所运用。传统的社团管理体制僵化，导致社团组织松散、活动无序，社团的发展缺乏活力，无法满足学生个性化的发展需要，飞速发展的互联网拓宽了高校社团管理的思路。一方面，高校社团借助网络交流互相学习管理经验，另一方面，也可以借助媒体新闻的报道借鉴各个高校社团管理的优点，使高校学生社团管理在思想碰撞下产生了新的火花。网络媒体的互动效应正积极而有效促进着学生群体的思想解放。社团与社团之间，社团与学校之间，社团与社会之间都可以进行充分的交流。社团的管理部门和指导老师在互联网上学习和借鉴其他高校的建设经验时，也要积极利用网络技术分享自己的管理经验和成果，并在交流的过程中探索高校学生社团管理的新方法，开辟高校学生社团管理的新思维。

第一，新媒体的应用转变了社团管理观念。新媒体承载了大量的信息资源，其中不乏高校学生社团管理方法和建设经验，供各大高校探索和学习。以往的社团管理重经验、轻研究，管理人员在处理社团问题时往往根据经验进行判断和决策，缺乏科学研究的态度，忽视了新形势下学生社团的新发展、新特点。以往的社团管理人员往往是在原有的思维定式框架里思考问题，缺乏社团管理的创新意识和勇气。利用互联网信息资源，社团管理部门和社团负责人可通过网络借鉴其他社团管理经验，了解信息环境下先进的学生社团管理理论，进而优化管理结构，转变传统的僵化管理观念。互联网传播内容的交互性有利于社团管理部门在贯彻新的管理理念过程中，与社会的发展紧密联系，并将学校和社团自身的特点融于管理的过程中，及时解决遇到的新问题。在吸纳新的管理理念的过程中，不断取其精华去其糟粕，拓宽管理思路。

第二，新媒体的应用扩宽了社团管理的途径。社团管理主体一般是校团委或其下设的学生社团联合会，这种单一的管理主体形成了纵向的管理模式和层级管理制度，社团开展各项活动需要向上级管理部门逐级申请，导致了申请战线长、社团活力不足等问题，影响活动的决策和管理效能。而在新媒体背景下，社团发展多元化，这种单一封闭式的社团管理途径已经无法调动社团发展的积极性。如今，高校学生社团可以利用互联网搭建社团网络管理平台，实现管理流程的“去中心化”。学生直接登录社团管理平台，通过平台的筛选功能选择自己所需的服务，并提前在网站上提交申请，这样的管理途径大大缩短了审批时间，减少了人力物力成本，还能实时监控审批流程，使得整个管理过程更加规范、高效。新媒体手段的应用突破传统管理模式的限制，扩宽了社团的管理途径，推动社团管理从“学校本位”向“学生本位”转变，真正实现“以人为本”。

第三，新媒体的应用丰富了社团管理的内容。随着新兴的学生社团不断涌现，各种创新创意类的社团层出不穷，很多学生都被新颖的社团活动所吸引，社团活动的规模不断扩大，社团管理内容也更加丰富。利用互联网查找搜集国外社团管理的研究文献，学习国内外社团成熟的管理模式，并结合自己的特点进行创新，为我国高校学生社团改革提供了启发。比如国外名校的学生社团种类丰富，有浓厚的历史底蕴；管理机构健全，民主化程度高，有丰富的管理经验；活动经费充足，形式多样。总体来看，高校学生社团呈现社会化的发展趋势。通过查找这些资料，可以学习国外优秀社团的管理模式和管理方法，为高校社团管理注入新的发展动力。在管理的过程中不断利用新媒体平台的优势，健全社团管理模式，拓宽社团管理思路，强化社团管理措施，提升社团管理水平，落实科学管理理念，共享社团管理经验，促进高校学生社团管理向科学化、规范化的方向发展。

4. 促进了高校学生社团管理的民主化

社团自主管理是学生社团最本质的特征之一，对学生社会发展的主体性有着显著影响，同时也对校园的长远发展和校园文化创新建设有着重要影响。传统的学校职能部门对社团管理的干预过多，导致社团活力不足，使得社团在长期的强制管理下逐渐失去了自主性和独立性。另外，由于疲于应付职能部门下达的各种任务，社团成员建设社团的积极性也受到影响。伴随着信息技术和新媒体的飞速发展，新媒体手段的应用促进了高校学生社团管理的民主化。一方面互联网思维增强了高校学生社团管理的民主观念，另一方面互联网互动性、及时性强的特点也拓展了民主管理的途径。在新媒体的影响之下，高校学生社团管理民主化的特征逐渐凸显。2020 年 11 月 7 日，山西师范大学在巨人广场举行第二十一届社团校园文化节开幕仪式。各学生社团百花齐放，各展风采，乐器演奏、街舞表演、吉他弹唱和配乐朗诵等特色节目精彩纷呈，为同学们带来了一场文化盛宴，展现了各社团民主化管理的丰硕成果。

高校学生社团民主管理的观念加强。这种统一管理在一段时期内发挥了较大的管理优势，取得了一定的成效。但随着社会的飞速发展，高校社团形态向多元化、复杂化发展，社团的规模也不断扩大，传统管理模式的弊端就显现出来，即管理人员不足，无法满足日益庞大的高校社团队伍；上下沟通不畅，无法兼顾多元发展的社团；指导力度不够，无法满足社团的多样化发展需要。学生社团深受时代发展的影响，一直处于一个动态发展的过程。高校学生日常生活也与各种新媒体技术息息相关，其思维深受互联网发展的影响。社团成员追求平等与尊重，思维开阔，自我意识强，乐于接受挑战，反感传统的教条，具有鲜明的时代特征。在新媒体手段的影响之下，高校学生社团的民主观念和自我管理意识增强，社团管理模式由自上而下转变为自下而上，由单一的管理主体向民主管理转变。

高校学生社团民主管理的方式增多。传统的社团管理方式往往是封闭式的内部管理，管理方式较为呆板，长期以来依靠简单的行政命令传达活动要求，社团需要按照指令开展活动，社团缺乏必要的自主权，长此以往会降低社团参与学校活动的积极性，不配合学校活动，或是造成个别学生干部投机取巧。在信息飞速发展的时代，这种简单低效的管理方式已经无法调动社学生自主管理和自主举办社团活动的积极性，在一定程度上限制了社团的发展。在互联网思维的影响下，学生的民主意识增强，多样化的管理途径成为促进社团个性化发展的工具，实现了线上辅助和线下管理相结合。比如利用新媒体为社团成员搭建起民主平等交流的管理平台，在虚拟的网络空间中，大学生通过各个手机 App 等社交软件沟通交流，卸下思想负担，畅所欲言，充分发挥学生的主体地位，民主平等地表达自己的观点和看法，为社团的管理和发展建言献策，由社团自主决定发展路径，平等协商管理。民主管理的途径增多使管理部门权力下放，转变职能，由以往的管理者、决策者转变为学生社团发展的促进者、监督者，并以发展的眼光看待大学生群体的变化。多元的管理途径提升社团成员的参与度和责任感，增强社团向心力。

5. 扩展了高校学生社团自我管理的手段

长期以来，高校学生社团都是一种从上至下的管理结构，导致社团的管理层面缺乏与学生的交流、沟通，不了解学生社团的发展诉求，社团的多元化发展与僵化的管理模式产生了矛盾，往往会出现包揽或是管理不善等情况。这种管理模式从管理理念到态度都排斥学生的主动参与，导致社团自我管理进程发展缓慢。高校学生社团在培养大学生个体的全面发展、促进大学生社会化过程中发挥着不可替代的重要作用。在新媒体这个时代大背景之下，社会对大学生的要求和学生自己的发展需求都呈多样化的发展态势，高校学生追求民主、平等和自由，新媒体也为学生自我服务、自我管理、自我监督搭建起了良好的平台。充分利用现代信息技术，既为高校学生社团管理提供了多样的管理工具，同时也是高校学生社团实现自我管理的时代要求。

第一，营造自我管理的氛围，吸引学生参与。网络成为学生自由发表言论的平台，给予了学生参与社团管理的时间和空间。新媒体的语言表达方式更加灵活、生动、接地气，更具有吸引力。在社团管理的过程中，新媒体的互动性、分享性营造出了轻松愉快的社团氛围，成员们平等交流，共同决策，充分发表自己的意见，自主决定社团的发展路径，不受权威思想局限。利用互联网营造出平等、和谐的参与氛围，在社团管理的过程中，打消了学生的种种顾虑。

第二，提供自我管理的途径，方便学生参与。新媒体具有操作简便、传播范围广、传播速度快等特点，互联网平台为学生营造多向交互的管理空间，提供了吸引学生参与的管理形式，丰富了学生社团自我管理的途径。如 QQ、微信、百度贴吧、微博等社交软件，促进了社团成员之间的有效沟通，成员之间互相加深了解。在社团决策时，社团成员可以在这些软件上充分发表自己的意见，增强成员的团队凝聚力和认同感；还可以利用微信公众号、小程序等平台的投票管理功能，随时随地监督社团的管理和决策，保证决策的民主性和公平性。充分利用短视频平台或微信二维码功能，敞开心扉，增强社团感召力。随着社团民主管理的途径增多，充分激发了学生参与社团日常事务的主观能动性，丰富了社团成员的人际交往模式。每个成员都可以是信息的来源和补充力量，在社团管理的过程中，每个成员都具有同等的参与权和发言权。

（二）新媒体给高校学生社团管理带来的挑战

新媒体背景下，高校学生社团的发展面临着新情况。高校学生社团的发展也呈现出网络化、开放化、多元化的态势，这就与社团管理理念狭隘、模式僵化、管理机制不足产生了矛盾。新媒体手段与高校学生社团管理的整合是强调以社团管理为中心，信息技术服务于学生社团管理，是为了取得更好的管理效果，而有些社团为了“追时髦”和迎合社团管理改革的潮流，把利用信息技术作为社团管理的目标，绞尽脑汁地把信息技术运用到社团管理的各个环节，不利于贯彻“以人为本”的社团管理理念，结果只能是本末倒置。因此，只有站在信息化时代背景的角度，认真研究高校学生社团发展的特点和所面临的挑战，积极研究切实可行的对策，才能解决高校社团发展面临的新问题。

1. 传统的社团管理理念受到冲击

目前高校大多以校团委作为主要的社团管理部门，并且设立学生社团联合会对学生社团进行更为具体的管理，通过社团联合会服务指导各社团的发展。传统的社团管理理念、各种管理制度在长期发展下比较完善，在一段时间内发挥了较大的管理优势，取得了一定的成效，具有不可替代的重要作用。在传统的社团管理理念的指导之下，高校社团向着规范化的方向发展。在传统的管理模式的影响之下，高校社团的功能也趋于完善，比如思想教育功能，即高校社团逐渐成为开展思想政治教育工作的重要阵地；社会服务功能，即社团作为非营利性的非正式组织，本身就具备了社会服务功能；育人功能，即学生在参与社团管理和社团活动的过程中不断地锻炼和培养自己的各方面技能，提高自身的综合素质，并在参与管理的过程中形成符合社会发展的价值理念。学生社团是对大学生进行思想政治教育的主要阵地之一，各大高校为了加强对社团管理工作的引导和把握，促进社团的规范化发展，对社团的准入、日常活动的审批、财务管理、社团负责人换届等都有着严格的规章制度。

随着新媒体时代的到来，传统的社团管理理念受到冲击。高校学生社团采取的包办式管理、严控式管理模式增强了学生社团管理的规范性，同时也限制了社团自主发展、自我管理的张力。一方面，高校学生社团的自发性使得社团管理具有自我服务、自我管理、自我监督的特点，这就要求学校要为社团的自主发展提供较大的空间，但如果学校的管理规范过弱，就会导致社团散漫，运转不畅等问题。另一方面，高校要加强对学生的引导，维持学校安全稳定，并在日常的社团管理中融入思想政治教育，这就要求社团管理层要深入学生生活，监管和引导学生群体的方方面面，但如果管理的约束力过强，就会导致社团发展缺乏想象力、创造力；管理干预过多，影响社团的健康发展，束缚了学生的手脚，没有重视学生的主体地位，限制学生民主思想的发展，剥夺了大学生自我管理的权利。管理理念封闭，容易导致大学生生活枯燥，校园氛围压抑，不利于健康校园文化的建设。在这样的新形势背景下，如果没有意识到学生和学生社团的新变化，没有意识到以往的管理理念的局限性，没有对管理过程中产生的问题进行科学的分析，社团的发展就会面临停滞不前，封闭僵化的困境。

从学校的育人角度来看，如何从宏观上把握住高校学生社团这个文化传播阵地，如何在管理的过程中综合考量学生多方面的发展需求，如何利用新媒体的特性来促进立德树人根本任务的实现，培养学生的自主精神和独立品格等都成为在社团管理上亟待解决的问题。从社团的管理部门来看，虽然现在高校已经有了体系化的社团管理规章制度和开展各项社团工作、社团活动的规定，社团考核评定办法等，但由于社团的管理理念滞后，并未意识到社团活动在学生发展过程中发挥的独特作用。在新形势下，高校学生社团管理部门只有综合分析社会发展的形势和社团未来的发展目标，做出准确判断，创新工作内容和形式才能满足学生的发展需求。如何科学地使用新媒体，并使之服务于社团管理，利用新媒体手段加强管理体系建设，明确管理人员职责，强化对社团负责人的教育和培训，完善监督机制，都是社团管理部门所面临的挑战。从管理者来看，存在社团负责人新媒体管理经验不足，在处理社团问题时往往根据经验判断，对待社团没有明确定位的问题，长此以往社团面临着丧失活力的危机；从社团成员的角度来看，大学生的个体意识增强，深受互联网思维的影响，高校学生产生了强烈的主人翁意识，要求自主管理社团事务，渴望参与社团的管理和决策，并在参与社团管理的过程中不断表现自我，提升自我，完善自我，这与社团的集体意识产生了冲突。如何实现自我管理，促进社团的良性发展，也是每一个社团成员面临的挑战。

在信息化这个时代大背景之下，传统的社团管理理念必须结合学生的发展的个体需要和时代特点，转变原有的呆板的管理理念，面对社团发展的新挑战，与时俱进，推陈出新，积极探索新时期的社团发展模式。

2. 对管理者的媒介素养提出了更高的要求

媒介素养是指在信息高速发展的时代，人们面对林林总总的媒介信息所表现出来的对信息的理解、应用和批判等能力的总和。详细包含以下几个方面：一是接受媒介产品的使用，掌握比较基础的媒介概念，对新媒体传播途径有一个较为基础的了解，能够根据具体的需要来选择新媒体工具，方便快捷地获得所需的网络资源或信息；二是能够对信息所传递的价值观好坏进行区分，把握媒介信息的价值，以及是否违反法律和伦理道德，能够独立、批判性地分析和使用媒介信息；三是如何使用媒介来创造和传播新信息；四是了解如何使用大众传媒发展自己。伴随着互联网的飞速发展，各种科技手段和平台快速更新，新媒体已经渗透到学生生活的各个领域。大学生群体轻松活泼，富有朝气，对各种新鲜事物都很好奇，接受新事物的能力也很强，他们是新媒体的主要用户群体之一。充分利用现代信息技术，是社团发展的时代要求，各种社团活动借助一定的新媒体手段、工具展开。可以说，不断地把新媒体发展过程中产生的新设备、新技术运用于社团管理中，是社团进步的重要动力，是社团育人作用不断提高的重要保证。每一项新技术的出现都为社团活动提供了新的发展空间。为了适应学生社团管理的发展趋势，社团管理人员需要具备新媒介素养。运用互联网思维和媒介提高社团管理水平，促进社团自我发展和学生个体的全面发展，抓住各种新媒体手段为学生社团建设和管理带来的新机遇，在提高学生社团影响力的同时促进社团的可持续发展。

（1）对社团指导教师的媒介素养提出了更高的要求。社团指导老师是社团发展的引航者和监督者，但由于指导老师自身的时间、年龄、精力等条件都是有限的，他们并不能准确把握学生们热衷的新媒体的各种使用方法和手段，无法及时地关注和把握各种信息技术的发展状况，掌握最新的新媒体理念和技术、提升自身的媒介素养。在新媒体环境下，指导教师要与时俱进，不断掌握新技术和互联网调控能力，这就要通过开展相关技能培训，强化他们的互联网意识，培养他们对媒体信息的辨识能力，通过培养他们对媒体资源的协调、组织和整合能力来提高指导老师的媒介素养。一是要对指导教师进行理论培训。通过各种新媒体理论教育使指导老师理解先进的新媒体管理理念，并在掌握基本的理念后逐渐认可信息环境下先进的技术手段，转变传统的社团管理观念，使学生社团管理向专业化、科学化的方向发展。二是要对指导老师进行信息技术培训。在充分、全面地认识新媒体的基础之上，引导指导老师要主动学习并掌握新媒体手段的性能和使用方法，熟悉现代化管理手段操作的基本技术要求，并将之恰当组合、合理运用，以保证在社团管理中能够顺利运行。针对目前大多数指导教师信息能力不强的现状，学校要制定切实可行的培训计划，为指导老师创造更多的学习机会，把培训工作落到实处。

（2）对社团管理部门的媒介素养提出了更高的要求。在新媒体的飞速发展的新形势下，高校新媒体工作应该抓住时代的机遇，积极地把现代信息技术运用于社团管理的方方面面。高校社团管理部门主要是团委以及其下设的职能部门，新媒体手段的运用有助于团委强化其组织领导职能，重新认识大学生课外活动和社团活动的地位和作用，并转变固有的管理观念，加强信息技术硬件设施的建设。社团管理部门要用发展的眼光看待新媒体技术的应用，强化组织领导职能，不断提高自身的媒介素养，为学生社团提供完善的服务和组织领导，从而加快数字化校园文化的建设，构建新媒体与社团管理良好的整合模式。不仅如此，这些学生社团管理职能部门应该从宏观上规划社团的发展方向，要从学生社团的实际出发，进行系统化的设计，努力挖掘新媒体手段的使用价值，积极促进各种手段之间的协同互补，为学生的社团管理工作提供有力的保障，最终使社团管理体系整体协调发展。此外，还可以通过构建网络社团、举办各种社团活动等来培养新媒体学生技术人员，创建学生社团新媒体培训中心，推动社团中传统媒体与新媒体的融合发展，引导学生主动开展积极向上的校园文化的建设。

3. 增加了学生社团管理的工作内容

随着各种信息技术在人们生活中的应用越来越广泛，学生社团也在多种信息技术的影响之下蓬勃发展，如今社团已经成了数量多、种类繁，规模大的学生群体。学生社团具有开放性、多样性的特点，社团管理也已经从校园生活延伸到社会中的各个领域。新媒体成了影响学生社团发展的双刃剑，网络为学生搭建了第二生活空间，同时也延伸了社团管理的工作领域。一方面，新媒体的运用为社团发展带来了前所未有的契机，丰富了社团管理的内容和途径，也为促进社团的发展、社团活动的开展提供了新思路。另一方面，由于新媒体平台数量庞杂，各个学生社团的基本情况、特点、发展需求也都各不相同，如果缺乏科学的管理，新媒体平台甚至会阻碍学生社团规范化发展。因此，新媒体的使用也使学生社团管理的工作内容大大增多。比如，知识产权纠纷的协调，要求社团管理科学透明；学生社团网络舆情的处置，要求加强网络舆论的监管。学生社团活动网络平台的开发，要求强化其服务职能、引导职能、管理职能。在新形势的影响之下，学生社团管理的工作重心下移，深入社团中，内容增多，其范围延伸到社团的方方面面。

（1）知识产权纠纷的协调

信息技术的多样性、便捷性深受学生们的欢迎，同时也为社团活动开辟出新天地，各种依托新媒体平台建设的学术型、专业型社团如雨后春笋般涌现，比如机器人社团、编程社团、数学建模社团等。这些依托学术、专业建立起来的社团深受学生的欢迎，在学生群体中有很强的吸引力，这类社团的数量也在各大高校都占有相当大的比例。这类社团的特殊性、专业性也使高校学生社团管理面临着新的挑战，其中知识产权纠纷的协调就需要在管理过程中尤为注意。一是社团内知识产权纠纷的协调。学术型社团、专业性社团这两类社团与信息技术息息相关，很多社团活动都是在指导老师的带领之下，设计制作实验性科研活动，参加各种科技创新大赛，发表科研成果，并将这些科研成果转化为知识产权。科学实验工具智能化、虚拟化，极大地节约了实验成本，还使得科学研究的成果能迅速地得以传播和利用，深受社团成员的欢迎，但同时科研成果的共享性也容易导致社团内部成员产生知识产权纠纷，长此以往社团内部人心涣散，不利于社团的良性发展。二是社团知识产权被别人窃取时的协调。互联网的开放性、共享性使得人人都成为信息资源的创造者和传播者，在信息共享的过程中难免会出现知识被别人窃取的情况。如一些社团利用网络搜索相关资料，查阅各种资料来完成工作，甚至直接挪用了别的社团的知识成果。这样一味地抄袭导致社团成员独立思考的能力下降，长此以往不光是弱化了自主思维能力，还产生了网络依赖性，不利于社团的可持续发展。因此，新媒体手段的广泛使用也在一定程度上加大了社团管理的难度，增加了社团管理的内容，在保护成员知识产权、协调知识产权的纠纷等方面临着新的挑战。因此，高校学生社团管理部门和社团负责人也要完善监管机制，不断提高社团管理水平，防止社团成员的知识成果被别人窃取，也防止社团内部人员为了完成任务窃取别人的劳动成果。

（2）学生社团网络舆情的处置

互联网为学生带来了开放的资讯环境，并由以往点对点的传播转变为分散性的传播，信息传播范围广、内容新、速度快。学生作为使用互联网的主力军，思维敏捷，乐于接受互联网上传播的新观点，同时也积极地表达自己的看法。互联网在影响人们生活方式的同时，也深刻影响着学生思维方式和学生社团的网络舆情。网络舆情是指在网络上流行的，对现实生活中的一些热点、焦点问题具有较强影响力和倾向性的观点和意见。它以互联网为传播的载体，以具体的事件为传播的内容，将广大网民对该事件的态度、观点、意见整合起来，最终形成的一种舆论导向。由互联网为诱因生发出来的大量社会性互动、聚会和某种意义的自发性结社行为对我们现有的校园社会框架不可避免地蕴含着一种解构性的威胁[①]。互联网信息鱼龙混杂，纷繁复杂的网络环境中既有积极正面的网络舆情，也有消极落后的网络舆情，这对学生社团的管理工作提出了新挑战。

对学生社团网络舆情的正确引导方式主要有几方面：一是通过培训提高学生辨别各种网络信息的能力。学生往往以信息化的方式表达自己的看法，如利用论坛、微博、贴吧、博客等各种社交平台发表自己的观点。但由于学生处于情感态度价值观发展的关键时期，成长尚未定型，心智发展也未成熟，无法对网络舆论进行准确辨别，极易受到消极舆论的影响。同时，大学生的网络道德意识相对淡薄，容易盲目追逐大众的思想观念，更需要加强引导。如今，社团成员缺乏网络舆论引导教育和网络普法教育，网络监管技术手段也不到位，新媒体成为虚假舆论的放大器，其互动性导致舆论引导难以控制。如何通过培训提高学生辨别各种网络信息的能力，营造积极乐观的网络舆论氛围，增强学生对于复杂化的网络舆论判断的准确度，这些都对管理部门的舆论引导水平提出了更高的要求。二是提高社团管理人员的舆论控制能力。高校管理部门在接受新事物方面跟不上学生的脚步，无法深入了解学生群体中流行的观点、看法，与学生的思想产生代沟，导致舆论引导相对滞后，缺乏有力的网络监管手段，影响范围较小，社团成员的接受程度十分有限，最终致使社团管理与学生实际生活脱节。如果引导不善，负面的网络舆情将会误导学生的思想。因此，对于负面的网络舆情，则需要有关部门及时妥善地控制，化解网络舆情带来的危机，那如何引导学生共同营造文明健康的舆情氛围就成为社团管理所面临的一个重要挑战。在管理过程中，要加强对社团管理人员的新媒体运营操作培训，并安排专门的负责人来监控网络舆情，防患于未然。同时，利用现代信息技术来搜集、整理高校学生社团网络舆情，分析学生的情感、观

① 万新恒. 信息化校园：大学的革命［M］. 北京：北京大学出版社，2000：71.

点、态度、立场等等，制定处理网络舆情突发事件的紧急预案，引导舆情向正确的方向发展。

（3）学生社团活动网络平台的开发

在信息技术迅猛发展的时代大背景之下，以计算机和网络为核心的新媒体深入学生的生活，对学生个体的发展和社会的进步都带来了深远的影响。新媒体的虚拟性、开放性，打破固有的传统社团时空观，使社团活动的内容不受时间、地域的局限，将传统的社团活动延伸至家庭和社会的方方面面。传统的社团活动存在活动方式不够鲜活和活动内容不够丰富等缺点，与如今开放多元的校园文化不符，容易使学生感到枯燥和乏味，在一定程度上制约了社团的发展。新媒体的传播渠道多样化，为社团活动提供了丰富的信息资源，同时也丰富了学生社团管理的内容，为社团活动的成功开展创造了良好的条件，也为社团活动的发展和改革提供了物质基础。随着新媒体手段在高校学生社团中的应用增多，为了促进学生社团活动的开展，提高社团的管理效率，学生社团活动网络平台，比如信息管理平台、活动服务平台等也积极地搭建了起来，逐渐形成了由政府、社会、学校、家庭和社团管理人员组成“五维立体式”新媒体社团管理平台，这种综合性平台的建立为高校社团活动可持续发展壮大提供了舞台。由此可见，学生社团活动网络平台的开发一方面为社团活动的开展提供了便利，另一方面也增加了社团管理的内容，对社团的管理人员提出了更高的要求。

在这种新形势的影响之下，社团管理部门和管理人员必须充分认识到现代信息技术在学生社团管理和社团活动中发挥的巨大作用，积极开发学生社团网络管理平台，加强对学生社团活动平台的监管，指派专门的指导老师负责平台管理内容，并通过互联网对社团活动的各个方面制作量化的信息库和评价体系，这大大增加了管理部门的工作内容。首先，管理部门要推进社区信息管理平台建设，依托信息化手段来建立和管理学生社团网络平台，促进社团活动向着业务流程标准化、服务信息整合化的方向发展。其次，社团管理部门依托信息技术为广大学生社团搭建提供服务的平台，大力开展与其他院校社团的交流与合作，与专业社团、专业机构搭建桥梁，并在新媒体手段的辅助之下，将各种社团活动从线下延伸至线上，从校内延伸至社会各个领域，最终实现学生社团之间的资源共享、整合和联动，实现团委、社联、学生社团之间社团管理信息的互联、互通、互动，使得社团的管理信息及时、充分地共享。最后，管理部门要提升监管水平和服务能力，使信息化管理平台成为加强学生社团监管工作的有力工具。在新媒体背景下管理人员只有不断进行创新才能适应不断变化的新形势，才能使高校社团活动和社团管理在整体上得到丰富和提升。利用新媒体平台实时监管各种社团活动，使学生在参与社团活动的过程中形成良性的竞争氛围，推动良好校园文化建设。

4. 加大了学生社团自我管理的难度

高校学生社团是学生自我塑造、自我管理、自我服务的有效组织，学生可根据自己的兴趣、爱好、特长自由选择社团，在这个大舞台上不断地完善自我。[①] 高校学生社团管理在校园文化建设、学生素质发展和学校隐性管理中都发挥着重要而积极的作用。新媒体传播方式的高效与多元为高校社团自我管理提供了新途径、新方法，但同时也对学生社团自我管理提出了新的要求。

（1）增加了学生社团自我管理的内容

在学生社团的管理工作中，社团的注册、登记、管理人员变更、注销等一系列管理需要信息的传递，如果要举办社团活动也要提前策划、审批场地，布置现场、审核预算。随着社团数量增加，学生社团参加人数也急剧增多，社团规模不断扩大，学生社

---

① 薛岳．高校学生社团建设与管理探索［J］．教育，2010（23）：58.

团自我管理的内容也不断增多，传统的学生社团管理方式和手段出现了各种问题。在这样的形势下，便捷的信息化管理方式为学生社团自我管理带来了新的生机，但同时由于新媒体手段的多样化、内容的多元化，也在一定程度上加重了学生社团自我管理的负担。如在新媒体传播方式的影响下，负面信息传播范围广、传播速度快，这就要求社团在自我管理的过程中还要监督舆论导向，除了社团日常事务的管理还对网络空间进行管理，而网络空间的分散性、虚拟性增加了学生社团自我管理的难度和内容。在新媒体传播方式的影响下，学生社团自我管理监控力度缺失、管理内容增多、管理流程复杂，都成为学生社团自我管理所面临的挑战。

（2）转变了学生自我管理的态度

在新媒体大环境下，人们的价值观念和需求呈现多元化的发展趋势，学生在参与社团自我管理的过程中，往往会有自己的想法，对于社团未来的发展方向也持不同的观点和态度，社团自我管理也在这个新形势下出现了新情况。社团作为学生自发组织起来的非正式组织，社团管理、社团活动的主体都是学生，其内部的运营、管理，活动的筹备、组织和开展也都依靠社团成员自主进行，社团成员的自我管理、自我服务、自我教育的意识都在此过程中得到了提高，社团的管理也具有较强的自治性。因此，自我管理成为高校学生社团管理的主要方式之一。新媒体在社团自我管理中的广泛应用一方面为社团成员的自我管理提供了途径，另一方面也转变了成员参与社团管理的态度。新媒体的普遍应用在促进了信息的高效传播的同时也使学生群体的思想观念发生转变，加大了社团自我管理的难度。在网络时代，大学生群体充满激情，富有创造力，群体的多样性和特殊性使他们与社会的信息互动不断增强，因此大学生群体容易受社会上的功利主义思想影响，在参与社团管理的过程中往往只关注社团活动给自己带来的能力和竞争优势上的提升，缺乏社团建设的奉献精神和主动参与社团事务管理的意识，同时也降低了社团干部的权威性和主导性。如何调节好社团干部管理的主导性与社团成员主体性的冲突，使社团成员在社团自我管理的过程中充分施展才华、锻炼能力，发挥自身的主观能动性，也成为社团自我管理急需解决的问题。

第五章　新媒体背景下优化高校学生社团管理的策略

【摘要】高校学生社团建设是高校学生管理工作和意识形态工作的重要内容。新媒体背景下，高校学生社团管理如何面对新形势，适应新要求，创新发展提升质量？这就须从确立管理原则、提升社团管理路径等方面创新高校学生社团管理的策略。新媒体背景下要坚持方向性、导向性、规范化、科学化、协调各方、教育与管理相结合、理论和实践相结合等学生社团管理的原则。要从提升高校师生员工的媒体素养，健全适应新媒体要求的学生社团管理制度体系，建立适应新媒体要求的学生社团管理组织机构，建立适应新媒体要求的学生社团管理工作机制，建立适应新媒体要求的学生社团管理保障机制等方面创新新媒体背景下高校学生社团管理的路径。

当今世界正处于信息技术快速发展的时代，以数据为核心的信息技术渗透到人们生活中，给社会各个领域都带来了深远的影响。在学生社团管理的过程中也需要探索新的策略来应对新媒体所带来的变化，积极探索新媒体背景下高校学生社团管理新模式，把以计算机和互联网为核心的信息技术全面运用于学生社团管理中，并将这些技术作为优化社团管理的监督工具和管理工具，综合运用各种新媒体平台的资源，使各种信息技术在相互融合与整体优化的基础上形成合力，优化传统的学生社团管理方式，探讨新媒体与学生社团管理的整合模式，优化学生社团的管理策略，提高管理效率。

一、新媒体背景下高校学生社团管理的优化原则

新媒体背景下高校学生社团管理原则是指在信息技术突飞猛进的时代发展趋势之下，高校学生社团管理部门、指导老师、社团负责人和社团成员以思想政治教育的原理和规则为指导，在社团管理过程中必须遵守的准则，它贯穿于社团管理的全过程，是在新媒体背景下促进高校社团管理向科学化、专业化发展的重要理论依据。主要包含方向性原则、导向性原则、规范化原则、科学化原则、协调各方原则、教育与管理相结合原则和理论联系实际原则。

（一）方向性原则

我国是社会主义国家，马克思主义始终是我们党和国家的指导思想，是我们认识世界、把握规律、追求真理、改造世界的强大思想武器。大学校园是培养社会主义建设者和接班人的场所，这就要求校园文化的构建应该把坚持正确的政治方向放在第一位，要以建设革命文化、社会主义先进文化和中华优秀传统文化为主体，构建健康、生动、先进的校园文化。在新媒体背景下，高校社团管理必须坚持方向性原则，就是指在学生社团的管理过程中必须坚持以马列主义、毛泽东思想、邓小平理论、“三个代表”重要思想、科学发展观和习近平新时代中国特色社会主义思想为指导，坚定先进文化发展方向，保证高校学生社团在新媒体环境下能够健康、可持续地发展。

1. 在新媒体背景下，高校学生社团管理要坚持正确的思想政

治方向。大学生正处于身体和心理成长的关键时期，他们的身心正在向成熟阶段过渡，世界观、人生观和价值观尚未完全成熟。站在迷茫的十字路口，如果没有正确的思想政治方向来指引他们前行，他们的心理健康和自身发展就会受到不良因素的影响。高校学生社团在校园文化的建设中具有特殊的地位和作用，也是提高学生思想政治修养的重要渠道，因此，应高度重视高校社团对学生的熏陶作用。在社团管理的过程中，要充分发挥其育人功能，利用新媒体手段的信息分类和信息筛选功能来过滤不良信息和低俗信息，努力净化校园环境，坚决抵制消极、腐朽思想的渗透和影响，抑制低级文化趣味和非理性主义倾向，依托各种新媒体平台和信息技术宣传优秀文化，引导校园文化氛围向健康、高雅的方向发展。在新媒体环境下，高校学生社团管理要坚持正确的政治方向，社团活动和社团管理都要从始至终坚持党的教育方针，体现中国特色社会主义文化的基本属性，秉持立德树人的思想理念，弘扬社会正能量，在社团建设中充分发挥优秀学生的榜样作用和引领作用。

2. 在新媒体背景下，高校学生社团管理要坚持用马克思主义立场和方法分析和解决问题。在社团管理的过程中，要积极利用各种学生感兴趣的新媒体平台，引领先进的校园文化，为促进学生的成长和成才创造良好的环境和条件。要把习近平新时代中国特色社会主义思想贯穿于校园文化建设全过程，使学生坚定中国特色社会主义共同理想，唤醒大学生的时代主人翁意识，引导他们积极投身于实现中华民族伟大复兴的事业。值得注意的是，高校学生社团建设具有开放性、适应性的特点，社团管理部门和社团负责人要深入学生的基本生活、深入了解学生的实际发展需求，在实践中探索科学的社团管理模式，一起带领学生社团不断进步，不断超越自我。此外，还可以通过校园文化活动这种轻松愉快、学生喜闻乐见的形式，来深入浅出地做好马克思主义的宣传教育工作，积极引导学生在活动的过程中从不同的角度分析、讨论问题，在社团管理活动中潜移默化地丰富学生的理论知识、提高学生的思想认识，把新时代大学生培养成为社会主义事业的合格建设者和可靠接班人。

（二）导向性原则

社团管理成为校园文化的重要组成部分，对学生具有“随风潜入夜，润物细无声”的影响作用。高校学生社团是对学生进行德育教育的重要阵地，对学生进行思想政治教育需要在掌握学生思想现状和实际需要的前提下，通过学生感兴趣的宣传途径，使社会主义核心价值观根植于青年学生心中，最终真正认同并践行社会主义核心价值观。依托各种新媒体平台和新兴信息技术手段，高校社团管理日趋科学化、专业化。在新媒体手段的帮助下形成的良好的高校社团管理模式不仅可以促进学生个体的健康成长，提高学生的文化水平和综合素质，更在管理的过程中丰富了校园文化的内容，学校的物质文化、精神文化、制度文化和活动文化都深受新媒体的影响。在新媒体背景下，高校学生社团管理要坚持正确的价值导向、理论导向和行为导向，要善于在管理的过程中运用马克思主义理论武装校园文化，引导学生的价值观念、行为规范和人格建构，使他们朝着积极向上的方向发展，并与我们当前所倡导的中国特色社会主义先进文化保持一致。

1. 要充分发挥社团管理对大学生价值理念的塑造作用。学生的价值观念正在形成的过程中，具有不稳定性，加之学生的生理、心理发展不成熟，尚未真正踏入社会，缺乏理性辨别的能力，容易受到各种思想的影响。在社会转型发展阶段，价值观的多元化趋势迫使大学生面临如何选择主导价值观的困惑。受新媒体便捷、迅速等传播特点的影响，各种价值观念传入我国，各种思想在交流与传播的过程中不断融合发展，比如主流的意识形态和非主流意识形态不断碰撞，积极向上的文化和消极落后的文化相互交融。同时，西方敌对势力也在尝试着通过各种新媒体传播方式和渠道来宣传其价值理念和意识形态，其中腐朽、消极的思想也会对学生的思想观念和价值判断带来不良的影响，造成少数大学生缺乏道德判断能力、价值取向低下、放纵自己和自由意识泛滥等问题，如果不加以管束和限制，最终将会导致学生价值观畸形、道德信仰迷失。在新媒体背景下，高校学生社团的建设与管理要合理利用各种新兴途径来引导大学生群体树立正确的价值观。高校社团管理部门、指导教师应该引导学生坚持正确的价值导向，利用各种新媒体手段和平台大力弘扬宣传社会主义先进文化，坚持主流意识形态的引导，坚持先进文化的主导地位，并在管理的过程中营造积极向上、奋发图强的校园氛围。引导学生在参与社团建设的过程中不断筑牢社会主义核心价值观，并在参与社团管理的过程中将社会主义核心价值观潜移默化为自己的价值追求，形成正确的世界观、人生观和价值观，自觉抵制各种低俗、腐朽思想的侵蚀。

2. 要充分发挥社团管理对大学生行为规范的导向功能。思想是行动的先导，行动是思想的体现。学生社团组织具有强大的导向作用、凝聚作用，是学生社会化的重要环境条件之一。在社团管理和建设的过程中，学生一方面可以学习到各种知识和技能，另一方面还能形成良好的待人接物的行为规范。在社团管理的过程中，要引导学生亲身参与到社团管理之中，正确认识和处理自我与他人、个体与整体的关系，以实事求是、积极认真的工作态度处理社团建设的大小事宜。依托多样的新媒体平台，调动学生参与社团管理的积极性和主动性，通过教育宣传、舆论引导、榜样引领等方式使社会主义核心价值观内化于心、外化为行。学生参与社团管理活动，可以让学生意识到自己在社团建设中的巨大作用、在校园文化建设者中的重要使命，深刻理解社会主义核心价值观对个体行为规范所提出的要求，引导学生社团朝着积极进取、奋发向上的方向发展。

3. 要充分发挥高校学生社团管理在大学生人格建构方面的导向功能。因为人格并不是先天形成的，而是后天在不断的社会实践中获取的，人格是一种个人的特质结构，它具有内在的统一性和相对稳定性，不会随意在外界的影响下改变，因此，我们说人格本质上就是思想和行为的总和。在信息技术飞速发展这一时代背景之下，社团管理要把握时代特点，结合大学生的思想实际，构建进取性、协调性和创造性人格，充分发挥社团管理在大学生人格建构方面的导向功能。比如通过优化管理制度建设加强学生的制度规范意识；通过各种社团实践活动增强学生的责任意识；通过社团自我管理加强学生的民主意识；通过新媒体与社团管理模式的融合培养学生的创新意识；在健康文明的社团建设中，唤起学生的主人公意识，让学生的多种才能得到合理发挥，使学生在社团管理过程中形成多种优良品格，促进学生的全面发展。

（三）规范化原则

高校学生社团是由学生自己组织再向上级审批部门申请后自发建立起来的组织，共同的兴趣爱好或发展目标将社团的成员紧紧聚集在一起，社团的发展目标、管理章程、活动策划等都是由成员自主决定的，因此，高校学生社团具有性质类别多样、活动形式灵活等特点。随着高校学生社团的蓬勃发展，社团数量增多，规模扩大，类型也更加丰富多样，学生社团的管理工作也面临着新的挑战。在信息技术飞速发展的时代背景下，依托新媒体技术使社团管理工作更加方便、高效、灵活，更能为学生所接受。虽然新媒体在一定程度上能够促进社团管理专业化、科学化，为大家构建一个灵活开放的环境，但新媒体在没有筛选的情况下提供各式各样的内容，而高校在管理过程中不根据学生社团的特点制定相应的社团管理规则，放任学生社团随意发展，就会导致社团管理散漫，资源浪费等问题。因此，新媒体背景下的高校学生社团管理需要积极探索，利用新媒体整合优化社团管理的模式，发挥新媒体手段的最大优势，引导社团管理朝着规范化的方向发展。

1. 坚持高校学生社团管理制度规范化。高校学生社团作为人数众多、规模庞大的组织，社团管理必须科学规范、有章可循。“没有规矩不成方圆”，如果学生社团的管理很松散，就会导致社团成员参与度不高、自由散漫等问题，不利于社团自身的发展，也不利于良好校园文化的建设。因此，必须坚持社团管理制度规范化，积极探索科学的社团管理机制。随着新媒体手段在社团建设中的广泛应用，各种网络平台的搭建、网络工具的使用都要契合社团特点。如果一个社团缺乏对社团性质、活动定位的系统研究，不根据自身发展的实际需求和社团本身的特点来建立适合自己的科学、合理、高效的服务管理制度，就会产生为了协调活动组织工作而抹杀社团的自身特色等问题。高校学生社团的管理与建设必须在了解自身发展愿景的前提下，根据社团自身特色，建立一套规范、恰当的管理制度，使社团运行机制发挥最佳效益，从而将社团的发展提升到一个新的高度。第一，社团管理部门要明确社团管理的规范要求，并制定管理细则，确保各级管理人员规范化地执行工作，社团的审批成立、管理人员的换届、各种活动的举办都必须严格规范管理。同时，社团资源的整合、资金的规划、场地的分配都需要社团所挂靠的指导学院与指导教师按照管理制度来统一协调。第二，社团信息的发布要符合社团管理的基本流程和规范要求，按照客观规律和实际要求指导社团建设，切忌盲目性与随意性，发布社团信息也要严格按照规定的流程和要求执行。第三，要积极探索促进社团发展的管理模式，改善和规范高校学生社团新媒体的管理体系，在运用新媒体进行社团管理时，围绕学生社团进行综合协调工作，对各项管理工作加强监督，并对社团成员进行规范化培训。

2. 坚持高校学生社团管理指导规范化。学生社团作为学校的组织，离不开学校的管理，需要社团所挂靠的管理部门和指导老师对其进行有效监管和引导。第一，各种新媒体手段广泛应用于高校社团管理中，对管理部门和指导教师的媒介素养提出了更高的要求。指导教师的媒介素养很大程度上影响了新媒体应用于社团管理的广度和深度，随着网络的迅猛发展，各种信息技术升级换代，部分高校社团指导老师的媒介素养已经不适应新媒体大环境的要求，无法较好地发挥新媒体的社团管理功能，也不能很好地利用各种新媒体手段来监督和规范社团管理的各项活动。因此，应通过加强对指导老师的媒介素养培训，强化指导教师对新媒体手段技术的认识，提高自身的媒介素养和信息技能，拓宽日常社团管理的工作思路，丰富社团管理的内容，促进社团管理朝着规范化的方向发展。第二，在新媒体的使用过程中要制定相应的管理规则，指导教师要定期进行检查和督导，建立网络信息反馈渠道和网络信息监控系统，对不良行为及时给予引导和指正，避免社团成员在网络上随心所欲的行为。同时，还要对学生进行网络安全教育，增强他们的自律意识、责任意识和法律意识，通过规范大学生的网络行为来营造健康向上的网络舆论环境。

3. 坚持高校学生社团自我管理的规范化。飞速发展的新媒体技术为社团管理提供了多样的管理工具，具有开放、便捷的特点，深受广大学生社团的欢迎。社团管理模式也逐步由“一对多”的管理模式逐步演化为“多对多”的互助管理模式，这种管理模式开拓了学生社团自我管理的空间，让社团成员全方位地把握社团的发展进程。社团内部各项制度都由社团成员自主制定，社团各种活动也都由社团内部组织筹办，不仅提高了社团成员参与社团管理的自主性，还在培养学生的自我教育、自我管理能力方面发挥了极大作用。但是，权力下放并不是放任自流，鼓励学生自我管理一定要保证制度先行。在社团自我管理的过程中，要设定清晰的管理界限，要处理好社团这个小集体与学校大集体之间的关系。因此，坚持高校学生社团自我管理规范化就要求社团负责人和社团成员利用新媒体技术建立健全管理制度，社团的学生干部要不断提高自己的综合素质和责任意识，广大社团成员要充分遵循法律法规和学校各项管理制度，社团自身也要按照学校的各种管理章程来开展活动，促进社团管理向科学化、合理化方向发展，加强监督和管理。

（四）科学化原则

新媒体的发展为学生的生活带来了翻天覆地的变化，网络所构成的虚拟世界成为学生的“第二生活空间”，依托新媒体平台建立起来的学生社区已经成为大学生日常学习、交往和活动的重要场所，学校的各项管理工作也逐步朝着信息化、网络化、无纸化的方向发展。社团类型的多样化导致学生对社团管理的需求不断增多，社团建设的专业化也使学生对社团管理的质量要求不断提高，将新媒体技术应用于学生社团管理成为优化社团管理模式的重要途径之一。比如新兴的“一站式学生社区”管理模式，“一站式”的概念就是根据学生需求，将各种学生教育管理服务职能在社区优化、集成、下沉，不断提升学生教育管理工作的实效性和亲和力[①]。高校“一站式学生社区”管理模式是指利用信息化的手段将教育管理职能充分集成到学生社区当中，推进学生社区教育管理队伍深度融合，形成育人合力，构建安全和谐、便捷高效、积极文明的社区教育管理体系。在新媒体手段的帮助下，在高校学生社团管理过程中，构建“一站式学生社区”就是

---

① 简盖瑞．高校“一站式”学生社区教育管理创新模式探索［J］．黑河学院学报，2020(07)：90－91.

利用新媒体开发一体化的学生社团管理服务系统，让学生方便、快捷地进行各种服务，简化和优化学生社团日常的事务管理流程。具体而言，就是通过信息化手段提升学生社团管理事务的服务效率，将社团办理的成员登记、活动审批、干部换届等事务通过信息化手段集成到自助终端设备上，并投放到学生社团，为学生提供便捷的服务。

1. 探索构建高校“一站式学生社区”管理模式，要坚持利用新兴的信息技术手段来不断加强学生社区教育管理阵地的建设，建立科学的管理体系和管理机制，实现高校学生社团的可持续发展。在信息化背景之下，“一站式学生社区”的构建要以满足学生实际需求为宗旨，不断地弥补传统管理机制的不足，在实践中进一步拓展和优化学生社区教育管理职能，根据时代的发展和大学生的内心需求，着力推进学生社区教育管理的发展，将高校学生思想政治教育落到实处，引导高校学生社团朝着科学化的方向发展。建设“一站式学生社区”要坚持“共建、共治、共享”，利用网络平台，加强网络建设，促进社团管理方式多样化、便捷化，管理内容系统化，积极探索线上线下一体化的整合模式。

2. 要促进“一站式学生社区”管理模式科学化。科学的管理是确保学生社团充满生机活力的前提，也是提升社团成员参与积极性的有效途径。依托新媒体手段建设“一站式学生社区”，不仅有助于推进学生社团的建设和发展，而且还能够提高社团成员处理各种复杂事务的能力和水平，使社团管理活动有条不紊地进行，避免资源浪费等问题的出现。在建设“一站式学生社区”的过程中，要提高社团管理部门、社团指导老师和社团成员的媒介素养，在新媒体背景下，掌握新媒体的理念和技术，利用各种新媒体手段，加快数字化校园的建设。此外，还要完善社团管理的流程，保障社团管理科学有序地进行；优化社团管理的职能，探索科学化的管理之路；提高社团管理的效率，避免各种资源的浪费。总而言之，高校学生社团管理要遵循科学化原则，即依托新媒体平台提高管理效率，满足社团成员全方面、多元化的发展需求，实现社团的可持续发展，使学生社团管理走向成熟高效的道路。

（五）协调各方的原则

良好的学生社团管理是构建和谐校园的重要途径之一。在社团管理过程中，必须正确处理和协调各种关系，坚持社团管理协调各方的原则，营造文明、健康、积极的社团文化环境，促进良好校风学风的建设。所谓协调，是指管理者通过一定的方法和手段，使其管理的组织、活动以及与外部环境和社会发展有关的各个部分之间步调一致，结合各方的现实水平和发展需要进行协调，最终实现管理目标的行为。协调也是高校学生社团管理部门的重要职责，是调动和激发广大学生社团创造性和积极性的重要手段，是构建和谐校园环境、提高学校管理效能、加强校风学风建设的重要保证。协调的艺术也就是管理的艺术，协调水平的高低在一定程度上决定了学生社团管理的水平。具体来说，在社团管理中如何实现有效协调要做到以下几个方面：

1. 要坚持统筹全局的管理理念。随着高校学生社团规模的扩大，数量的增多，社团管理也向多层次、多结构的方向发展，长期以来形成了“学校团委—管理部门—指导老师—社团负责人—社团成员”这样的金字塔层级结构。这种管理结构传递信息的流程多，一定程度上影响了管理效能，也约束了社团的整体发展，往往会出现沟通不畅、管理僵化等问题。在新媒体背景下，社团合力高效运转离不开学校管理部门的组织协调。高校学生社团管理首先需要把握全局，各个层次、岗位的人员都有自己的职责，要步调一致，才能保证管理工作顺利开展。比如，可以在管理过程中利用新媒体搭建信息交流的平台，拓宽各个层级之间信息交流的途径，避免因缺少信息的流通而导致的沟通障碍等问题，不断增强各个管理层级的协调意识，提高协调能力，把各局部职能联结在一起，统筹全局，协调各方，形成社团管理的最大合力。

2. 要协调好集体与个人的关系。学生社团管理部门要管理好社团，营造积极向上的社团氛围，首先要坚持以人为本的管理理念。社团管理坚持以人为本的理念就是指在社团管理的过程中，从学生的实际需要出发，把学生看作是社团管理的主体，尊重学生随着时代发展而产生的新变化，灵活地运用多种管理方法，使学生在参与社团管理过程中有所收获，得到全面的发展。以人为本的管理理念极大地提高了社团成员参与社团管理的积极性，促进了各项管理目标的逐步实现，推动了各项管理工作的全面发展，最终形成可持续发展的健康管理长效机制。但是坚持以人为本并不是忽视社团整体，而是强调要协调社团整体与成员个体之间的关系。管理部门要与社团、社团负责人、社团成员进行有效沟通，换位思考，多一点理解和支持，将各个局部的职能联结在一起，运用各种信息化手段相互配合，从人的全面发展和社团的长远发展出发，协调好社团与社团成员之间、社团与社团之间、社团与学校之间、社团与社会之间的关系。

3. 要协调资源共享的渠道。学生社团管理的资源形式多样，既有校内的，也有校外的；既有宏观的，也有微观的；既有静态的，又有在管理的过程中不断生成的。随着现代信息技术的迅猛发展，社团建设和管理也有了多样的信息资源。协调资源共享的渠道，就是在新媒体环境下，综合开发和利用校内校外、线上线下各种资源，再把这些资源整合起来，建立“协作”的运行环境，促进资源的合理配置、公平分配。所以，在社团管理资源的开发和共享上也要坚持协调各方的原则，利用各种新兴的新媒体技术搭建资源共享的平台，通过多平台的联动融合，将静态管理变为动态管理，积极探索和开发校内校外各种资源，加强对各种资源的协调和管理，使社团管理工作始终处于动态平衡的良好状态。需要注意的是，资源的管理和协调要注重社团发展的可持续性，在新媒体手段的帮助下，加强信息化资源的统一协调，建立资源共享机制，共同促进社团管理水平的提升和学生自身的成才发展。

（六）教育与管理相结合的原则

大学生既是高校德育的客体，又是高校德育的主体[①]。高校学生社团也是培养学生兴趣爱好、丰富学生知识、增长学生技能的重要场所。在社团活动中，要与他人交往，使学生的知识与见闻都得到丰富，眼界也变得更加开阔，自身的综合素质也在参与活动的过程中得到发展，逐渐形成健全的人格。因此，社团也是培养大学生良好道德素养和完美人格的重要阵地。高校学生社团建设还应以人性化的管理制度规范学生行为，要通过新媒体平台营造人性化的教育教学活动环境。此外，将现代信息技术与社团管理相整合，既是进行社团管理的基本要求，也是充分利用新媒体资源的体现。随着信息技术、科学技术的发展，社团管理与信息化手段的联系逐渐加强，多媒体技术与网络环境已经极大改善了社团管理的条件，为学生能够得到良好的教育创造了环境基础。

1. 要正确认识管理与教育的关系。在社团管理的过程中，要坚持教育与管理相结合的原则。一方面，教育活动的开展离不开科学管理手段的规范，而进行有效的管理也需要渗透思想政治教育理念，二者相互作用，共同发挥出最大的育人合力。另一方面，教育工作本身就是一种管理，在管理的过程中要严格遵循相

① 昝玉林. 大学生网络社团的兴起与高校德育的应对［J］. 学校党建与思想教育，2005（11）：43-45.

关的管理规则和流程，也要弘扬正确的理想信念，对学生的思想和行为进行管理和引导。在高校学生社团的建设中，管理指向的是一种外部行为，集众人之所长实现既定的目标，即通过制定各种管理制度，设立对应的职能部门，协调各种管理资源，实现学生社团的健康快速发展，促进社团向科学化、规范化的方向发展。而教育指向的是人的品质，即通过社团管理来更好地发挥学生社团的育人功能。

2. 要注意挖掘管理过程中的思想政治教育因素。社团管理制定的各种规章制度用以引导和规范社团成员的日常行为，具有规范性、长期性和稳定性的特点，也有一定的强制性和约束力。因此，社团管理也成为思想政治教育的载体之一，对学生日常文明行为习惯的养成具有非常重要的作用。社团管理的出发点和落脚点不是简单的行为约束，而是把思想政治教育与社团的管理服务有机结合起来，在社团管理中有针对性地渗透思想政治教育，使学生在潜移默化中接受熏陶。社团管理正确的价值取向和价值观念也都对学生的思想行为有着明确的指导作用。社团管理不仅仅是管理和约束，更要对学生进行道德教育、人格教育，不能忽视对学生品德的培养。因此，在社团管理的过程中要注意挖掘思想教育因素，寓思想政治教育于社团管理的过程中，协调相关系统的各要素，改进社团管理方式，实现跨部门的组织与协调。通过各种新媒体技术完善校园的教育教学管理制度，从而增强学生的集体意识，使他们学会自我管理，促进自我发展。

（七）理论和实际相结合的原则

理论联系实际的原则包含两方面：一是掌握理论，二是理论同实际相联系、相对照，运用理论知识分析、解决实际问题。在理论联系实际的过程中，最首要的就是掌握理论，理论是科学实践的基础和保证，没有理论，实践就会成为无源之水，无本之木。如果对理论掌握得不透彻，也不容易把握住事物的本质，不可能真正做到理论联系实际。要实现学生社团管理精细化、人性化，高校应将理论与实际相结合的原则贯穿于社团管理的全过程。在信息化时代这个大背景下，需要探索和掌握科学的管理理念，因为科学的管理理念是长期管理经验的总结，具有科学性、典型性的特点，为指导社团管理实践提供了科学的理论基础。

1. 要掌握科学的社团管理理论。社团管理一定要以经得起实践推敲的科学管理理论为指导，对学生社团进行管理要将培养学生正确价值理念和良好行为习惯结合起来，与社会现实相联系，并在社团自我管理的过程中引导学生运用马克思主义的立场、观点和方法观察分析社团管理中出现的各种问题，指导自己的行动。社团管理包括很多环节和方面，需要相关部门和指导老师进行系统化地整合和管理，发挥各个管理环节的最大合力，促进社团健康良好地运行和发展。第一，指导教师应该提高思想认识，力戒教条主义和经验主义，坚持科学性，突出实践性，反映时代性，认真探索，总结经验，提高理论联系实际的水平和能力。第二，管理部门要深入了解学生社团的实际情况，理论联系，选择恰当的管理方式，积极解决社团管理中的各种问题。高校学生社团需要科学的管理理论来指导，这就要求学生社团管理部门和指导老师掌握相应的管理理论，如果管理知识匮乏或不科学，不仅会导致理论联系实际的盲目性，而且还会误导学生对社团管理工作的认识，给实际的社团管理工作造成不必要的困扰。

2. 用科学的社团管理理论指导实践。实现系统科学的管理需要将科学的管理理论运用于实践，并指导各项社团的管理工作。在新媒体平台的帮助下，社团管理部门能接触和了解到当下流行的、科学的管理理论，并将之运用到社团管理的过程中，比如当今流行的人本管理理论和学生发展管理理论。人本管理理论即把学生看作管理的主体，在这种理念的指导下，教师主动地听取学生意见，研究时代发展和社团发展的新变化，科学地预测发展趋势，适时提炼出时代发展对大学生的最新要求，以此为依据确定管理内容，并善于运用和创造灵活多样的管理方法，建设良好的社团文化和校园文化环境。学生发展管理理论即将管理的重心放在学生身心发展的全过程、各方面，同时也关注和探究学生智力、情感道德的发展。在这些科学理论的帮助下，了解大学生身心成长的内在机理和发展规律，对高校学生社团管理起到建设性作用。“纸上得来终觉浅，绝知此事要躬行”，如果只是了解了科学的理论却不用于实际，也无法对社团的建设和管理起到帮助作用。因此，在社团管理的过程中，要树立正确的实践观，提高实践意识，在实践活动中不断提高社团建设能力和管理水平。高校学生社团管理包括很多方面，如社团成员管理、社团活动审批、社团经费分配等，其中每一环节都要贯彻理论联系实际的管理理念，这就要求管理部门和指导老师将科学的理论运用于社团管理的实践之中，从学生的思想实际出发，从社团管理的现实水平出发，从目前社团管理存在的问题出发，将理论联系实际贯穿于社团管理的全方面、全过程。

3. 要在社团管理实践中总结归纳经验，不断丰富和完善社团管理理论。随着时代的发展和社会的进步，社团管理也面临着新的问题，管理机制和管理理念要不断更新，与时俱进，以适应社团发展的新变化、新要求。高校学生社团管理要依托实践，在实践中验证理论，而高校学生社团管理理论体系也需要我们不断去探寻、去实践，只有将新的理论方法与实际的管理活动相结合，将理论具体化，不断推敲管理过程中出现的问题，积累总结其中的经验，才能使我们的管理更具针对性和实效性。同时，新媒体平台的搭建也为共享和交流社团管理的实践经验创造了良好的条件。各个高校学生社团可以在网络媒体上交流社团管理的经验，互相吸取社团管理的教训，探讨管理机制的建设路径，总结归纳科学的管理理念，在思想碰撞的过程中激发出新的火花，为社团管理带来新思路。这一方面刺激了社团管理的活性，另一方面也提高了社团管理理论的完整性和科学性。

二、新媒体背景下高校学生社团管理的优化路径

（一）提升高校师生员工的媒体素养

新媒体领域的发展日新月异，对于传统媒体方式有着颠覆性的改变。以书、报、广播、电视等为代表的传统媒体方式有着内容覆盖范围单一、内容更新不及时、传播速度慢等缺点，新媒体方式利用了先进的数字技术，通过计算机网络、无线通信网、卫星等渠道，以及电脑、手机、数字电视机等终端，向用户提供信息和服务，具有打破媒介壁垒、个性化突出、受众选择性多、表现形式多样、信息实时性高等多项优势，相比于传统方式能大幅提高管理效率。而提升高校师生员工的媒体素养则是新媒体背景下进行社团管理改革的重中之重。

1. 提升教师的媒体素养

随着时代发展，新时代对教师整体素质能力的要求呈现出多元化、专业化的特点，而新媒体背景下提升教师的媒体素养可以从以下三方面入手。

（1）定期组织教师进行全员媒体素养培训

想要提升教师媒体素质素养，在培训形式上必须采用长期培训、多次培训的形式，循序渐进逐步提高，短时间少次数的讲座、宣传等方式不能起到实际效果。按照教学任务实际情况可以实施一周一次或一月一次的定期集中培训，采用最终考核的方式评判教师培训期间的学习效果和媒体素养水平。培训方法上采用多种方式相结合的方法，科学合理。

第一，通过课堂集中培训的方法统一学习。学习内容包含新

媒体发展历史、新媒体主要概念、新媒体应用的方式和方法、新媒体在高校学生社团管理上具体事例学习等，让教师对新媒体达成初步且全面的认识了解，培养教师媒体素养中的文化素养。集中培训是学校督促教师强化理论学习的重要手段，也是提升教师媒体素养不可缺少的重要环节。为保证学习效果，可以在课堂集中学习的前提下，针对教师自身实际情况、特点的不同，采取灵活多样的培训形式。对于本身具有较高媒体素养、自学能力较强的教师采取自学和讨论交流相结合的方式开展培训学习，而对媒体素养水平较低，自学管理能力较差的教师采取集中授课和个别单独辅导相结合的方式，条件允许的情况下，还可以邀请专业的媒体领域工作人员、优秀教师学员作报告分享会，用自身知识和工作学习经验引导鼓励教育培训对象。

第二，需要培训教师媒体素养中的技能素养。技能素养是了解和使用媒体知识、技术的能力，例如智能手机的普及使用。技能性素养要通过个人的不断学习和实际操作才能掌握，实际操作可以通过线上线下相结合的方式，线上的技能素养培训主要依靠智能手机、电脑等终端设备辅助，教师可以直接通过相应的新媒体渠道，模拟对高校学生社团的管理。实践学习过程中要充分考虑到当前高校学生社团管理的各个环节，结合新媒体背景，设置对应的要求，使教师能够在线上的技能素养培训中认真思考，分组配备足够数量的专业指导，及时回答学习过程中的疑问。线下的技能素养培训主要依靠面对面教学方式，直接采用现场操作、现场指导的方法，简单直观，适合个人理解能力和接受能力较差的人群。

第三，要注重培养教师媒体素养中的规范素养，也就是要学会遵守媒体信息传播的道德、法律、行业规范等。媒体信息传播虽然是通过各种信息传递媒介传出，但是传播的主体仍然是社会个体，必须遵守网络空间和社会规范。想要提升教师的规范素养，首先就要明确规范并坚决执行。教师要具备理性分辨信息真伪的能力，不盲目相信媒介所报道的信息，能够运用自己理性思考的能力，对各类信息发表自己的见解，提出批评性意见。最后对媒介中屡见不鲜的非法信息、暴力信息、垃圾信息、庸俗信息等，应该充分意识到危害性，提高对这些负面信息的免疫力。最后，要建立健全完备的培训效果评价机制，对教师进行准确评价，帮助教师及时纠正媒体素养认识理解中的错误部分，从侧面帮助教师提升媒体素养。对教师媒体素养评价基本上都是以第三方评价为主，以教师自我评价为辅。其中第三方评价是较关键的部分，需要评价教师个人的综合表现、媒体技能操作、书面测验答案等各方面，结合以往经验水平、评判标准、参考答案等，给出最符合的评价，作为评估教师目前个人媒体素养水平的主要参考。而自我评价是起到补充和分析的作用，这一方面有助于教师更快发现自己目前个人媒体素养的不足，保持不断学习的原始动力，另一方面能让教师消除对评价结果的疑虑，提高评价的效率以及评价结果的公信力。

（2）加强对社团管理人员的技术培训

进入二十一世纪以来，信息技术发展迅速，时代已经逐渐由工业革命以来的工业时期更迭为信息化时代，传统教育教学方式、管理方式也升级到多媒体时代。教师队伍对多媒体技术的掌握程度变成了衡量一个学校核心竞争力的重要指标之一，教师对多媒体技术的运用能力决定了教师在课堂上的教学效率。同样，对于高校学生社团管理人员来说，学习好多媒体技术能够更快地了解到高校学生社团的需求、学生社团运营中遇到的困难、当前管理下学生社团的真实情况等。管理人员自己也能够更方便地进行日常管理，提高管理效率，还能够提升高校学生社团管理人员本身的技能素养，提升学校师资队伍综合素质能力。采用多媒体技术进行高校学生社团管理使得管理人员能够更加轻松地完成日常工作，但由于多媒体技术丰富多样，不可能对高校学生社团管理人员采用全面培训的方式。一方面，社团管理人员不像年轻学生拥有很强的学习能力，不能短时间消化接收大量生僻知识，强行培训灌输的内容只能一知半解并不能真正理解运用，反而会导致高校社团的管理效率下降。另一方面，高校学生社团的管理人员本身素质能力参差不齐，学习能力也是各不相同，采用全方位、全人员的培训学习方式不能起到实际效果。因此对于高校社团管理人员的多媒体技术培训应该采取精炼简化，因材施教的培训方法，对于不同素质水平的管理人员采取不同的培训课程，培训内容上只挑选部分在高校学生社团管理工作上起到实际帮助作用的多媒体技术。

多媒体技术一般指利用计算机等相关设备对文字信息、图像信息、声音信息、视频信息等多种信息综合处理，将各种信息数字化、信息化，从而使各种信息具有方便传播、获取展示、人与设备交互的特点。为了方便高校学生社团管理人员的日常工作，首先需要学习多媒体技术中阅读文本、编辑开发文本的技术能力。多媒体文本技术就是多媒体信息技术对文字的信息化升级，日常生活中文字便无处不在，大到国家领导人签署的各项文件命令，小到超市买菜进货的单据凭证，都需要书写文字、阅读文字从而获取信息、表达信息。多媒体技术中的文本能力也是一样，计算机屏幕上展示的文本信息可以重复阅读，从容理解，不被时间和空间约束，具有极大的便捷性，能够使高校社团管理人员与学生社团负责学生之间进行快速的信息交换，方便各高校社团提出需求，反馈问题，也方便管理人员询问情况，下发管理指令。其次，要学习多媒体技术统计分析工具。多媒体统计分析工具是管理人员决策的重要手段，高校学生社团管理人员可以通过多媒体统计分析，总结高校社团管理的经验教训，肯定成绩，找出差距和不足，促进管理方法不断改善，提高管理成效。

在实际展开培训的过程中，要有针对性地设计培训方案。对于一部分没有多媒体基础知识的人员，或者知识基础薄弱，学习接受能力较差的人员可以采取集中授课学习的方式，先讲授简单的基础部分，补充多媒体方面的知识，帮助他们建立信心，掌握多媒体技术能力。另外一部分基础知识较好的人员可以采用小班授课，定制化课程的方式，注重实际操作，避免重复学习简单的、已经掌握的知识，减少不必要的时间浪费。同时注意人员的班级分隔，做到层级分明，水平相近的人员能够得到相应合适的学习内容，知识不足的社团管理人员也能够从头开始补足知识，增强培训效果的同时也提高了社团管理人员对培训的接受度。还可以安排专题讲座，高校学生社团管理人员虽然通过培训学习了多媒体技术的基础知识，但是在将多媒体技术实际运用于高校社团管理上时缺乏经验，还是会出现效率低下、不会应用等问题。通过专题讲座的方式，学习其他学校利用多媒体技术管理高校社团的先进经验，深刻领会思考，结合本校社团的具体情况才能更好地把多媒体技术运用起来，才能发挥多媒体技术在高校社团管理领域的优势特点。此外，还需要开展定期的专题会议，报告并且讨论近期多媒体技术在学校社团管理上的使用情况，社团管理人员对当前多媒体技术应用的评价，是否正确使用了多媒体技术，是否符合学校社团管理的实际情况，对于社团管理工作方面的帮助在哪些方面等。对每次的报告、评价要严格记录，仔细分析，将分析结果反馈给每一名学校社团管理人员，针对每次报告反映情况做出及时的调整，提高社团管理人员的综合素养。

（3）提升学校社团管理人员的政治素养和舆情敏感度

政治素养是社会的政治理想、政治信念、政治态度和政治立场在人的心理中形成的并通过言行表现出来的内在品质，是高校社团管理人员综合素质的核心。社团管理者的政治素养水平从根本上决定了管理活动的性质和方向，也决定了社团管理者所站的立场、管理所达到的目标、为学生社团服务的管理方向等根本性问题。政治素养在管理者的素质体系中起到了重要作用，对于高校社团管理者的其他素质素养的发挥有深远的影响。同样，新媒体背景下互联网信息传播方式飞速发展，表现出及时性高、传播速度快、影响范围广的特点，互联网已经发展成为一个具有虚拟性、隐蔽性、发散性、渗透性和随意性等特点的庞大虚拟社会，网络舆论影响着社会生活的各方面。作为学校社团管理人员，更需要在平时加强网络舆情监管，具备网络舆情敏感度，确保当舆情发生时能够立刻采取有效措施。学校社团管理人员的舆情敏感度不仅关系到学生社团的管理水平和管理效果，还对学校形象和学校发展有着重要影响。

提升学校社团管理人员的政治素养四个方面。一是学校社团管理人员要具备正确的政治方向。主要从路线、方针、政策三方面体现政治方向，并且依据一定历史时期内的客观事实、以科学理论作为指导、以集体利益作为目的。在高校学生社团的管理工作中，管理者拥有正确的政治方向能够解决许多问题，包括思想建设、学生社团发展方向、管理人员和学生社团的协助等，能够充分发挥学生社团各单元的主动性和创造性，确保齐心协力推动学生社团持续正确地向既定目标前进。二是学校社团管理人员要保持高度的政治敏锐性。当前国际、国内政治的快速发展变化将会直接对学校未来发展产生影响，对高校学生社团管理人员来说应该保持高度的政治敏锐性，紧跟国际、国内政治形势。要努力学习毛泽东思想和中国特色社会主义理论体系，提高自己的政治理论水平和辨别政治是非的能力，增强政治敏锐度。三是学校社团管理人员要正确处置个人和集体之间的关系。作为高校学生社团的管理人员，集体的利益高于个人利益，并且个人利益应该和集体利益相符合，在必要的时候需要个人利益为集体利益让路，养成有责任、有担当、有理想的优秀品质。同时，个人利益的正当获取与合理满足也是集体利益增长的推动力。四是学校社团管理人员要牢固树立为学生服务的意识。在高校环境下，学生社团管理人员实施对学生社团的全面管理，有着一定的权力。但是往往权力都有双面性，它既能使管理者更好地发挥才干，更好地服务学生，也可以使人走上以权谋私的歪路，沾染不作为的不正之风。管理人员的权力是全体被管理者集体赋予的，是为全体学生服务的，树立好为学生服务的意识能有效提高管理人员的政治思想认识。

在提升学校社团管理人员的舆情敏感度方面，一是学校社团管理人员要加强应对舆情训练，并且学习加强政治敏锐度。政治敏锐度和舆情敏感度联系紧密，政治敏锐度对舆情敏感度有着正向影响。具备较好的政治敏锐度能够开阔视野、增强信息鉴别能力，这样就能及早捕捉到舆情苗头，能够预见舆情的出现、舆情的发展局势，并且做出及时的处理。管理人员平时也需要勤观察、勤思考，深入学习政治理论和业务知识，增强政治鉴别力。同时要为管理人员开设专业的舆情应对课程，充分考虑新媒体背景下的舆情特点，采取多种针对性舆情管理能力培养方法，例如邀请舆情分析、公共危机处理等方面专家讲座教学、典型案例报告会、模拟真实现场等多种方式，开展定期舆情培训，提升管理人员新媒体的理解运用、舆论引导、舆情反应、舆情处置能力，以保证学校在舆情发生时占得主动权。二是学校社团管理人员要与媒体加强沟通。管理人员要重视和媒体方面的沟通，特别是新媒体，如今新媒体已发展成为社会意见的重要汇聚地，越来越多的舆情通过网络平台表现。因此，要主动和网络媒体等新媒体方建立联系，受到广泛关注的热点问题要及时通过新媒体技术公开，保证正向、真实、受监管的权威信息始终占据主导，为应对舆情创造条件。三是学校社团管理人员要建立专门的舆情工作小组。在舆情出现苗头时，学校方面需要综合素质较高的发言人，以便回应媒体疑问、控制舆情形势、引导舆情走向，有了专人负责才能更快速、准确地发现、反应、处置舆情。除了舆情发生时的作用，舆情工作小组在平时还可以做大量日常信息的收集分析，学生社团新媒体账号监管等，争取将舆情风险消灭在萌芽阶段，防患于未然。四是学校社团管理人员要健全舆情应对制度。健全工作制度是舆情应对、提升舆情敏感度的关键一环。第一要建立信息监督制度，充分监督新媒体信息发布通道，确保重点、热点工作信息准确发布，同时去除敏感信息、风险信息、错误信息。第二要建立舆情引导制度，根据舆情风险等级和类别，快速分析问题根源，及时回应公众疑问，引导舆情向好发展，减少无意义回应、争辩、热点炒作。第三要制定舆情处理预案。要充分考虑可能出现的舆情风险，提前制定好相应的舆情处理预案，保证应对舆情时不慌乱、不盲目。预案需要明确几点内容，包括舆情事件表现形式、事件导致原因、前期应对、后期处理等。

2. 提升学生的媒体素养

学生群体是社会结构中的一个特殊群体，数量庞大，对于国家未来发展十分重要。根据《中国互联网络发展状况统计报告》显示，学生群体是最活跃的新媒体使用人群，学生群体的媒体素养会间接影响到他们是否形成健康、积极向上的道德品质，直接对我国未来人力资源的整体素质产生影响，关系到未来国家社会发展情况。学生缺少社会经历，不能正确分辨繁杂的媒体信息，难以对信息进行筛选，大部分情况下只能被动接受。类似谣言、网络虚假信息等，长期混杂在面向学生的海量信息中，严重影响了部分学生的身心健康。学生的媒体素养主要体现在四个方面：第一要学会多媒体技术基础知识，学会如何使用多媒体；第二要充分理解媒体信息中的主流价值，能够正确判断信息中蕴含的意义；第三要学会创造和传播信息，学会通过大众媒体方式发展自己；第四要学会使用批评的视角看待媒体信息内容，建设性地利用媒体方式的特点和优势。

（1）以思想政治理论课为主渠道，加强大学生的思想政治教育

当前高校思想政治教育的灵魂和核心是大学生的理想信念教育，而大学生的理想信念教育的根本来自大学思想政治理论课。大学生思想政治课主要依据三大指导原则开展教育教学工作。第一个原则是人本原则。人本原则要求大学生思想政治理论课要引导大学生正确认识，并且正确处理人与事之间的关系、人与物之间的关系、人与社会之间的关系。第二个原则是实效原则。实效原则要求大学生思想政治理论课在制定课程出发点时要贴近实际、贴近生活、贴近学生，要能够实际关注到当代大学生的需要，充分联系大学生的实际生活，解决他们的问题，追求思想政治理论课教育达到的实际效果。第三个原则是合力原则。大学生思想政治理论课的课堂不能单独放置在学校的讲堂之上，除了任课教师的教学讲解，还需要加强和相关部门、学生家长、实习单位、周边社区的协调沟通，共同构建起大学生思想政治理论课完整体系。

大学生思想政治理论教育根本目的是要促进大学生的全面发展，通过思想政治理论课培养良好的思想品德。当今时代快速发展，世界文化交流来往变得愈加密切，大学生群体作为社会中的高素质、高文化水平群体，很容易接受到来自各方观点、主张等信息轰炸，在这样的背景下需要强化大学生热爱国家、民族、社会的思想觉悟和社会责任感。不仅如此，大学生思想政治理论课还有助于学校丰富教学内涵，有助于大学生综合素养的提高，为国家培养思想先进、信仰坚定的大学生人才，以期为国家政治经济的改革发展做出大贡献。大学生思想政治理论课应该以理想信念教育为核心，围绕大学生如何树立正确的世界观、人生观、价值观问题，设立专题教学过程，结合课堂授课、专题讲座、反转

课堂、分组讨论等教学手段，加强大学生思想深度以及指引大学生思想方向。要将爱国主义教育作为思想政治理论课的重点，重点弘扬爱国主义精神，培育新时代大学生的民族精神。大学生思想政治基础探寻其根源还是来自社会活动中的基本道德规范，大学生精神文明的丰富程度、思想政治的高度全靠思想政治理论课上学习到的思想政治基础。因此，大学生思想政治理论课要着手素质教育，把大学生的全面发展当作目标，教学要注意师资水平的把控、要体现高度深度广度，深入进行专业化素质教育。

思想政治理论教育为大学生指明了发展航向，全面提升了大学生奋发有为的精神境界。高校思想政治理论课具有清晰的意识形态特征和价值导向，是马克思主义基本理论广泛传播的有效载体。习近平总书记在学校思想政治理论课教师座谈会上指出："新时代贯彻党的教育方针，要坚持马克思主义指导地位，贯彻新时代中国特色社会主义思想，坚持社会主义办学方向，落实立德树人的根本任务，坚持教育为人民服务、为中国共产党治国理政服务、为巩固和发展中国特色社会主义制度服务、为改革开放和社会主义现代化建设服务，扎根中国大地办教育，同生产劳动和社会实践相结合，加快推进教育现代化、建设教育强国、办好人民满意的教育，努力培养担当民族复兴大任的时代新人，培养德智体美劳全面发展的社会主义建设者和接班人。"① 人才是基础，人才为本，大学时期是人生的成长期，最需要良好的引导，要用习近平新时代中国特色社会主义思想教育大学生，增强四个意识，坚定四个自信，自觉融入坚持和发展中国特色社会主义事业、建设社会主义现代化强国、实现中华民族伟大复兴的奋斗之中。要指导大学生对中国特色社会主义理论和实践有正确的认识理解，充分发挥社会主义核心价值观的基础性、决定性作用，筑牢大学生马克思主义的世界观人生观价值观，坚定理想信念和为

① 习近平谈治国理政：第三卷［M］．北京：外文出版社，2020：328.

人民服务的社会责任感，拥护中国特色社会主义制度，立志成为高水平政治素养人才而奋斗终身。

（2）加强新媒体心理健康教育，提高大学生的心理素质

近年来，大学生因为心理素质不过硬，学业受到影响，甚至付出生命代价的新闻层出不穷。学校必须重视大学生的心理素质建设，帮助大学生拥有一个良好的心理健康状况。大学生的良好心理素质要求具备情感调节能力，具备清楚的自我意识，在情感方面不会陷入冲动或者低落抑郁的极端，能够很好地控制自己的情绪。面对情感的影响养成较好的心理素质，能够很好地适应大学不同于其他时期的过渡期，明确自己的人生目标和方向，正确认识自己。大学生要求具备与他人竞争、面对成功失败、团队协作、就业指导、择业心理等方面的良好素质，使得大学生在面对竞争压力时能够从容面对，具有较强的抗压能力，面对成功时不会得意忘形，面对失败时不会被击垮轻易放弃，增强自信心，培养大学生应有的择业心态，更好地从校园走向社会。大学生的良好心理素质还要求大学生养成积极乐观的人生态度，树立正确的人生观念。大学生应该明白人生追求什么样的目标才有意义，不管当前处于什么样的逆境都不丢失初心和追求，能够在社会生活中科学地对待各种矛盾。

互联网的出现是新媒体时代的标志，新媒体时代带来了规模空前的传媒革命，使传媒行业有了飞跃式的改革发展。新媒体对大学生的心理机制、心理人格和道德认知等方面有着积极意义，给大学生提供了极大的开放性，同时也很容易造成大学生群体心理健康问题。为避免新媒体的弊端影响到大学生心理健康状况，需要加强大学生新媒体心理健康教育。一是加强整体心理辅导，保持团体心理健康总体趋势。新媒体时代大学生的心理健康问题主要呈现出群发式特点，心理健康教育需要重点关注大学生自身的心理认同感、群体归属感以及倾向群体性的从众心理，将大学

生心理健康教育置于群体环境中，结合教师指导、学生间交流、宣传讲座多种形式，让大学生深刻感受到相互感染的群体氛围，通过群体内部潜在的情绪、态度和行为意向的互动，释放压力，有利于健康心理的获得与巩固。二是搭建新媒体平台，开辟大学生心理健康教育新方向。高校应该积极推进心理健康教育网络平台，提供心理健康咨询的线上通道，在网络上开展大学生心理健康教育主题活动，组建以新媒体为载体的学生团体，让大学生在参与学生团体内活动的过程中感受到关爱和归属，培养自律、自省的心理意识，为大学生构筑心理健康防火墙。同时，要利用好各类新媒体技术，为大学生心理健康发展提供信息过滤的技术保证，并且将道德约束和法律监督机制引入新媒体心理健康教育，健全有关新媒体管理平台的规定，对违规者进行必要处罚。三是要加强大学生心理健康专业知识。开设专业心理健康教育课程，为大学生补充心理健康方面知识，教育大学生学会自我调节，在自身心理压力过大时学会解压。耐心指导大学生出现的心理问题，并且充分照顾到特殊大学生群体，例如贫困家庭学生、身体残疾学生、孤僻内向学生等，这一类情况特殊的大学生中发生心理健康问题的可能性会更大。针对大学生特殊群体要使用特殊的教育方式，不同的背景、需求采取不同程度不同方式的心理教育，有利于心理健康教育工作效率的提高，会使心理健康的教育起到更好的作用。四是教师需要提高自身的知识素养，学习新媒体背景下的教育模式。保持和大学生之间的良好沟通，让学生在和教师相处过程中感到亲切放松，愿意接受心理健康教育。教师应该虚心学习，多请教专业的心理咨询师，提高自身心理健康教育水平，大学生的心理健康教育工作就会变得事半功倍。

（3）建设适应新媒体要求的课程体系

习近平总书记指出：“当今世界，信息技术创新日新月异，数字化、网络化、智能化深入发展，在推动经济社会发展、促进国家治理体系和治理能力现代化、满足人民日益增长的美好生活需要方面发挥着越来越重要的作用。"① 学校想要提升学生的媒体素养，对社团管理进行创新就要把握住数字化转型的机遇，利用数字化新优势，建设适应新媒体要求的课程体系。主要从以下几方面进行。

第一，运用大数据分析完善基础型课程。基础型课程一般来说是以必修课的形式呈现，主要培养学生学习的基本能力。首先，通过学校后台数据，对学生的所思所想进行分析。以学生成绩为底层数据，叠加教师与学生的在线评价数据和学习软件上参与学习的活动数据，为找出学生在基础课程中比较薄弱的地方和兴趣不大的板块提供了有力支撑。针对这些短板，采取解决措施，如创新学习方式，优化学习内容等。其次，从学生的课堂表现和社团管理表现等维度对学生日常进行记录，并对学习和管理状态进行全方位扫描，打造一个量身定做的数据库，精准感知学生媒体素养的变化。最后，根据数据库收集的实时数据，及时加强对较低素养的学生的培训。在基础课程中巧妙融入媒体知识和运用媒体的方法手段，如学生上台讲课时，必须有能凸显出运用了新媒体的地方。

第二，运用数字化手段优化拓展型课程。拓展型课程一般来说是以选修课的形式呈现出来，主要是对学生基本能力进行拓展。首先，采取学生喜闻乐见的学习方式，充分发挥新媒体作用，吸引学生的兴趣。选修课容易出现所有学生都奔着内容浅显易懂、上课形式活泼有趣的课程去，造成个别拓展型课程火爆热门、一课难求，有的课程无人问津的局面。所以，学校可以通过微信公众号、VR 线上录制模式、成立网络宣讲团等，以别开生面的形式和幽默诙谐的语言对冷门课程进行宣传。其次，以网络

---

① 中共中央党史和文献研究院．习近平关于网络强国论述摘编［M］．北京：中央文献出版社，2021：25.

为载体，开设云端课程。将晦涩难懂的课程知识进行理解，深入浅出地录制视频，上传各大网站，并且在网站上开展各种课程活动，如根据课程主题征集原创漫画、有奖竞答等，营造课程氛围。在最后，打造线上模范平台，创新学习模式。通过直播、云打卡以及案例分享讨论，以课程学习模范的力量带动所有学生一起学习。

第三，运用智能化技术提升探究型课程。探究型课程主要培养学生的探究能力，对学生的要求更高。首先，以数字化转型为契机，提升学生重视程度，让学生感受到新技术对探究型课程的重要性。其次，当学生进行探究课程时，可通过微信平台反馈。最后，以虚拟现实技术为手段，更好满足学生精神文化需求。通过开发多功能的课程学习平台，实现体感互动的学习模式，采取互动式和沉浸式的学习方式，组织学生积极参与探究型课程的学习。把思想传播与文化生活、情景体验、情感交流等结合起来，让学生在潜移默化中受到教育、增进认同。

（4）开展以提升学生媒体素养为主旨的校园文化活动

媒体素养是指正确使用大众所传播的信息、资源等的能力，能够充分利用媒体资源完善自身缺点，利用媒体资源为社会进步做出贡献。想要通过校园文化活动的途径提升学生媒体素养，可以首先从目前大学生在媒体素养方面的主要问题来分析。一是大学生在大多数情况下是将媒体作为娱乐方式使用，热衷于纯娱乐性节目和内容。二是大学生使用媒体获取信息的能力不足，使用媒体时没有具体的目标和计划，不清楚如何快速准确地获取想要的信息。三是大学生对信息的分辨、筛选、利用能力不强，对信息辨别没有足够深入的意识，基本上只靠自己的兴趣和喜好来决定是否接受，对污染性信息的抵抗能力较差。四是大学生欠缺社会阅历，缺乏经验，想要养成良好的媒体素养必须进行实践。

校园文化是文化形态的一种，它对学生良好的道德品质和精神风貌的形成和发展起着重要影响作用，包含了十分丰富的内容。校园文化自身具有四大特点，归属于社会文化的亚文化。第一，具有多元性与主导性的特点。当前高校校园文化的多元性首先体现在各高校校园文化主体的差异，各高校校园文化主体在价值观念、知识结构、文化内涵等方面存在着各不相同的差异性。另外还体现在由于经济成分和经济利益多元化而导致的社会文化多元化上。一方面，校园文化具有多元性，但是另一方面，各高校的性质和根本任务又决定了校园文化的主导性，就是要培养大学生的爱国主义情感、建立大学生的集体主义价值观，引导大学生成为合格的社会主义事业的建设者和接班人。第二，具有科学性和思想性的特点。高校的主要任务之一就是负责学术研究和科学实践，因此，校园文化本身就有着浓厚的科研氛围，有着科学性特点。同时，高校校园文化的主体精神境界较高、思想敏锐，构建校园文化具有明显思想性的特点。第三，具有稳定性和可塑性的特点。校园文化是高校建校以来学校文化精神、文化传统、文化作风的积累传承，具有稳定性特点。而随着时代的变化，充满创造力的师生又不断为校园文化带来改变，校园文化也不是一成不变，有着可塑性的特点。第四，具有独立性和开放性的特点，各高校校园文化各具特色，有着自身独立性，但是校园文化也不是书院文化，不能脱离社会文化和其他校园文化孤立地生存与发展，需要合作交流走出去，这是校园文化的开放性特点。

提升学生媒体素养可以从以下几种形式开展校园文化活动：一是采取宣传教育活动，以当代大学生如何提升媒体素养为主要内容，为大学生推广介绍提升媒体素养的实用小妙招，通过优秀报告展示、教师讲座、媒体宣传等形式实施。二是开展主题文化节，组织举办辩论赛、演讲比赛、主题征文比赛、主题学习计划。三是积极参与社会实践活动，例如社会媒体素养调查、社会媒体服务、大学生媒体技能培训班等。四是建立大学生新媒体社团，借助学生社团，进一步培养更多大学生对提升媒体素养的兴趣，并且更好地将提升自我媒体素养的思想观念传播出去。学校各方在校园文化活动的开展上要充分发挥宏观的组织作用，要重点对活动进行协调指导，不能过多地干预校园文化活动，让学生按照自己的意愿和喜好开展校园文化活动，这样才能更好地调动学生参与的积极主动性。

（二）健全适应新媒体要求的学生社团管理制度体系

学生社团作为高校校园文化活动平台之一，是高校第二课堂的重要组成部分。通过加入各种各样的学生社团，大学生能够培养自己的兴趣爱好，为校园文化生活增添色彩，丰富内心世界，也能学习更多技能，走向全面发展。学生社团建设对于学生和学校都起到十分重要的积极作用，对于学生提高自身综合素质和能力水平、提高自身思想道德水平、加速自身社会化进程等方面都起到关键作用。目前学生社团的建设还存在着许多问题，包括社团活动没有统一的标准规范、缺少基础物质条件、社团活动发展水平还不足等，导致高校学生社团管理制度不完善。学生社团管理制度不够科学高效，没有建立完整有效的管理机制，管理人员的分工不明确，组织松散，管理活动不规范，许多高校甚至还没有本校社团的管理制度，没有必要的社团活动章程，这些情况对学生社团的良好健康发展都造成了严重负面影响。由于新媒体的快速发展，新媒体时代下的高校学生社团活动也有了新的发展方向，为高校学生社团活动赋予了自主参与性强、“自媒体”趋势明显的新媒体时代特点。同时，新媒体时代也给高校学生社团的管理带来了挑战。虽然新媒体拥有众多的优点，能够很容易被大学生接受，但是负面信息同样可以通过极快的速度传播，在大范围内造成影响，如果高校不对学生社团活动做出有效管理，任凭大学生被负面信息误导，将会带来严重的负面后果。健全适应新媒体要求的学生社团管理制度体系需要全方位、多角度地考虑，根据实际情况，高校社团管理制度体系的健全可以从以下几方面着手。

1. 健全学生社团新媒体账号注册、登记、注销制度

不管是对于新媒体来说，还是对于学生社团管理制度来说，核准学生身份是首先需要解决的问题。在新媒体时代背景下，大多数情况会涉及新媒体网络技术，高校学生社团管理人员很难确定组织、参与社团活动的学生是谁，无法准确地确认管理对象，对管理工作而言是一个极大的麻烦。不仅如此，在无法得知社团活动参与者身份的情况下，也非常容易滋生出违规行为，而学生社团管理者却没有丝毫办法。因此，健全学生社团管理制度，第一步需要健全学生社团新媒体账号注册登记注销制度。学生社团新媒体账号注册登记注销制度可以大致上分成三部分。

第一，完善学生社团新媒体账号的注册制度。根据学生社团数量多、种类丰富、人数不一致、情况不同的特点，高校学生社团新媒体账号的注册可以采用分类注册以及责任制注册相结合的方式。分类注册主要是指根据学生社团所属的类别进行区分，不同类别的学生社团注册不同类别的账号，例如书法类社团、声乐类、舞蹈类社团使用平级账号进行注册，绑定在各自类别的学生社团下，不能随意更改。学生社团新媒体账号的注册采用这种方法的好处有很多，包括快速定位当前账号所属位置、方便查看学校当前总体学生社团名目、实现分类管理以便根据学生社团不同情况具体做分析处理等。由于不同的学生社团人员规模可能相差很大，涉及学生年级也是各不相同，甚至还存在着许多学生同时参加多个类别学生社团的情况，因此，学生社团账号注册不适合每个学生社团中的每一名成员都做，这样不仅为学生增加了不必要的压力，还给高校学生社团管理加大了复杂度，账号注册只需要每一个学生社团的负责人注册一个即可。此外，账号注册还需

要注意两个问题。第一个方面，注册时需要根据注册人员做出账号分类，把属于同一类的社团人员归类在同一个类别下，方便高校社团管理人员管理，以及方便查看各社团运营状况。第二个方面，个人账号需要按照一定规则进行注册，降低账号安全风险。

第二，完善学生社团新媒体账号的登记制度。学生社团新媒体账号登记需要登记学生社团当前成员信息、学生社团近期活动安排、学生社团运营情况、学生社团奖惩信息等。学生社团当前成员信息首先需要由社团负责人将本社团内的所有成员信息做好登记，包含学生姓名、班级、年级、联系方式等相关主要信息。在各学生社团大类中再设置一名社团大类负责人，大类中的其他社团收集完需要登记的信息后先报给大类负责人，由负责人先进行审核，信息核对无误后，再统一报告给高校学生社团管理人员。并且，后面在需要对社团成员信息做出修改时，同样先通过社团负责人报告给大类负责人，核对之后才能修改。这样不仅能够精确掌握每一个成员情况，避免信息登记出错，而且还能大幅度减少社团管理人员的工作量，提高管理效率。

第三，完善学生社团新媒体账号的注销制度。学生社团新媒体账号的注销制度和注册同样重要，良好的账号注销制度能够保证学生社团管理的实时性和准确性。在遇到学生社团停止开办运营、学生社团负责学生离开社团情况时，高校学生社团管理人员能够第一时间了解情况，办理相关的审批工作，保证学生社团交接工作及时有效地进行。完善学生社团新媒体账号的注销制度首先应该明确区分注销主体，如果是普通社团人员信息注销，可以直接由社团负责人直接处理，将处理结果进行上报，通知社团当前变动情况。如果是社团负责人需要注销账号，那么必须先对学生社团管理人员提出申请，获得同意后再清除相关信息，并且保留账号主体，方便下一任社团负责人进行账号注册。同时，学生社团新媒体账号的注销还需要建立信息暂存机制，保留近期的账号注销记录，保证学生社团管理人员能够事后随时对账号注销情况做检查，避免错误注销等情况，提升管理效能。

2. 健全学生社团新媒体账号年检制度

学生社团新媒体账号年检不能仅靠单一主体进行，需要学生社团管理人员抽检方式和学生社团负责人互检方式相结合，如此既能保证账号年检最大可能达到全部覆盖，也能最大限度地减少学生社团管理人员的工作量。对社团管理人员来说，新媒体账号年检压力的减小从另一方面也为学生社团新媒体账号年检的检查质量提高做出了贡献。学生社团新媒体账号的年检首先应该从管理人员开始，高校学生社团具有数量多、分类广、社团人数不统一等特点，这也决定了社团管理人员不适合做全面检查，会有极大的工作压力。因此，高校学生社团新媒体账号的年检采用社团管理人员两轮抽检的方式进行。首先进行第一轮抽检，掌握基本情况、改正大体上的错误；第二轮抽检应该安排在学生社团负责人互检后，通过学生社团管理人员的第二轮抽检，检查出细枝末节的漏洞，并且能对之前的检查结果进行验证，结合起来是十分科学高效的方式。第一轮抽检需要摸排学生社团新媒体账号整体情况，因此采用分类抽检的方法，按照学生社团大类分类，分别在各小类社团中抽查账号情况，抽检方式为随机抽检，保证抽检结果尽可能靠近真实情况。而学生社团管理人员的第二轮抽检则采用整体抽检的方式，不需要排查学生社团整体情况，只需要进行查漏补缺，因此在全部范围内进行随机抽检即可。

另一方面是学生社团负责人互检，学生社团负责人互检是新媒体账号年检制度中的主要部分。各学生社团负责人数量多，对学生社团情况充分了解，能够真正地把新媒体账号年检工作做细致，最大限度地对每一名社团学生新媒体账号信息检查，提升新媒体账号年检质量的同时也大幅度减轻了学生社团管理人员的压力。新媒体账号互检时应该把各类社团完全打乱，每名学生社团负责人随机地对其他社团情况做检查，不需要做学生社团类型的区分，待全部社团完成互检后记录检查结果，再统一上报给学生社团管理人员。

健全学生社团新媒体账号年检制度还应该制定统一标准，确定学生社团新媒体账号年检内容，使得年检能够充分反映当前学生社团新媒体账号情况。学生社团新媒体账号年检应该包含以下几个检查内容：第一是检查账号状态是否准确，如果某个社团学生已经离开社团，那么在年检时就需要查清他的社团新媒体账号是否已注销，登记、注销的记录是否正确；第二是检查账号记录信息是否正确，例如学生年级、联系方式、账号发布内容情况等，要确保学生新媒体账号信息正常更新；第三是检查学生社团人数是否符合及社团新媒体账号使用运营情况，避免社团人数误报、漏报，避免学生社团新媒体账号不使用、错误使用等问题。

最后，学生社团新媒体账号年检制度也要设置评价反馈通道，让全校师生共同提出建议、提出批评，方便学生社团管理人员能够通过反馈意见，及时对账号年检制度中不合理的条目做出修改，让学生社团新媒体账号年检制度与时俱进，保持科学高效。同时，制定相关的奖励办法，对提出建设性意见的人员给予奖励，鼓励教师、学生们参与到优化社团新媒体账号年检制度工作中来，使学生社团新媒体账号年检制度的建设实现良性循环。

3. 健全学生社团新媒体账号信息发布制度

随着新媒体技术的发展，互联网在短时间内充斥着海量的信息，其中不乏大量错误信息，而高校大学生作为特殊群体，十分容易受到互联网上不良信息的引导。为了防范大学生受到错误引导从而通过新媒体技术散布不当言论，高校需要健全学生社团新媒体账号信息发布制度，严格规范、监督学生社团新媒体账号在互联网上的内容发布。健全学生社团新媒体账号信息发布制度可以从以下几点开展：一是按照学生社团新媒体账号的类别、等级，拟定新媒体账号内容发布的标准，不同社团、不同等级的账号分别按照各自标准发布内容信息。一方面，内容信息发布的标准可以根据社团新媒体账号的等级来分，从高到低可以分为，社团发展评论类、校外合作信息类、社团招新类、社团日常活动展示类等。也就是说，学生社团新媒体账号等级越高，对应的账号信息发布受到的限制就越少，新媒体账号等级越低，一般就只允许发布涉及宣传推广、自我展示的相关内容，从发布内容上做出规定，把控学生新媒体账号信息发布的风险。另一方面，学生社团新媒体账号内容发布的标准还可以按照社团类别区分。不同类别的学生社团在信息发布时只能发布和自己社团类别有关的内容，例如声乐类社团的账号只能发布声乐相关的教学内容、宣传内容等等。这种方式能够有效防止学生在社团新媒体账号上发布与社团活动无关的内容信息，强化对账号信息发布的管理。二是除了制定好信息发布标准以外，信息发布之前还要经过认真审核，信息审核人判断是否符合发布要求，通过审核后才能正式发布。信息审核人原则上直接由社团负责人担任，一方面对本社团有着充分的了解，另一方面也方便快速审核、快速发布，不会因为审核过程影响信息及时发布。如果学生社团成员对审核结果有异议，可以直接反映给学生社团管理人员，由管理人员做复核，解决审核过程中可能出现的争议问题。三是对每一个社团中负责信息发布的新媒体账号设置两个负责人，起到互相监督的作用。账号负责人也直接通过社团内推选，每一学年结束后重新选举。账号负责人的主要任务就是通过新媒体账号发布信息，但是需要保证发布的信息符合学校学生社团新媒体账号信息发布的规定，如果发布了不当的内容信息，账号负责人将会承担直接责任，学生社团管理人员也能够直接找到负责人询问情况。学生社团新媒体账号负责人还应该定期向社团管理人员总结汇报近期账号运营情况，主要发布了哪些内容等，让社团管理人员随时能够掌握目前学校社团新媒体账号发布的信息情况。四是内容信息发布后社团管理人员需要不定期地对各个社团管理的新媒体账号进行抽查，对各个学生社团认真遵守信息发布标准起到监督作用。五是预备应急处置办法。前面的各项措施都是在尽力避免账号发布信息时出现错误，却没有已经出现问题时的应对办法，应急处置办法就能弥补学生社团新媒体账号信息发布制度中这部分的不足，保证了在学生社团新媒体账号错误发布信息内容时，能够及时处置，最大限度地降低事件带来的负面影响。

4. 健全学生社团新媒体内容发布联动制度

由于新媒体技术传播速度快、涉及范围广，在学生社团通过新媒体账号发布内容信息时往往不会是各自为战、独立发布，很多时候是需要多个学生社团新媒体账号联合起来共同发布，因此，首先就要健全学生社团新媒体内容发布联动制度。对于学生社团管理制度体系来说，学生社团新媒体内容发布联动制度具有多方面的好处。第一是通过多个社团联动发布新媒体内容，制造热点话题，扩大内容信息影响范围，加大内容对浏览者的吸引力，从而达到强化宣传效果的目标。第二是面对例如通知、公告、活动安排等内容信息需要发布时，利用内容发布联动机制能够实现学校各学生社团新媒体账号口径统一，内容信息正确无误，增强信息信服力，使信息接收者能够一目了然。第三是内容联动发布能够统一内容信息主题，方便学生社团编辑发布内容，减少内容信息发布准备时间，让相关内容资料能够充分利用。第四是学生社团新媒体账号联动发布内容后，方便管理人员对发布内容做协调管理，提高管理效率。如果内容各自发布，学生社团管理人员需要对各社团新媒体账号内容分开管理，而内容联动发布因为确定了共同的内容主题，只需要挑选个别账号检查即可。

健全内容发布联动制度，同时也完善了学生社团管理制度体系，学生社团新媒体内容发布联动制度可以通过以下几个方面加以完善。第一是出台新媒体账号内容联动发布标准，规定好哪些内容的发布要通过联动方式，给出一个统一对照标准。标准的制定可以参考其他新媒体账号联动发布的内容，结合学生社团新媒体账号属于高校账号的特殊身份，一般涉及学校的重大决定、重点计划、重要活动通知以及其他敏感信息都需要多个账号联动发布。内容联动发布标准中记录下详细的类别，并对有关的学生社团人员做培训，确保每一名社团有关人员都清楚内容发布标准。内容发布标准应该注意分类描述细致，例如学校的重大决定，内包括学校开会讨论并公布出的结论、对学生社团活动安排的决定、对开办新类型学生社团的申请决定、对学生社团管理办法的决定等。第二是需要指派专门的专职人员，协调学生社团内容信息的联动发布。通过设置协调人员既能促进各个学生社团紧密配合，联动发布顺利进行，又可以加强对各社团联动发布内容信息的监督管理。在内容信息发布之前，协调人员需要判断当前内容由哪些学生社团新媒体账号发布，确定好联动发布账号范围后逐一通知到对应的社团，社团接收到联动发布内容通知后还需要通过协调人员确定后续发布的详细内容、发布途径、内容形式等，专门的协调人员能够给内容联动发布带来极大帮助。第三是需要在内容联动发布之前制定定期的讨论会流程，通过讨论会确定好内容联动的细节，处理解决各学生社团对联动发布内容的意见和分歧。及时、合理、有效的沟通交流，对新媒体账号内容联动发布帮助很大，充分的前期沟通能够使内容联动发布实施事半功倍。第四需要学习机制，安排学生社团新媒体账号负责人定期学习，报告学习成果和学习心得，组织培训科学的内容联动发布方法，保持社团新媒体账号运营活动紧跟社会主流，形式不落伍，内容有营养。最后一个方面是需要自查，建立根据内容联动发布后的各界反响动态变化的公平合理的评分制度，以方便发扬好的，改正错的，助力健全学生社团新媒体内容发布联动制度。

5. 健全学生社团新媒体账号考核评价制度

高校学生社团新媒体账号的管理，需要通过健全的考核评价制度查看学生社团新媒体账号运营情况，并且给出对应的奖励或惩罚，促进学生社团管理制度体系的全面建设。学生社团新媒体账号考核评价制度应该采取分段考核方式，不能使用一两次的个别考核结果对新媒体账号做出考核评价，应该是多次考核后对结果进行综合评分，最终取平均值作为考核评价结果。分段考核方式包括月度考核、学期考核、年度考核。月度考核主要是针对本月内社团新媒体账号的活跃程度、内容发布数量、运营成效等部分关键指标做出考核记录；学期考核主要是针对本学期社团新媒体账号的全面考核评价，包括各项关键数据指标、获得的奖项荣誉、出现的错误不足、运营情况对比等；年度考核则是综合了两学期情况的全面考核评价，对月考核结果以及学期考核结果做出总结，去除最高和最低评价分数后平均计算全年考核情况。社团新媒体账号考核评价还应该结合校内社团管理人员考核方式以及校外专业人员考核方式，将两种考核结果按比例综合，推荐校内管理人员考核结果占六成，校外专业人员考核占四成，这样能使考核评价结果更加公平合理。校内新媒体账号管理人员的考核评价重点应该偏向综合表现、账号活跃程度、发布的内容信息是否符合学校管理制度、运营流程是否符合管理要求等，主要针对新媒体账号在互联网环境下的行为规范。校外专业人员的考核评价应该偏向新媒体账号的运营方式、内容信息编辑思路、内容发布形式是否合理、内容发布联动是否合理等方面，主要考核评价学生社团新媒体账号的技术水平。

学生社团新媒体账号考核评价方法应该采用多种形式，考虑学生社团的特点，适合综合表现考核和书面考试相结合的方式。综合表现考核主要是根据新媒体账号的日常活跃、受到的关注数量、发布的内容数量、遵守学校规章制度情况等日常表现的水平对新媒体账号做评价打分。书面考试的考核评价则主要是考察新媒体相关技术的基础知识、考察专业技术知识、新媒体账号运营知识、账号运营规范知识，通过书面考试得到公平公正的考核评价得分。

一个完善的新媒体账号考核评价体系内，奖惩制度是不可或缺的。第一是奖励制度部分。首先要确定好奖励规则，确定好哪些情况、哪些表现能够获得奖励，并且明确能获得什么样程度的奖励，赏罚分明的奖惩制度才有充分的公信力。例如通过社团新媒体账号发布的内容引起了大范围的话题讨论、账号达到每天活跃、账号吸引了大量流量，这些对学校社团有正面积极影响的行为能够按照影响程度给予奖励。奖励形式可以包括加分、发放小礼品、优秀证书、奖金、优秀毕业生就业推荐等大学生比较重视的实际奖励，合适的奖励能够充分调动大学生积极性。第二是惩罚制度部分。惩罚制度对应于奖励制度，重点是根据学生社团新媒体账号管理办法等，对于违反规定、给学生社团新媒体账号运营带来负面影响的行为做出惩罚，包括发布错误敏感信息、账号活跃天数严重缺乏、阶段考核评价严重不达标等，按照影响程度可以做出扣分、批评、社团账号停止营运整改等处罚，同时也需要注意奖惩比例，不能重奖也不能重罚，需要奖惩平衡。第三还应该建立申诉复核通道，必须保证奖惩有理有据，让人信服。对于奖惩结果不满意的学生，允许其进行申诉，申请复核，增强学生社团新媒体账号奖惩制度的公信力。

6. 健全学生社团新媒体账号监督制度

新媒体账号依靠网络空间，具有零散、自由度高的特点，导致学生社团管理人员行使管理监督职责有较大难度，需要健全学生社团新媒体账号监督制度。

（1）需要制定监督标准，明确学生社团新媒体账号的哪些范围应该接受监督，这一点十分重要。对学生新媒体账号的监督应该做到有据可依，合理合规，减少账号监督过程中出现矛盾的可能性。根据不同学生社团的分类和规模，实行对应的监督标准，规模较大的社团应该执行更严格的监督，比如每天做检查、每周报告新媒体账号发布内容情况等，而规模较小的社团可以适当降低监督标准，一个月检查一次，不需要单独报告情况。兴趣类的学生社团可以放松监督标准，而志愿者服务社团、马克思主义理论社团等学习类、有关学校形象类社团就要执行严格监督标准。

（2）要制定监督人员选拔办法，确定好监督人员。监督人员的选择原则上应该从学生社团管理人员之中进行选拔，选拔形式采用投票式，获得票数最高的人员担任。监督人员人数的多少由学校学生社团的规模决定，学校学生社团规模庞大，种类繁多时应该多设置几名监督人员，进行分类监督，方便监管，减少监督人员压力，并且监督人员需要每年进行更换，重新选举产生。监督人员本身也受到监督制度的约束，每年结束时做统一总结，评价监督人员监督效果。

（2）结合人员监督和技术监督，采用多种监督机制对学生社团新媒体账号进行监督。首先是人员监督。人员监督比较直观，就是通过指定人员直接行使监督职责，对学生社团新媒体账号做出监督管理。人员监督包括对新媒体账号内容检查、后台监控、账号负责人管理条例抽查等，作为技术监督的补充方式，在对学生社团账号监督中主要是起到辅助作用。技术监督主要是采用新媒体技术，对学生社团新媒体账号做内容数据统计、关键词敏感词判断、账号行为异常分析。账号的数据统计包括发布内容信息统计和账号活跃情况统计，内容信息统计能够清楚了解到新媒体账号发布了哪些内容、涉及哪些范围，以及内容数量是否符合账号运营要求；而活跃情况能直观地反映出社团新媒体账号是否按照要求用心经营，认真完成任务。关键词敏感词检测主要是针对新媒体账号发布内容中是否涉及不当言论、注册信息中是否存在错误等方面，监督账号严格遵守学校管理制度。账号行为异常分析主要是监督账号安全，根据账号近期登录时间、地点、账号间联动等信息，分析某个新媒体账号是否符合账号长期使用习惯，监督账号异常情况。

7. 健全学生社团新媒体账号管理员培训制度

要想让一个学生社团的新媒体账号能够真正走向成熟，不仅仅要完善账号本身的相关制度，还要对管理账号的人员进行培训。

（1）确定培训形式。新媒体账号管理员培训形式包括线上培训和线下培训两种，线上培训的优势主要是方便，不受时间、空间条件的约束，只要想学习，管理员随时随地都能学习，缺点是要求管理员在培训时得有自觉性，注意力要集中。而线下培训的优势主要是培训效果更好，线下统一安排新媒体账号管理员参加培训，能够对管理员学习情况做监督，并且有培训老师做指导，能够及时答疑，提高管理员培训时的学习积极性。缺点是必须按照规定时间到同一地点参加培训，对于新媒体账号管理员来说会打乱原本的工作计划，占用大量时间。合理地结合两种培训方式，能够充分发挥各自方式的优点，最大限度地减弱缺点。考虑到新媒体账号管理的特点，培训采用线上培训为主，线下培训为辅的方式，基础知识通过线上培训学习，重点部分再经过线下培训讲解，能够有效地节约培训成本。

（2）确定培训周期。学生社团新媒体账号管理员的培训要确定好时间安排，包括培训开始时间、培训结束时间、每天的培训时间安排。培训周期为一个月，培训周期太长会占用太多时间，管理员参加培训的积极性会降低，培训周期太短则会影响培训效果。线下培训每周安排两节课，一般情况下安排在周末进行，其余时间每天安排线上课程、线上题目练习等。

（3）确定培训期间管理办法。学生社团新媒体账号管理员在培训期间要认真、准时参加培训，不得无故缺席、迟到早退，请假应该提前说明，并且之后需要补回培训课时。对于违反管理办法的管理员需要有对应的处罚，包括扣分、扣钱、批评等，让管理员充分重视起培训。

（4）确定学生社团新媒体账号管理员的培训内容。首先需要培训管理员的新媒体技术基础知识。对管理学生社团新媒体账号来说，新媒体技术基础知识是需要掌握的最基本技能，管理员对新媒体账号的管理同样也全部在新媒体平台上进行。新媒体技术基础知识的培训要充分了解到新媒体运营是什么、新媒体运营需要做什么、新媒体运营的主流平台以及新媒体运营中涉及的专业名词含义。然后还需要培训管理员的管理知识，加强管理员的管理水平，通过线上课程教授管理的基本概念、管理的组织职能、领导职能、控制职能等。最后，作为学校学生社团新媒体账号的管理员，还应该熟悉学校对学生社团的管理条例，学生社团新媒体账号需要遵守的规章制度，掌握管理员能够使用的管理方法，清楚管理依据。

（5）确定培训效果评价制度。对学生社团新媒体账号管理员的培训效果评价采取考试评分的方式，在培训结束后统一进行书面考试，通过考试得分体现管理员的培训学习水平。考试内容为课程中涉及的知识，每部分的知识都应该尽可能地在考试中考察，对考试没有达到及格水平的管理员可以设置一次重考资格，如果重考还是没有达到及格水平，必须重新参加下一次培训，直到考核及格。学生社团新媒体账号管理员的培训以及考核不是一次性的，在培训考核合格后每隔一段时间还需要再次进行考核测试，对考核测试的结果做出针对性培训，强化管理员培训知识，防止遗忘。

8. 健全学生社团新媒体账号指导教师责任制度

学生社团新媒体账号设置指导教师，对健全学生社团管理制度体系有着重要作用。一方面指导教师能够通过自身丰富的经验对学生社团新媒体账号日常运营给出指导意见，帮助学生社团使用好社团新媒体账号。另一方面，指导教师也能承担一部分的监督管理职责，对所指导的学生社团新媒体账号发布信息做检查、改正，减轻学生社团管理人员的管理压力，完善管理制度体系。想要健全学生社团新媒体账号指导教师责任制度，主要注意两点。

（1）要明确指导教师责任，明确指导教师负责范围。第一，指导教师需要负责学生社团新媒体账号负责人的选定和评价。指导教师需要从学生社团中选择新媒体账号的负责人，选拔方式为统一选拔，想要承担负责人职位的学生统一报名，统一考试，在同一社团内选择分数较高者担任。同时，指导教师还应该对社团新媒体账号负责人定期做出考核评价，评价账号负责人阶段性表现。对于多次考核不合格的社团新媒体账号负责人要重新选择，既保证了新媒体账号的运营效果，也给其他学生提供了成为社团新媒体账号负责人的机会。第二，指导教师需要负责所指导新媒体账号的日常活跃情况。指导教师需要督促、监督对应指导的新媒体账号，按时完成社团新媒体信息内容发布、新媒体账号维护，及时跟进消息回复，粉丝互动等，使社团新媒体账号在指导下能够保持很好的活跃水平。第三，指导教师需要负责学生社团新媒体账号内容发布前的检查指导。由于社团新媒体账号负责人会因为毕业等问题有较快的更替，许多社团新媒体账号负责人不一定都对新媒体内容发布管理办法十分熟悉，可能并不清楚内容发布规则。因此，需要指导教师在社团新媒体账号发布内容之前，对发布内容做出检查指导，减少出错风险，提升管理效能。第四，指导教师需要负责新媒体技术培训，以及平时的问题解答。指导教师应该制定学生社团新媒体账号负责人的技术培训方案，帮助新媒体账号负责人确定技术路线，并且解答账号日常运营过程中的问题，对于技术能力和经验都不足的学生来说，这些都是十分关键的部分，因此指导教师必须亲自参与指导。新媒体技术培训可以通过结合线下教授和线上辅导自学的方式，既安排课程学习，掌握学生学习情况，又安排线上自学，减少时间占用，给学生自由选择学习进度的通道。第五，指导教师需要负责应急处置和风险防范，对于可能出现的紧急情况，指导教师必须做出提前准备和快速反应处置。风险的前期准备包括加强监督管理、风险分析、制定风险管控条例等，当出现紧急情况时，指导教师要能够第一时间处置，因此，需要建立快速反应通道，确保及时准确地接收信息，有效应对风险。

（2）要建立指导教师奖惩制度。完善的奖惩制度能够有效地提升指导教师积极性，对社团新媒体账号指导教师的奖惩评价主要以社团新媒体账号表现为标准。通过学生社团新媒体账号考核评价制度对账号表现做出考核，考核结果直接影响指导教师的考核评价。奖惩方式以经济手段为主，对获得优秀考核结果的指导教师给予适当的奖金，激励他们指导社团新媒体账号的积极性；而对考核结果不及格的指导教师扣除对应数额奖金。

（3）要建立指导教师评价制度。指导教师的评价主要由非指导教师中的其他骨干教师成立评价工作组，评价工作组根据指导教师日常表现、主要贡献成果、个人水平以及是否适合新媒体账号指导等，多角度、全方位地做出分析评价。另外，加上指导教师之间互相评价作为辅助手段，因为指导教师间有更深的了解，更加理解指导新媒体账号时的难点、痛点，充分参考指导教师互相评价的结果能使评价结论更符合实际情况，减少评价偏差，提高信服力，对学校健全学生社团新媒体账号指导教师责任制度有着巨大帮助。

9. 健全学生社团新媒体后台管理员制度

学生社团新媒体后台管理员制度是学生社团管理体系中的重

要部分，后台管理员通常掌握着学生社团新媒体的关键数据信息，涉及学校社团新媒体的账号安全、信息内容隐私、新媒体日常维护等方面，是学校新媒体系统下非常重要的位置。健全学生社团新媒体后台管理员制度需要做好以下几点。

（1）健全后台管理员的任免制度，主要包括了对后台管理员的选拔、考核、免除。想要担任学生社团新媒体后台管理员，首先需要具备新媒体管理员的资格或已经是学生社团新媒体账号管理员，满足条件后才能参与考试选拔。考试内容应该包含多方面，例如新媒体技术、后台管理员规范、学生社团新媒体管理规定、新媒体风险分析处置方法等，涉及新媒体后台管理的知识面都要求有一定掌握。通过选拔后，还需要对正式的新媒体后台管理员定期做出考核，考核方式采取扣分制，主要从后台管理结果评价。考察主要涉及新媒体内容信息审核、账号信息保密、应急处置、学生社团新媒体运行情况。如果出现由于后台管理员的监控失职导致违反学校新媒体相关规定的情况，对管理员做出记录并扣除考核分，如果后台管理员累计考核扣分达到一定数值，则不再担任后台管理员身份，并且不能再次选拔。

（2）完善新媒体后台管理员责任制度。新媒体后台管理员责任制度也就是要明确后台管理员需要做什么。首先，学校社团后台管理员要为学校所有的社团新媒体账号服务，需要对社团新媒体账号提出的内容发布、信息查询、数据保存、信息修改等申请做出及时回应，保证学校各个社团能够很好地使用新媒体渠道，正常运营新媒体账号。其次，后台管理员需要对学生社团将要发布的内容信息做出审核，判断是否符合学校新媒体规定，对于不符合规定的内容留存记录和违规原因，集中上报。最后，后台管理员还需要通过观测后台数据，了解媒体形势，对可能出现的舆情风险、安全风险等做出分析，减少学生社团新媒体出现错误的可能性。

（3）制定新媒体后台管理员管理规范。健全学生社团新媒体后台管理员制度不只是要确定后台管理员需要做什么，还要明确后台管理员不能做什么，应该怎么做。后台管理员应该使用统一的新媒体管控工具，尽管有很多新媒体平台，学校后台管理只有一个出入口，既方便又高效。新媒体后台管理员只能在校内指定的地点、指定的设备上开展后台管理、分析，不允许使用自己私人设备，也不允许将设备带出校外，这样才能有效地避免学校社团新媒体的隐私信息泄露。除此之外，需要确定新媒体后台管理员的管理监督办法。除了针对管理员自身的管理办法，学校还应该设立专门的人员，对新媒体后台管理员进行管理监督，监督新媒体后台管理员是否按照管理规定完成管理员职责。同时，监督人员还负责在紧急情况下协调新媒体后台管理员对事件做出快速反应处置。监督人员需要定期轮换，以保证监督效果，监督人员的反馈也会作为新媒体后台管理员考核的参考。

（三）建立适应新媒体要求的学生社团管理组织机构

1. 建立学校党委统一领导，各部门分工负责的领导体制和工作机制

学生社团是校内自主进行各种课外活动的群众性团体，也是校内第一课堂的有效补充，是学校文化建设的重要载体，也是学校课外人文知识教育的主要组成部分。所以，有必要更务实地改革完善学生社团管理体系，建立适应新媒体要求的学生社团管理组织机构。

学生社团领导体制是“导航系统”，使学生社团顺利运转。“航向”由党领导，以确保学生社团正确的政治方向。学校党建和思想政治工作体系相融合，服务于立德树人的根本目标。学校党委校准“航线”，进行具体业务指导，促进学生社团和各项工作自始至终按照党引领的方向前行。学生社团自身领导确保“航

速”，不断进行深化改革，完善自我建设，促进学生社团依法有效运行。

学生社团要始终坚持党的领导。学生社团是在中国共产党领导下的学生团体，是学校党建与思想政治工作体系的有机组成部分，听党话、跟党走才能够帮助学生社团长远健康地发展下去。要着力把握政策定向，强化学生社团的党建工作，特别是社团作风建设等重要领域，在工作计划、章程、领导人员等重大事务的决定中，学校党委都要发挥着审查把关的重要功能。要注意统筹规划，将学生社团建设融入学校党的建设工作总体布局，并定期调研指导学生社团管理工作，使之作为学校为党进行教育服务的重要载体，在“三全育人”的大思政布局中发挥重要作用，形成巨大合力。要强化工作保障，建立宣传、教务、人事等各部门分工合作、协调运转的工作机制，以帮助学生社团更好地发挥学校联系广大青年学子的桥梁与纽带功能。学生社团要自觉坚持党的领导，正确把中国共产党的声音用广大青年学生们愿意接受的方法进行传达，并带动学子们将个人理想与党和人民的共同理想相融合，将广大青年学子最深入最牢固地凝聚在中国共产党的身边。

社团的每一个部门都要建立分工负责的工作机制。每一个部门都要真正做到为学生着想，给予学生一定帮助，保障学生的利益。社团管理部门在组织上分为主席团、秘书处、财务处、新闻部、活动部、事务部和评价权益部。正副主席与各部长共同组成社团的执行机构，主管并开展社团日常管理工作，并直接对成员代表大会负责。执行机构职责主要包括：（1）落实社团决策。（2）报告总结工作计划以及社团财务、物料接收、管理情况。（3）建立内部管理体系。（4）审核社员的出入，邀请有兴趣的同学加入。（5）每月至少组织两次例会。主席团职能主要包括：（1）社团主席负责对团委和学生社团的各种工作及活动进行管理、统筹，而副主席则须配合社团主席的工作。(2) 社团主席认真履行党委交代的所有工作，管理广大学生活动的计划总体开展等工作，宣读党委发下来的文件的核心思想，并在特定的时间将社团的具体工作方案报送给党委，向学生社团各部作述职汇报。副主席辅助主席做好全面工作，负责学生社团的工作和解释事项，当主席不在时，由副主席代理主席的工作。(3) 由主席团牵头举办社团例会，宣传重要的文件精神，布置工作，督促各部门实施工作规划中的任务，并做好检查、总结；负责组织安排学生社团重大活动和主要工作的开展。(4) 定期召集各部部长会议，听取他们的意见、建议；协调各部间的关系，督促各部工作的实施与开展。(5) 负责团委、学生社团内部的思想教育管理工作，了解全体人员的思想动态，并适时向团委反映；组织学生社团干事的推荐和考评工作。对有突出贡献或违反相关法规的学生社团干事做出表彰或批评，建议上级部门予以相应的嘉奖或处罚。(6) 到学生中熟悉和把握具体情况，对重大问题适时进行调查处理。(7) 积极配合校团委的工作，增进各社团之间沟通，提高各社团工作的协调能力。各部长和干事职责包括：(1) 对部长的具体工作规定：部长有责任为本部制定学期工作方案，按照方案给干部们分配工作任务，并随时询问理解工作方案落实情况，定时举行部内例会，倾听干事们对部内工作意见和任务的完成状况。部长们有责任和义务对干部的活动操作能力加以培训，创造练习的机会，发挥各个成员的专长，使干部们团结合作，提升效率。在圆满完成本部工作的前提下，各部长须尽量配合并积极组织本部的干事配合其他部门工作。(2) 对干部工作范围的规定：必须按时参加全会和部内大会。各干部听从部长的领导，及时完成各项任务。在此基础上，干部可对工作情况提出合理意见或设想，主动配合其他部门工作。(3) 部长、干事须遵循逐级上报、恪尽职守的工作准则。如华东理工大学 Green Zone 环保协会在师生河长和护河志愿服务队项目中，围绕水质监测、智能巡航、生态修复等内容发力，为文明绿色可持续的校园发展保驾护航，这也是全国首例“河长制”进校园。该社团是目前华东理工大学唯一的五星级环保类社团，也是中国绿色校园社团联盟和上海市高校示范性环保学生社团联盟第一批成员单位。社团以“新时代生态文明+”为主题，以“保护环境，投身公益，用心专注环保”为行动理念，为大学生专业所学不断探索科技扮靓生态环保的创新之路。

2. 建立职责明确、善于运用新媒体技术的社团管理学生组织

新媒体技术在学校社团活动中的运用能够满足学校需要，对于社团的创新发展也有着巨大的价值。第一，提高了社团活动的效果。传统媒体下的社团活动更易由于信息闭塞、准备不完善、传播不深入等因素造成一系列问题，影响社团活动的效果。与此相反，在学生社团中融入新媒体技术，则能够避免上述问题。以新媒体技术为基础，社团活动的发展有了海量的信息资料、更为多元的形式、更为多样的传播途径，这些都为社团活动奠定了基础，可以大大提高社团活动的效果。第二，为新社团活动形态的创造提供了途径。目前学校社团已经是00后学生的活动集中地，而年轻一代的学生们总是可以站在社会时尚发展的前沿，主动地接受新兴事物，也因为这样，当一个新兴媒体诞生后，学生们也会将其运用于学校社团活动，并对社团活动方式进行探索。微信、微博等新媒体技术适用于学生社团活动，能够创造社团招新形式，并打造学生日常活动的新型网络平台。因此，新媒体技术在学校社团活动中的运用，使学生社团活动的发展冲破了原来空间的束缚，同时学生能够运用新媒体技术随时随地参加社会活动，而不再受原来活动形态的束缚。第三，有利于健全社团管理体系，保证社团活动的正常运转。新媒体环境下，社员之间的沟通方式以QQ、微信等社交应用软件为主，社团内部通过成立群

对每个社员进行管理，社员在群中进行信息互动，大大增进了社员间的感情。同时，社团活动的顺利发展必须以成员间的配合与协调为基础，在传统媒体下社团活动的发展必须通过多次召开大会商讨细节问题，加大了社团成员的工作压力。相反，将新媒体技术融入社团活动，社员之间就能够随时展开讨论，从而有效提升了社团活动的效果。

学生社团还可利用新媒体技术的优势来举办社团活动，比如利用微博、微信等社区应用软件举办具有一定社员数量的联谊会，并且还可利用新媒体平台共享经验，从而对社会成员进行培养。学生社团还必须拥有一个完善的社团活动制度。第一，学生社团内部必须建立详细的规定，明确学生社团的活动开展理念与准则，为社团活动的实施提出具体方案。第二，学生社团必须建立一个管理良好的学生社团干部队伍，组织一批具有良好思想政治素质、工作热情、能力强的社员开展培训，并让这些人带动学生社团的成员们一起进行学生社团活动。第三，建立社团内成员之间的信息交流系统，通过社员间的沟通，及时掌握社员们所关心的问题，使社团活动的发展更能够符合社员需要，并以此增强社员的参与积极性，从而增加社团活动成功的概率。同时，要做好对社团活动的指导与监管。学生社团的活动范围和时间都没有局限性，活动的可控性很低，间接地导致了社团活动发展的恣意性。所以，学校想要保证社团活动的顺利进行，就需要对社团加以指导与监管。首先，一些社团成员思想政治信念还不够坚定，又容易被不良的社会风气所左右，导致了社团在活动中出现一些错误。因此，学校需要做好对学生的思想政治教育，以提升学生的思想品德水准，指导学生对新媒体环境下的不良文化加以识别，防止不良文化对学生社团活动发展带来负面的影响[①]。其次，

① 周东柠．新媒体在高校学生社团活动中的应用策略［J］．艺术科技，2019，32（06）：34+36.

管理学生社团的校团委必须承担社会责任，并做好对社团的管理与监督，形成一个全新的社团活动规则来有效监管学生社团。另外，学校团委要对各社团进行有效的指导，组织各种社团之间交流，分享各自的实践经验，增进社团之间的沟通协作。新媒体环境下，学生社团活动的开展脱离互联网将寸步难行，所以，学生社团完善学校互联网监管制度存在必要。社团骨干在带领社团活动的实践过程中易受到错误思想的负面影响，从而造成社团活动传播的社会价值信息失真，甚至引发学校风波。因此，学校需要完善网络监督，对部分由社团活动而引发的舆情做出有效的处置对策。另外，社团骨干成员应该自觉地提高自己的使命感与道德感，积极保持校园氛围的和谐性，在学生社团的稳定发展中助力校园文明建设。第四，提高对新媒体信息技术的掌握和运用。学生们要想在社团活动中有效运用多媒体，就需要增加自己对新媒体技术的知识储备，以增强自己对新媒体技术的运用能力。社团成员们能够通过各种社团活动推广的渠道，检验新媒体技术运用的效果，同时利用社团联盟监管社团活动，增进社团之间的沟通。计算机社团也能够发挥技术资源优势，通过社团之间的技术协作，协助其他社团建立新媒体技术的相关知识系统，同时也能够为其他社团的活动提供技术指导。

职责明确、善于运用新媒体技术的社团管理学生组织通过建立社团 QQ 群，微信群、微博及网络学习空间的方式，能够有效提高学生社团活动的时效性和广度，在活动前将社团活动的相关信息和要求依托信息化手段进行发布宣传。活动结束后，社团成员再利用网络平台将作品、材料、成果进行在线提交和展示。同时，社团辅导教师可在网上进行活动点评和个性辅导，发布扩展知识内容，将有限的面对面的线下活动时间扩展到无限的网络空间中，不仅保障社团活动的正常开展，而且可以有效提高社团活动效率。

职责明确、善于运用新媒体技术的社团管理学生组织将“翻转课堂”理念引入社团活动中，辅导教师或社团负责人提前在网络上发布下次社团活动主题和内容，根据每一名社团成员的特点和特长进行科学分组，并将活动任务分解到各小组，小组成员利用业余时间搜集、整理相关任务素材和资料，并上传至空间中进行资源展示和共享。待社团活动开展时，辅导教师围绕活动主题和学生完成情况组织进行讨论和交流，对于学生未掌握或认识有模糊的地方进行集中讲解。此方式的使用能够充分发挥学生的主动性，保障社团活动开展效果。

职责明确、善于运用新媒体技术的社团管理学生组织利用QQ、微信、微博等网络平台协助社团师生在不同地方、不同时段开展互动与交流，使社团活动的范围得以延展。同时每个学生也可以在老师的引导下自发成立兴趣小组，通过共同制定的任务思路与方法科学合理地进行分配任务，或在互联网上开展问题调研与探讨以进一步提升学生自主探究才能，培养团队协同的意识与能力。

（四）建立适应新媒体要求的学生社团管理工作机制

1. 建立社团新媒体信息协同平台，实现校园新媒体的聚合管理

完善的信息体系，是可持续发展的灵活运作组织的主要特点之一。随着现代技术的突飞猛进，信息的实时高效获取已成为团体和个人获得成功的关键条件，快速有效地沟通信息也是朋辈群体建立稳固的人际关系的重要条件。为了达到学生社团信息的迅速更新与永续利用，信息的适时通达能够让社员们直接产生归属感。信息体系的运用能够进行更清晰的信息传递，有助于学生社团文化的传播。

建立社团新媒体信息协同平台，一是要明确新媒体的定位。

校园新媒体平台（微信、微博）主要是指面向学校教职工、在校学生等，以宣传报道校园新动态，塑造良好校园形象，并提供便利服务为主要目的的资讯发布平台。校党委宣传部是学校新媒体网络平台建设与发布的唯一官方组织，校内各社团注册主体为学校的微信平台须向党委宣传部提交申请并由其审批。根据实际情况安排学生团队，负责新媒体平台推送内容的策划和编辑工作。党委宣传部将对相关社团负责人及成员信息进行备份，新媒体信息协同平台工作人员变动应及时通知校党委宣传部专职教师。二是要明确信息发布程序。在学校的新媒体平台发布信息时应严格执行审批程序，未获批准的信息不得发布，涉密信息也不得发布。同时，各部门也要保证具体内容的准确度、时效性和适用范围，标明信息来源，来源不明、信息内容不准确的信息不得发表，有抄袭嫌疑的新闻图文不得发表。信息内容应精简，图文表述要清晰，尽可能做到图文并茂，将文字信息内容限制在一定字数之内。

学生社团对学生来说有着引导功能、团结功能、启发功能、情绪调节功能和素质扩展功能。在学生社团中建立创新平台，对提高学生社团质量，培育学生的创造力有着重要意义。一是便捷社团之间的交流。无论学校内部活动还是跨校社团交流活动，经费总是最大影响因素，而学生社团新媒体信息协同平台的搭建，可以利用网络实现远程互动，从而达到管理模式、活动内容、资源信息等快捷共享，有助于学生社团更有效率地开展社团活动。二是实现学生社团之间的创新性探索。由于学生社团也是个人兴趣的集中团体，一旦能够集中各团体的前沿思维，共同进行合作，就可以进行长期合作探索，在其兴趣范畴上做出创新性成果。三是实现学生社团的跨地域合作活动。借助新媒体信息协同平台的建立，可以让学生在协同合作网络平台上发现自身感兴趣的高质量外校学生社团，利用远程活动的形式进行跨校活动。四是提升学生社团质量。缺乏技术创新、没有系统科学的管理体系是当前学生社团的主要现象，借助新媒体信息协同平台进行活动交流合作，弱小社团可以通过与其他社团的交流学习，进一步健全自身管理体系，完善管理机制，革新社团活动方式，而强大社团更可以和其他同级社团强强联合，探索与互动，共同向社团未来创新发展的方向迈进。

实现校园新媒体的聚合管理，一是要优化顶层设计，以官方主流媒体为主导建设融媒体中心。以官方主导媒体为核心，积极建立新媒体宣传矩阵，从宣传内容共建、渠道共建开始，正确引导舆论导向，积极构建校园文化，防止宣传内容的简单重复叠加。同时，把媒体内容生产纳入传统模式之中，保障社会主流语言与意识形态安全是媒体融合的第一目标，这也要求媒体主管部门及领导优化顶层设计，整合传统媒体资源、新兴媒体资源、官方媒体资源、各部门媒体资源，以官方主流媒体为主导建设融媒体中心。融媒体中心将根据“中央厨房”理念，以媒体资讯“单一收集、多重制作、多元化传递”的发展路线，通过跨部门、跨媒体、跨校区、跨专业的新闻采编人员，分别依据传统媒体的特长和新兴媒体的优势，根据各种类型的新闻信息、平台、受众，提供各具特色的新闻信息。最终，在主流新闻媒体传播和宣传校园形象时，实现多平台、多渠道、各部门的协调统一，扩大媒体内容的影响力。在日常宣传活动中，充分发挥各平台和各部门的多元化优势，展现多姿多彩的校园文化。二是要强化优势互补，以媒体内容创新推动渠道平台优化。在媒体融合过程中，特别是内容融合和渠道融合方面，传统媒体与新兴媒体之间的博弈现象是持续存在的。传统媒体因具有内容丰富、有深度、权威性强、严谨性强、线下资源丰富等优点，表现出明显的内容优势。新兴媒体则因形态多样、技术手段先进、时效性强、参与度高、互动效果好、服务范围广等特点，表现出明显的渠道优势。因此，需要加速多元发展，加快传统媒体转型和深化开发新媒体，基于两者良性互动实现媒体渠道融合平台化转型发展，发挥内容采编创新在媒体信息化传播时代的作用，强化媒体融合平台的宣传效果。校园媒体应从新闻内容上突破创新，深化改革主流新闻传播和校园形象宣传的采编方式，制作广大师生喜闻乐见的新闻信息，借助新媒体的多元化平台，增加校园媒体的线上线下互动，强化媒体工作者和受众的互动效果，更好地服务广大师生。因此，针对微信、微博、抖音等新媒体平台影响力偏低的状况，媒体管理者与社团所有的成员应敢于创新，充分发挥新媒体信息协同平台的互动功能，进一步开发其服务功能，增强广大师生对校园媒体的主人翁意识，通过大众自媒体传播渠道，共建蓬勃发展的校园融媒体平台。三是要整合师生资源，以不同专业师生为采编力量塑造特色鲜明的校园形象。在新媒体时代，“人人都是宣传员”，强化互联网基因培育，创新推进“互联网 + 校园信息”的组成方式。依靠“集体负责、集体管理、集体规划”模式，实现专业媒体人与大众的深度配合，充分调动广大学生群体的积极性，以开放共享的方式完成媒体内容采编，增强报道选题与主体的多样性。校园中既有特点突出的学科，又有计算机专业、人文类学科，可以充分融合学科资源，借助计算机技术与人文平台，以特色学科为核心，使各个学科的教师参与到校园媒体内容的采访、摄影、撰写、剪辑、发行、宣传、交流等全过程中，增强新闻宣传的专业性、特色性以及趣味性，提升校园新闻的品质，突出特色鲜明的校园形象。

学生社团新媒体信息协同平台的构建，是实现社团协作创新的基础条件。唯有建立完善的新媒体信息协同平台，才能促进各个社团在很多方面的线上交流和信息交换，引导学生互动、讨论、反思，培养其协作能力。首先，要建设数据共享平台，做到数据共享。建设数据共享平台可以促进社团间的互动，促进社团内部的共享交换，并利用社团间的优质信息资源，一起享受学校或先进社团的社团研究成果，为平台的建设打下了基石。其次要设立社团间相互交流学术及科研合作交流论坛。论坛的设立能将有着一致兴趣爱好的社团成员汇聚到一起，并联合成立研发合作队伍，以达到优势互补，一同解答社团研究领域发展方向的专业问题，更可进行大型项目的合作申请。同时，也可以在平台中添加社团成绩显示模板，相互交流学习社团成员的优秀活动成绩、比赛结果。最后，与同学老师一起进行活动，体现社团平台沟通高效的特点。老师是人才中的坚强动力，社团的蓬勃发展与壮大同时也离不开指导老师的正确引导，唯有发挥指导老师的作用，才能更高效地进行协同创新。在竞赛项目申请与研发时，导师也能充分发挥其专业性，为项目进行专业化辅导。

2. 建立学生社团审批和活动管理的一站式工作机制

社团审批与活动管理的一站式工作机制，可以更好地指导与促进学生社团活动的发展完善，并规范对社团活动的管理，提高工作的透明度，保证活动的顺利进行。

（1）活动申请。社团举办活动需要向社团联提交活动申请，之后方可进入审批程序。社团活动申请时需要准备好一个社团活动策划书，策划书的内容主要是社团活动的举办日期、场所、代表、具体活动、费用估算等重大事宜，活动策划书内容以及活动费用估算需要详细写出。活动申请表要在社团联工作平台上提前一个月向副主席递交。

（2）活动审批。活动申请表提交后，由副主席审核，二十四小时内各社团向新闻部、活动部、事务部和评价权益部提交各类活动申请表及活动计划。由新闻部选派工作人员组织社团活动推广宣传和新闻报道等，由社会活动部统计并整理与社团活动的有关资源，由事务部协调物资供应，评价权益部参加社会活动全程工作并完成项目评审。在各类活动项目经过批准后，凭申请书即可向相关部门申报活动场地。活动申请应遵循的原则是高效高质量开展工作，严格控制和监管。各类活动项目名称须与所申请资金的实际需求相符。对于可行性较高、创新性强的各类活动项目，给予优先考虑，具有较高风险的各类活动项目，一般情况不得采用，对学校活动缺乏完整思路和完善过程，或是程序不通畅的项目驳回或进行更改。社团活动要热情向上，推动校园精神文明工作，提升全校学生的整体综合素养。学校活动主题鲜明，具有德育意义，时代感较强，可以反映校园的精神面貌。活动内容要严格按照社团自身特色，或是根据本校和社团的实际状况设计，不可以从事校内营利性经营社会活动，也不可以与学校的经营社会活动有直接或间接关联。但若遇到特别情形，要求将经营社会活动推迟或是撤销，则应当根据社团联合会工作平台适时向社团联合会相关机构（新闻部、活动部、事务部、评价权益部）反馈。如果社团所邀请的学生活动地点都在校外，则社团应该把策划方案、涉及的人员信息与电话号码、活动指导单位建议（加盖公章）等内容交给社团联，再由社团联进行审核。两个以上的（含两个）学生社团联合举办活动，应当经学生各自的指导教师、指导单位批准，并由共同发起活动的学生社团主管单位将联合活动实施方案报送学生社团的联合活动办事机构审核；社团聘请外籍人员举办社团各类活动的活动申请书，如果要获得申报批准，就需要事前取得校外有关主管部门的批准；如社团要求举办存在特定安全风险的国际交流教学活动时，视情形应当组织专家答辩会；举办学生出国或出境交流活动，应当获得学生外事主管部门同意，上述交流活动的开展与进行，应当经家长或者所属院系的学生管理办公室签字确认。

（3）活动开展。社团活动全过程需要在社团联合会的有效监督下，凭借学生社团工作许可证，在有关主管部门的协助下实施完成。在公益活动的推广过程中，相关出版物、张贴物品的处理应当遵循有关法规，同时应当严格遵守国家有关规定、校纪校规。如涉及事务争议，由涉及争议的社团主要责任人负责。社团发行报刊需经社团联审查，报学校团委审批后，方可公布出版。在活动期间，若要从社团联借出所需的物品，则要和事务部的相关管理者们进行有效沟通，并完成借用单的信息填报以及标记使用时间的明细。用完该项物品后，要及时返还该物品，并在借用单上再次签名以确定，如有发现该物品在使用后仍有破损的地方，可根据有关的条款进行索赔。活动责任人要在活动开展中，在与新闻部有关责任人的协调下，迅速搜集好与活动内容有关的材料，以便存入归档，留存记录。在活动实施过程中，还应当联系评估权益部有关责任人，以便于对社团活动的实施情况进行有效监测和管理，同时，核对活动计划中的具体内容，便于对社团活动做出合理评价。

（4）活动完毕。活动完成后，社团将及时清洁现场并有效地解决关于现场的各种问题，维护场馆内的一切财产安全。活动完成后，应当于一个月内根据社团联合会工作平台向社团联活动部提交社团活动汇总，汇总须包含活动内容、活动图片、媒体报道、活动结果和参与者心得。社团活动完成后，若发现活动结果不达标，将给予社团批评警告。

3. 完善运用多媒体平台开展学生社团考核评价工作机制

学生社团考核准则的制定和评价制度的建立，对学生综合素养的提高和全面发展有着巨大的促进意义。由于学生社团组成的多样性、活动的实用性和社团组织的社会化，学生社团活动更加具备实践与教学的功效，为学生积累基本知识能力和提高综合素养创造了实践的平台。完善并运用多媒体平台进行学生社团考核评价工作，是提高学生综合素养的有效途径。

社团考核评价必须掌握三个基本要素。一是社团素养扩展。社团作为学生的第二大课堂，是充实学生学习生活内容的主要载体，因此，学生必须从社团中实现素养的扩展，在掌握课程之外基本知识基础上，把基础知识夯实，助力社团促进学生个性化发展，培养创造力与综合素养。二是社团影响力。判断社团品质的重要标尺便是社团的影响力，如果某个社团在学校中广泛传播并且广受学校领导和学生们的赞誉，其举办的活动也会促进学校在未来更好地发展，创造出更多更具创意性的活动，才能最终判断这个社团是合格的。另外，还要综合社团在社区和学校的地位，从多个角度加以衡量，做到评价既准确又全面。三是学生参与度。社团的生命动力由学生的参与度所反映，社团学生参与性越高表示着社团活动内涵越丰富有新意，既可以得到学生们的喜爱与推崇，又可以培养学生的积极性和创新精神。在评价过程中要围绕学生参与性进行客观细致地记录与评估，搜集更多的资讯，并做出正确的评判，由此来促进社团的繁荣发展与创新。

完善运用多媒体平台开展学生社团考核评价工作机制，一要进行差异化评价。要根据各个社团的特色建立相应的评判准则，进行个性化评估，并建立比较细致的规范，而不能搞表面功夫。要结合实际，真正地掌握社团发展的现状以及发展过程中存在的问题，针对存在的问题给出整改意见。以后再进行复评，保证社团的健康有序发展。二要建立针对性的评价指标体系。评价指标的建立必须科学严密，根据社团正在进行的活动做出评价，但要着眼于整个流程而不能以结果为导向，打破社团活动流程混乱、结果完美的假象。社团活动的开展要做好全过程评估工作，防止形式主义以及违反原则的现象发生，强化考评力量，优化评估工作流程体系。三要增加评价主体。为学生评价的开展进行更为客观真实的评估，必须聘请社团成员或者其他社团的成员来进行评价和打分，并安排学生社团的骨干进行自评，或者引进社会力量进行考察和评估，以掌握比较专业的评价标准和数据，防止学生社团的发展陷入封闭状况，从而导致学生的发展缺少相应的社会经验指导。四要建立完善复评制度。有效的评价制度必须是全方位的，不能只评价一个时间或者一段时间的表现。为完善复评制度，必须根据社团前期出现的问题制定科学严格的复评指标，同时也要联想到每个社团所存在的特殊性，根据社团个体的不同进行复评，整合各方信息来源，强化内部审查力量，严格规范整个过程，保证存在问题的社团及时完成整改工作并符合法律规定，从而避免发生浑水摸鱼的现象。

完善运用多媒体平台开展学生社团考核评价工作机制为学生社团规范化管理工作，推动学生社团科学、健康、有序的发展提供了有力保证。通过对学生社团进行全面的分级考评，对同一种类型的学生社团进行统一考核，内容包含内部机构建设、团队建设、社团活动管理等方面建立科学的、合理的考核体系，筛选出管理有方、有创新能力的、受社团会员欢迎的优秀学生社团。[①] 如：经过一学年的全面评选，所有成绩优秀的学生社团被评为“十佳社团”，并给予相应数额的奖品，对正确引导和激发学生社团的规范管理和创新意识具有重要意义。通过对学生社团的考核评价，促进和引导学生社团良性发展，起到了重要的育人作用。[②] 为规范社团管理，对学生社团干部也应实行考评，并可针对其管理工作方式、领导思想、管理工作业绩（社团的考核成绩）、内部建设、财务、培训成果等方面进行量化考评，在答辩过程中继续进行详细阐述。同时，可以通过有效结合社团辅导和教学任务或是职称评定等方式对社团导师进行考评。如北京科技大学举办2020—2021 学年 1987 级校友基金十佳学生社团评选答辩会，目的是贯彻落实《北京科技大学学生社团建设管理办法》的有关要求，发挥榜样带头和示范作用，促进学生社团育人功效发挥和校

---

① 罗妍妍．新时期高校学生社团管理模式创新研究［D］．成都：西南交通大学，2010：51.

② 罗贤甲，兰建军．社团导师制的理论与实践探讨［J］．哈尔滨师范大学社会科学学报，2014（02）：152－155.

园文化繁荣。

多媒体平台广泛使用于学校社团中，可以增强学校社团建设的实效性和教育性，拓宽学生眼界，培育学生的民主合作精神，培养学生的综合创新能力。

4. 建立社团新媒体信息预警机制

“预警”一词最初产生在军事领域，主要指军队用来应对突发事件的预防举措。当预警目标的总体目标数量已经逼近甚至超出目标数量的基本数值时，也就预示着突然袭击已经发生，从而预先把警报发出去，并指导主体采取适当的对策。所以，预警是组织中能够有效反馈信息的系统。

随着经济社会的发展以及新一代信息技术的广泛应用，社会媒体形态也不断出现了变化，拥有鲜明的数字技术特征，互联网、手机等新型媒体的出现深刻变革着传统媒体的传播方式，并广泛影响着现代人的媒体活动和社会生活方式。由传统媒体到网络媒体、移动传媒以及自媒体的变革发展，给社团的信息传播预警方式不断提出了全新的挑战。根据《中国移动互联网发展报告（2022）》发布的数据，截至2021年12月底，中国手机网民规模达10.29亿人。由于网民规模总量巨大，使得新兴媒体的社会影响力更加巨大。同时，微博等新兴媒体也增加了信息传递的快捷度与多样性，信息发布也较为便捷，意见表述较为随意，进一步凸显了新媒体的社会影响力。

社团新媒体信息预警机制的特点包括反应时间的紧迫性、信息管理的透明化、预警媒介的高科技化。首先，资讯加速裂变传播的时代，消息传递速率特别快。[①] 但如果出现消息不确定、信息沟通不顺畅等问题，一个简单的消息或一条意见就可以引发涟漪效应，甚至激化矛盾。传播心理学中有这么一条定理：第一次

---

① 李婷婷．新媒体环境下公共性突发事件中的政府预警机制研究［J］．新闻知识，2013，(10)：38-40.

进入人类记忆中的信号有先导性和稳定性，但后来要改变这种信号，就必须耗费七倍的功率。所以，由于新媒介环境给相关部门的反应时间极其有限，因此相关部门必须充分认识互联网信息传递快速性、强扩散力的裂变性规律特点，第一时间主动发出权威信号，并通过互联网及时有效发出呼声。其次，透明度管理是团结人心的关键，影响事件处理的结果。所以，在应对管理工作中，掌控着重要信息和资料的各个部门都必须坚持透明化管理，必须实现有关信息的及时有效发布，在第一时间指导社员。透明化管理还需要将部门应急管理工作的基本流程、措施及其具体执行结果等加以披露，社员才可以通过对相关信息做出合理预测和适当的选择与判断。最后，依托传播技术的持续发展提高，各种新媒体在不断产生和快速流行，这意味着信息传播可以不断冲破时间与空间的束缚，给各种声音的快速传递提供了环境。社团中的所有部门都要具备“做什么事都要打好提前量”的传播意识，与时俱进地运用手机、互联网等新媒体信息发布平台，以增强部门信息发布的有效性，并争取部门面对校园舆情的主动性。

建立社团新媒体信息预警机制，一是要形成覆盖范围尽可能大的联动机制，包括上下联动、同级联动和传统媒体与新媒体联动。上下联动指构建各级高效、快速的社团新媒体管理及信息应对渠道，确保社团信息预警工作不留空档。同级联动要求社团管理机构在对社团新媒体信息预警管理工作实行总责承担的时候，还需要形成相关部门机构协同参与的信息串联系统，并构建起同级联动的信息工作网点。一方面要将与社团新媒体信息预警工作紧密相关的部门机构纳入联合体系，另一方面又要将社团党委及其下属的各个部门及时调动起来，共同实现信息的实时互动。互联网在新媒体环境下往往是重要社团信息的主要来源，先有新媒体上的信息酝酿，后有传统媒体舆论引导的信息介入，对新媒体上社团信息做出了深挖、放大处理。有鉴于此，社团信息预警管理工作中也需要更加重视对传统媒体舆论引导、新媒体上的信息互动预警工作。二是要完善信息报告通知制度。信息流动也是社团新媒体信息预警系统的关键，社团信息只有采取相应方法对上级部门予以反馈，对同级部门信息予以传递，并对下属部门信息予以及时公告，方可真正彰显信息内容的真实重要性。有鉴于此，务必要形成明确顺畅的信息上报途径，通过各种上报方法使社团信息实现尽可能快捷地上报，并且在信息上报中要保证具有真实感、时效性，具有一定品质、数量，兼具喜报、忧报等。三是需要建立具体清晰的职责机制。责任机制可以为实现社团新媒体信息预警体系规范化建设提供良好的制度基础，但如果职责模糊、相互协调不合理，则势必会对社团的新媒体信息预警管理工作造成不良影响。针对此，还需要形成全面独立的工作指导部门，通过对各部门所肩负的相互协调与工作责任的明确规定，逐步构建起社团信息资源共享体系，并建立信息预警管理工作的高素质人才咨询队伍，逐步实行主管负责制。另外，还需要对社团新媒体信息预警管理的工作职责主体、工作机制和职责内容等方面进行明晰，逐步建立新媒体信息预警调查、处理回告等工作机制，加强社团信息通报、责任追究等机制的认真开展，对先进工作者给予奖励，并对落后工作者进行相应处置。

5. 完善适应新媒体要求的学生社团管理沟通机制

在学生社团组织中，沟通是学生社团的生命线，它将社团组织从里到外有效地连接起来，对提升学生社团组织效能、促进社团的有序运转有重大影响。在社团组织中增进交流能够更有效降低内部阻力，提高团队凝聚力与竞争性，更快更好地达成社团的目标。

优秀的沟通能力不但有助于提升学生自身的沟通魅力，培养学生自信的心理，从而增强其对学习、生存环境变化的适应能力，同时也可以使其更易于获得别人的协作与支持，迅速地融于社会生活之中。相反，沟通能力较差的学生则往往易于被人边缘化，并会由此形成心态、感情和交往压力等问题。但是优秀的交流技巧不是天生的，作为教育的第一线，学校有责任和义务将沟通能力训练作为提升学生综合素养的重要内容，加以系统总结和广泛推动。第一，当代00后学生的心理发展特征不同于传统80后学生，但同时他们又有自己适应现代心理发展的沟通交流特点，而大多数学生社团的指导老师也是80后为主。同时，各团队间也往往需要沟通协调等，所以交流变得特别关键。了解00后和90后学生的交流方法，有助于人们更好地进行对比，寻找更加合理的交流方式。第二，学生们来自五湖四海，由于他们之前所受的高等教育和社会环境影响不同，自然在认识和交流方式上都会不同。因此，需要提高学生组织中有效沟通技巧，挖掘学生的高效沟通技巧共性，使学生更和睦相处。第三，学生社团的沟通层次过多，在沟通传导过程中，易形成有效信息逐级递减的状况。由于学生之间每一组织的层次都在三个及以上，信息传导的过程更复杂，所受环境影响也就更大，信号衰减也更加剧烈。所以，在学生社团交流中，提高交流技巧，提高信息传达的稳定性，也是解决学校团体交流的重要手段。第四，学生社团交流渠道不足，无法解决现存的沟通问题。交流主要包括水平沟通、下行交流和上行交流三种模式，而为了达到最好的交流效果，就需要形成完善的反馈制度，以达到良好的“双向沟通”。如果缺少合理的信息反馈机制，则消息的发件人也就无法确定接收者是不是已经接收到了你的消息，更了解不到接收者的反应。所以，设置合理的信息反馈机制，就应该以合理的信息沟通为前提。只要有了正确的回应，消息发送者才可以认识到受众的反应，并对之做出相应的调节。第五，在学生社团中，不同角色的自主性较强，彼此缺乏理解。在交流中也是特别需要技巧为基础的，进行一种良性的交流，不但需要交流参与的双方具有良好的专业知识水平，同时还应有必要的口头交流与书面沟通的技能。唯有如此，在彼此双方相互信任的基础上，才可以达到良好的交流效果。而在学生中，团队成员更多的是把注意力放到了工作表面，很少学习和钻研沟通技能，这本身也会对成员交流形成不良的影响。第六，学生社团的管理是高效提高与学校干部的交流技巧的先行部队。学生们才刚踏进校园，对于交流技能提升方面的了解还不足，所以他们都会希望借助各种网络平台去提高自我。一些学生或许接触过学生团体，又或许对其中有相当的认识，不过在参加社团之前，学生的交往技巧都还没有成熟。学生在进入社团后会参与到社团组织的各项管理及实践活动中，若没有一个恰当的引领者指导，学生们往往会缺乏集体意识，难以提高沟通交流及合作技巧，在社团组织的管理实践活动和传播社团文化的过程中，就不可以再从意识到行为上去使学生的素质水平和交流能力得到较大的提升了，同时这也是学生的交流能力需要达到的效果。

（1）要提高沟通技巧。第一，学习有关交流艺术方面的书籍，以提高交流水平。在人和人之间，知识水平是交流理解程度的浮标。学习是增长知识的第一阶段，要想提升自己交流水平就要扩大自己视野，提高自身的知识层次，和别人有共同话题，从而使交流变得快乐。第二，学生社团的管理者应当听取社员的建议，增进团内和睦团结。倾听是交流的主要部分，交流是一种在相互尊重双方的基础下进行的沟通，使人与人彼此了解并相信彼此，达到交流的效果。第三，利用新媒体来进行交流，可以促进自身交流能力的提高，迅速回复信息。如今，新媒体技术在信息交流中的运用也非常广泛，如 QQ、钉钉、微博和微信等网络平台，都可以为人们的交流提供方便，而不局限在时间、地点上和人沟通。但要注重在运用新媒体技术开展信息沟通时，要善于分辨真假信息。第四，减少了学生社团中信息传播层级，以保证不丢失信息。在学生社团管理中，由于消息传播层级较多，消息传达者便很容易受到影响，所以在必要的条件下，学生社团管理人员应该寻找最合适的沟通消息人员或媒体，以实现消息的高效传递。第五，针对当代学生的特点，掌握他们的交流方法，从而培养交流技巧。当代学生的个性往往极具时代特点，而良性沟通技巧正是沟通者在同一个人群内和别人融洽交往的能力表现，所以良好沟通能力是学生成功发展的决定性原因所在，同时更是学生在未来步入职场中关键的技巧所在。所以沟通的技巧对学生而言，是不可或缺的关键一课。第六，积极参加实践，提高交流技能。学校团体组织应该更多鼓励学生充分利用实践活动，提高自身的实际能力，在实践中训练自身的沟通交际技巧。许多学生对自己并没有较多的约束，使得学生在个人人际交往中产生一定的障碍，沟通能力差，而校园团体组织则是提高在校学生间交流协作能力的巨大舞台。因此，应当引导学生充分合理地使用校园团体组织平台，使学生借助平台的优势来培养和他人协作的能力。

（2）要拓宽沟通途径。互联网快速发展的时代，大大拓展了团队的沟通途径。从内部沟通上来说，从开会中得到的资讯远远无法适应日常工作需求，而学生社团又不同于企业，其社员来源于各个院系，甚至不同班级，因此管理工作上非常麻烦。为做到更高效沟通，学生社团设立了社团 QQ 群、项目组，由各服务项目、理事会人员专门负责管理。同样，以电子邮件为主要的交流方法，将日常工作以及资讯定期发给全体社员。将各部分报告工作（包含活动计划、岗位设置、人才招聘、开会笔录、新闻报道稿等）利用社交平台发送，既确保社团内部事项公开、公平、公正，也进一步促进了社团自身管理水平的提升。

（3）要加强与领导人交流。学生社团领导层的变化和企业领导层的变化有很大区别，管理层每年的变化都不同，直接影响着社团文化和整个发展过程。当一个社团逐步进入正规化，领导层的处事态度也要做出相应的转变，所以新任领导人不但要严格限制自己，逐步向管理型转变，以增加威信度，同时也要善于倾听，不要过于专制，适度放权，给社团的成员们以信心。此外，领导者们在管理工作流程中要灵巧使用管理工作方法和信息沟通技能。管理工作的精神灵魂就是其自我灵活性，管理工作的目的要出于其外在合理性，代管的机制就是其对社团环境的适应作用，而管理工作的本质则是其可发展性。优秀的管理沟通能力是基石，真诚的工作态度是基础。相比于企业管理工作，社团更为强调感情的维护，所以发展友谊、培育社会责任感才是一支社团正常运作的基石，在此基础上，需重视自我实力的提高，并兼顾社员的切身利益，实现社团与个人携手发展。

6. 建立优秀多媒体社团宣传推介机制

要采取相应举措，尤其要对学生进行学生社团宣讲与引导工作，给学生可以自由选择社团的充足资讯，并引导学生合理地了解并参与学生社团。如此，才会充分调动学生加入学生社团进行活动的主观积极性，进而降低学生因盲目参加学生社团而造成的心态反差，克服学生社团的学生参与度不够和成员高流失性等问题，增强学生社团的凝聚力。就学生社团来说，要运用好已有的宣传机制，包括开展校内公益活动如学生社团巡礼、特色活动开展等时机，全面地展现社团独具的特点，并利用自身的优点把志同道合的人吸纳到学生社团当中。就学校来说，要在与社团的协作中扩大学生社团的推广途径，并支持对学生社团进行活动的推广，例如强化与社团的合作、为社团提供展现的平台、购买社团服务项目等。此外，也可搭建社团的管理信息平台，促进学校社团在宣传性文档、平台、校园生活资讯中的推广，如将学生社团资讯加入学生指导手册、扶持学生社团杂志出版、扶持学生社团网站等。

建立优秀多媒体社团宣传推介机制，首先要明确社团今后的发展方向和推介方向，相关负责人员必须时刻重视社团宣传推介的发展动向，可以依据以下两项原则来把握。一是社团宣传推介的方向要始终坚持中国特色社会主义的正确前进方向，不得与党和国家事业发展对高等教育的需要相背离。二是注重学生社团的思想政治教育功能。高校学生社团都是由一批有着一样的兴趣爱好的青年学生所一同创立的，他们组织的活动应该符合社会主义核心价值观的要求，具有思想政治教育功能。其次，要探索更多的宣传推介方式。传统媒体已经形成了固定的资源传播途径，并且会引起一定的舆论导向，在整个社会上造成很大的影响。新兴媒体传播速率高、传播面积广、传播途径多，所以社团在进行宣传推介工作的过程中可以适当地转变一下宣传思路，把传统媒体的优势和新兴媒体的特长融合在一块，二者相辅相成以实现便捷、快速传送宣传信息的目的。最后，要做好宣传推介团队建设。在社团的宣传推介活动这一方面，不但可以举办一些社会公益活动，还可针对某一特定人群开展针对性宣传推介活动。将社团中所有的宣传推介团队都整合到同一个规范化的社团宣传部门，比如成立青年传播中心和传播社等，凸显社团宣传推介在学校中的生存价值。另外，还应挑选一个具备一定宣传推介才能的指导老师。社团参与者也可选用讲座会和宣传推介训练班等方法培养社团宣传推介队伍，增强对宣传推介人才的宣传力量，从而全面提高宣传推介人才的综合素养。培训内容主要可分为以下几点：新闻传播方法、宣传选题、宣传内容、视频制作、平面设计等，并设立专业的监察组织，以确定每个成员都能够充分发挥自身的才能。

7. 建立学生新媒体社团自我管理机制

自我管理即利用自身的内在调节去控制自己外显行为的变化，帮助自身在素质和能力等方面得到大幅度的提升。自我管理归根结底，其决定性因素即所在个体，不被其他外力影响。自我管理其实可以说是一种自己对自己的要求，也就是要求自身在各个方面都分别需要达到什么样的标准，给自身的未来发展制定切实可行的方案。

因为每个学生社团都是由学生根据其共同兴趣而自主组建的，所以社团中的每个个体都富有主观能动性，而由这样一个学生团体所进行的社团活动容易表现出浓厚的个性特征。对于竞争激烈的现代社会，务实的态度也体现了当代学生积极融入社会生活的成长心理，突出学生社团以及成员们在校园内所起的示范作用。学生新媒体社团自行管理，有一定独立性。作为正在蓬勃发展，且积极要求进步的学生，每个人都渴望通过在社团中贡献出自己的一份价值来实现自身健康发展的要求，从而获得别人的肯定。参加实践活动的整个流程正是学生自身体验、自身发掘、自身管理、自身健康发展的重要步骤，活动的正常进行离不开对学生主观意识的培养，故为学生开展自主发现、自我管理活动创造了极好的条件与场所，帮助学生在积极参加活动的过程中培养创造能力和主动性。新媒体社团自我管理也具备对接性。学生的各种社团以及活动都有着经济、快速的衔接性，而这些衔接性也正好和开放性思维相符合。首先，它可以做到课内与课外的衔接，将理论知识运用于课堂之外的训练当中。其次，它还可以做到校内与社会的衔接，将理论知识内化为服务人民的力量，积极奉献、服务社会于广大人民。再者，它还可以做到与生产劳动的衔接，将理论知识和能力进行实际验证。新媒体社团自我管理趋向于务实性。从学生社团的活动内涵分析来看，呈现出了由“以兴趣爱好类主导”向“兴趣爱好和务实型并重”转化、由人文类型主导向人文类型和科研型并重转化的发展态势。对于竞争加剧、经济高速发展的现代社会，学生的目光已不仅是局限在单纯渴望在社团这种群体之中充实自己、找寻自身的生命价值，更是期待着能够在社团生涯中探寻自身的潜能所在，发展自己，丰富自身，增强社会竞争力，集中体现了当代学生的求真心态。同时，过去的学生社团也较多地重视人文科学知识的培养与人文精神的陶冶，满足于人文气息的营造，面对知识经济发展风潮，学生们越来越意识到学习专业知识和能力训练的必要性。同时，新媒体社团自我管理有着辐射性。有关研究人员指出，所有在校园加入过社团的人尤其是社团学生干部，都具备了一般人所不具备的社会适应能力和职业竞争力，优秀社团、社团学生及党员干部工作团队在促进学生自我发展过程中起着不能取代的作用。总的来说，优秀社团定位正确，各种制度比较完善，社团成员还能获得额外的补助，学生综合素养也得到了全面提高，反映出社团具有较高的自我管理能力。相比于一般学生，社团成员具有更理性的思考方法，更正确的自身位置、更明晰的个人发展目标、更强的自身管理能力。因此，要发挥学生社团、社团干部的旗帜效应，并借助学生的先进模范带头效应，影响更多的社团干部和学生自发地开展自我管理。

建立学生新媒体社团自我管理机制有助于实现“立德树人”培育目标。社团管理除了需要所有管理者的辛苦付出，也需要每一位社团成员的不懈努力。每一位社团成员必须无条件支持社团、关心伙伴、自律监督、携手奋斗，不仅要求社团成员在对自身进行管理的这一过程中具备坚强的意志、勇气、信心，还必须付出实际行动，从而在自身监管的作用下，把社团每一位成员都培育为有能力、有志向、有文化精神、有纪律精神、有职业道德的复合型人才，这正与“立德树人”的人才培育理念相符合。所以，注重学生社团自我管理机制的落实有助于实现立德树人培育目标，建立学生新媒体社团自我管理机制有助于帮助学校解决校园问题。在校园扩招的社会背景下，在校学生总体人数连年递增，同时由于各种招生渠道不对学生加以考核，进入校园的学生素质也因此出现了差异化的问题，这种现象的出现无疑是给学校管理工作提高了难度。而且当前在校教师与学生的配置比例也达到了不可调和的阶段，教师在完成复杂繁多的教学任务后已经耗尽了自己全部的时间和精力，难以把每一位学生的事宜都考虑得很细致，留下了学生内部发生冲突的隐患，使得校园氛围不和谐。通过实施社团自我管理机制，能够有效并且及时地解决前文所述的校园问题。社团以小组为基本单位实施对每一位社团成员的管理。除此之外，成员间相同的兴趣爱好和想要让社团越来越好的想法都能够促使学生不断加强对自身的管理，提高学生自我管理的意识，进而在整个社团成员的共同努力下，改正自身不好的习惯和行为，重新形成自身的价值观念，养成良好的行为习惯并且树立起更远大的志向。建立学生新媒体社团自我管理机制能够为社会输送高层次高质量人才。在当前人才强国理念的社会背景下，社会不再过于注重仅有一技之长的人，而是看重能够在自己的岗位上独当一面，并且拥有较强的抗压能力、环境适应能力、掌握技术种类多的人才，进而能够平衡并协调好工作、家庭与生活三者之间的关系，处理好自身问题，在短期内成长为社会才干。而专业学习仅仅是围绕学习这一个任务进行的，学生要想迅速地成为社会所需要的高素质人才，就需要持续地积极探索与参加实践以此提升自己的综合实力。社团的自我管理正是为学生创设了一个培养自我管理能力的有利环境，使学生养成从集体利益出发去独立思考并形成解决问题的意识，在自主管理的同时解决好与家庭、工作的冲突。

在机制的建设上，可以从以下几个方面进行：一是建立社团管理工作责任制度。党支部成员、团支部成员以及社团中的成员代表会参与活动，因此，要把成员责任制度纳入社团管理制度中，以此实现社团自我管理的目标。例如党支部成员承担社团的思想政治教育工作的责任，团支部成员承担社团社会实践工作的责任。二是建立社团监督考核制度。社团联合会必须在特定的一个时间或一段时间内检查每一个社团的运行情况和组织管理情况，依据考核制度规定的标准，对社团的表现做出评价，以此督促社团进一步加强自我管理，使社团提高在学习、实践等方面的动力。三是建立社团考核制度。各社团干部、成员代表、管理人员、导师等组成考核小组在每个学期末对所有社团进行各个领域的考评，对表现突出的要给予嘉奖，表现落后的要提出具体的整改建议。

（五）建立适应新媒体要求的学生社团管理保障机制

1. 建立稳定的经费投入机制

社团经费的合理使用方式，须按照成本效益原则进行取舍，以波士顿矩阵作为例子，留下收益大而付出成本低的“现金牛”，放弃收益小而付出成本高的“瘦狗”。而社团中的文艺体育类社团本身就为维持正常运转需要消耗过多资金，就更加需要在策划时做好活动预算相关方案，并按照成本效益原则进行正确的投资决策。① 各公益实践类社团与社会团体的往来紧密，应当认真记录好每一份支出单和善款的走向，并根据在调研过程中社团成员所反馈的“报销难”的问题，与挂靠机构及时进行交流和沟通，尽最大可能地精简财务报销程序，以确保社团的基本物资和资金有序运作。

经费投入机制包括经费来源、经费管理、经费使用。稳定的经费来源是社团获得生存与发展进而为学生提供服务的重要保障。② 社团经费来源主要是会费（包括普通会费和特殊会费）、社团资助、补贴等，各社团的会费收缴均采用年度缴纳机制，于每年招新时由社联的财务组织统筹归集，经过整合计算后再交给

① 陈子悦，是悦鸽，娄文声．新时期高校社团财务管理创新性研究［J］．经贸实践，2018（14）：164 + 166.

② 陈正芹，吴涛．试析高校学生社团的经费管理［J］．学会，2006（04）：18 – 22.

经费机构托管，会费缴纳金额由各社团主席根据本社团活动具体情况向社联申请。各社团关于会费缴纳事项，具体条例如下：（1）会费缴纳后不再返还。除缴纳会费外，原则上不能缴纳其他。（2）会费原则上不得高于每年度二十万元。若确有需求，应向校团委提出书面申报，经同意后方可缴纳。各社团在收会费时，应清楚记录每次会费的缴纳情况，具体包含缴纳的数量、金额、日期等。每个社员都应当登记在册，并将会费数额及其缴纳笔录事先在社团联合会审批，然后再由社团联合会提交给投入机构，并为所有社团设立单独的账户。

2. 建立适应学生社团利用多媒体开展活动的设备保障机制

建立适应学生社团利用多媒体开展活动的设备保障机制，系统安排社团用于开展活动的设备的管理事项，对具体情形进行具体的分析处理，真正地做到为社团活动的有序开展添砖加瓦，为学生的成长与发展提供保障。综合来讲，建立适应学生社团利用多媒体开展活动的设备保障机制，不仅能够促进学生德智体美劳全面发展，同时也使学校教育实现其教育目标。

建立适应学生社团利用多媒体开展活动的设备保障机制，一是转变教师思想观念。对于学校来说，学校要对教师进行定期的培训，培训内容有关于设备的管理与保障，使教师能够真正地认识到社团设备管理的重要性。对于教师来说，教师要经常与社团设备管理人员进行沟通和交流，增长自身有关设备管理的知识。二是建立健全管理方法制度。首先，要健全管理制度当中的负责制度。每一个社团的管理人员负责自己社团内部的设备，副会长每隔一段时间都要向会长报送设备管理的具体信息和设备外借的有关记录，再由会长将同样的设备管理的具体信息和设备外借的有关记录报送到社团联，不论是成员个人还是某个部门外借设备都要对具体借用情况进行记录。社团设备的管理者应该一丝不苟地对所有社团的设备进行每天的检查，并且完成日常检查记录表的填写。其次，应完善管理制度当中的借用制度。每一名社员都可以在填写了设备外借的申请书后借出社团具备的器械或设备，申请书的信息要填写全面，其中应该包括借用设备的时间和具体的设备归还日期，同时在申请表的下方也要附上借出者自己的签名。当遇到器械已经被借出或社团不具备所要借出的设备的情况时，管理社团器械的人员应该及时通知暂停申请人办理借出器械的相关手续，社团的设备不能给学校以外的人借用。最后，需建立管理制度当中的赔偿制度。在之前借用出去的设备归还时，设备的管理者和设备的借用者需要一同去检查设备的完好性，并做好检查的时间及各项内容的完整记录。如果检查的时间和各项内容的记录有缺失或者设备的管理者和设备的借用者发现设备有一定的损坏，则需借用者赔偿同一型号的设备或者赔付重新购买设备的费用。如果在设备借出时期出现社团设备丢失的情况，经社团领导核实后，应该由借用设备者赔偿社团的损失。如果借用设备者不愿意赔付重新购买设备的同等价值，也可以自行出校购置相同质量的教学设备，由社团主席批准方可。仪器设备未借出期间由各社团（副）会长管理和履行一定的保管义务。三是要加强管理人员培训，降低人为损坏。学校要定期组织教师对设备的相关管理知识进行研讨，并且组织教师去现场观摩设备管理的科学方法，在多次的组织学习和实践后，提升设备管理人员的整体素质与管理水平。在开展社团活动时，管理人员要指导学生合理使用不同种类的设备，尽量减少人为损坏的发生，从而为社团设备管理提供有效保障。

3. 建立适应学生社团利用多媒体开展活动的人员配备机制

社团成员建设主要包括社团成员主体性建设和社团成员意义性建设。主体性建设就是使社团成员都意识到自己是整个社团的主人，自身的一举一动都代表了整个社团形象，以强化社团成员的主角意识，从而提升社团的整体文化凝聚力。意义性建设即让社团成员理解社团存在的意义和社团举办活动的意义，并能将之与自身发展结合起来，从而带动社员参加社团活动的积极性。

社团人员分工及职务有：(1) 会长。代表社团签发有关重要文件，代表社团开展各项活动；拥有人员任免权，介绍、委任社团副社长或各部门主管；召集、主持社团部门大会等重要会议；行使大会的最终决定权。当会长不在学校时，副会长承担会长应尽的义务。(2) 副会长。帮助会长管理社团的各项事务，对社团每个方面的事务都有一定的管理权。会长如果不在学校，则副会长代理会长职位，执行会长职责，又同时执行副会长职位，主要负责管理社团内部的财务的开支与收入，并进行财务的支出状况记录。(3) 活动部。负责管理安排社内的各种活动，并进行活动准备等各项工作；负责社团日常活动物料的管理，包括购买和保管，该部分的日常管理工作由活动部部长负责。在社团内部组织各种活动时配合活动部部长收拾会场，整理教室设备等。采购社团有关活动材料和日常工作用具。管理保存社团的公有物资等。(4) 新闻部。主管社团各部门的新闻宣传，职能涉及海报的设计、书写和发布等，并分管重大社团活动的场馆设计和布置等工作，由新闻部副部长负责管理。(5) 外联部。主要是进行与外部的联络和沟通工作，负责向外部寻求帮助，并寻找各类兄弟社团的支持。由外联部部长管理该部分的工作，和学校兄弟社团以及外校的公益团体保持联系。(6) 办公室。安排通知社团各类会议和重大活动，并组织重要活动地点的申报工作；负责社团的各种资料（工作计划、总结、报告、通知）的编制、收发和存档；社团例会，考勤工作和会议内容录入。社团网页、邮件、微信群等的管理工作。社团成员建设切忌走人多力量大的误区，在招纳新成员的时候我们需要根据社团活动、社团性质来确定社团正常负荷量，不能为了招纳新成员而招纳，在招纳新成员的过程中要控制人员数量。一是通过校园广播、网络、手机平台等新媒体技术做好宣传招新工作。做好网上教育阵地建设，建立学生社团微博等工作平台，利用网络进行社团招新、吸收发展新会员的工作。探索更多可行的社团新闻宣传途径，充分利用校园报纸、宣传手册、校园广播等社团新闻宣传渠道，多途径、全方位地宣传社团活动内容及信息，激发全体在校学生参加社团活动的热情。二是每年都要组织全校的学生社团进行一次全面招新。在每一年开始的时候集中组织各社团开展社团招新工作，增加学生社团成员的招新数量，并设立社员个人电子资料系统，为每名学生社团成员建立社团培养计划。三是建立“校学生会、社团联合会—院级学生会—班级团支部”学生联络网，吸纳发展新会员形成“校学生会、社团联合会—院级学生会—班级团支部—普通同学”的学生联络网。借助联络网的优势吸引更多对社团感兴趣的学生加入社团，使加入社团的成员们真实地感到归属感，真正在社团中得到锻炼和成长。[①]

4. 建立学生社团服务社会的平台搭建机制

随着学校社会服务功能的进一步加强，学生社团逐步加入社会服务中，发挥学生积极性强和影响力大的优点，主动协助学校进行社会共建和社会公共服务。

社团“走向社会，服务社会”，广泛利用社会优势资源，完善“学校主体、政府领导、产业引导、企业参与”的开放式互动网络平台，开拓创新人才，使社团达到效益最优化。利用学校与政府、公司或者一些社会团体的衔接，找到符合公共服务需要的社团，采取公益性咨询服务和有偿咨询服务的方法推给社会，完善公共服务项目建设，达到学校人才的效益最优化。利用学校历年寒暑假开展的科学技术、社会文化“三下乡”服务活动，分阶段、有规划、针对性地开展好社团的社会公共服务实践活动，并

① 郭娜．大连工业大学学生社团管理现状调查研究［D］．大连：大连理工大学，2013：38.

且根据学员能力差异制定不同的社区实践形式与教学内容，建设与完善社团社会实践基地，进行社团社会服务活动的项目化运营等，让每个学生社团成员都能在社区实践中获得锻炼，让学生社团从总体上达到对其实践客体的贡献最优化。

关于社团社会服务的宣传方向和舆论导向问题，学校应该紧跟时代潮流，用最接近学校的信息交流平台，利用官方微博、微信等公共账号，有效利用宣传社会服务的信息资源，为学生、社团提供咨询服务和方便快捷地参与社会服务的方法。同时，新媒体也是培养学生良好的社会服务价值观的重要舆论传播平台，作为社团、校园、社会之间交流的重要桥梁，引导学生思考。通过舆论导向提升学生社团社会服务效果，形成学习榜样，让更多学子在社会服务的实践中，增强社会责任心。

5. 建立学生社团干部教育培训的网络化工作机制

学生社团干部作为社团组织的核心力量，其自身的综合素养与能力直接影响着学生社团的发展壮大。所以，应该加强对社团干部的培训，增强社团干部的综合素养，从而推动社团活动管理水平的提升。

新媒体时代下，因互联网本身具有全球化特性，西方敌对势力在中国的思想传播可谓无孔不入，歪曲的价值理念的传播会严重危害中国学生世界观、人生观、价值理念的建立。作为学子们共同推举出来的社团成员干部，学生社团所领导的网络舆情辨别能力和思想境界都会对学子们产生巨大的影响。如果学生社团的干事们本来就不具有网上问题判别能力，思想境界也不高，对事情又没有全面的、科学的、系统的了解，长此以往就会失去同学们的信赖，也无法从同学们身上的获得帮助，传递正能量给全体同学更无从谈起。由此可见，提高互联网思维境界是学生社团干事的立身之本。身为学生社团干部，在完成自身的学习任务的同时，也需要在新媒体时代下拥有比较强的网络服务能力，特别要在解决网络舆情的过程中充分发挥自己作用。如果学生社团干事掌握了过硬的互联网技能，对互联网上的一些现象做出合理的回应，就可以在新媒体时代获得同学们的信赖，从而建立自身的威望。学生社团干部在学习时期，通过运用网络平台进行学生管理工作所累积的宝贵经验，必将对将来的工作创新奠定了扎实的基础，所以，强大的网络服务能力是学生社团干部成长的核心所在。新媒体时代下，具备更高的网络综合素养已然成为学生们所追求的目标，对良好的网站形象的塑造，对个性魅力的养成，和对个人影响力的提高都将产生重要的影响。学生社团干事首先得具有基本的网络综合素养，并严格遵守网站纪律与规范。在此基础上，学生社团干事还担负着相应的网络管理职能。学生社团干事应该更加严格地规范自己的网络用语，在互联网上及时对导向性言论采取相应的引导工作，在互联网上积极弘扬社会主义核心价值观。与此同时，学生社团领导也要认清在网络空间中什么样该说什么样不该说，什么样要批评什么样要宣扬，不断创新，用尖端的网络科学技术武装自身，用科学的网络理论升华自身。由此可见，网络文化综合素养是学生社团领导干部品质表现。学生社团干部的互联网群众基础是否牢靠，转不转发自己的微言论，直接关乎学生社团干部能否在新媒体时代站得住脚，是否在互联网的舆情引导中具备领导力，也更多地决定了学生社团干部本人的互联网形象正不止，以及其互联网话语权足不足。中华全国学生联合会第 26 次大会把“全心全意为校友服务工作”的工作理念载入了条例，更加确定了学生社团干部在平时的管理工作中应该急校友之所急，想校友之所想，所有管理工作开始都应该以学生们利益为出发点。在新媒体时代下，学子们更愿意将自己的观点与要求发表于平台，在虚幻的环境中宣泄自己的心中思想。这就需要学生社团干事要及时留意同学们的微信、微博动态，将学生们平时的微言论作为自身的工作重点。唯有如此，学校的社团干部们才能真正切实了解广大同学心声，了解广大同学需要，从而真正拥有广大同学的信任和拥护。

建立学生社团干部教育培训的网络化工作机制，一是学生社团负责人要认真地转换好、适应好工作角色，在学生社团的发展中投入更大的精力，并担当起属于自身的责任。需要更加努力地提高自身的综合实力，并正确处理好学业、工作和生活之间的关系，以提高自身魅力。二是社团领导应该摆正自身的位置，清楚帮助和被帮助的关系。打好了“亲情牌”后，与大家建立起并肩作战、共同奋斗的关系，而不是领导和下属之间的关系，尤其是在那些社员比较少或规模较小的社团，认识并且做到这一点尤为重要。打好了“亲情牌”后，必须把握度，绝对不能将私人感情过多地投入实际工作中。三是社团主要主管干部要不断创新主管理念，学会在适当的地方分权，而不必事必躬亲，只需总控整个社团的发展大局即可。通过权力下放，可以给予新进的领导干部必要的学习与提高的机会，这既增强了领导干部参与社团活动的积极性，也可以在活动中发掘人力资源、培养管理人才，促进下一届社团干部工作经验的累积，从而带动整个社团的可持续性发展。在平时的管理工作中，社团干部要大胆放手、适当放手，要对干部给予正确的帮助、指导和督促，以便使社团顺畅运转。四是身为社团负责人一定要用好一批人，管好一批人，带好一批人。用好一批人是指将现有的社团骨干的功能和作用发挥出来，并且维护好这一批人，管好一批人是指把社团里的成员管理好，要用兴趣来吸引这一批人，带好一批人是指培育好最富有发展潜力的下一任的社团骨干，要以责任培育好这一批人。[①] 五是身为社团负责人，要对社团的发展前景有清晰的思路，系统的目标计划，要掌控好社团的发展大局，并且要打破常规，多探索、勤思索，不能被动地等待着社团发展壮大的好机会。

---

① 王逸楠. 高校学生社团管理创新研究［D］. 郑州：郑州大学，2013：40.

参考文献

［1］马克思恩格斯文集：第1卷［M］．北京：人民出版社，2009.

［2］习近平谈治国理政：第一卷［M］．北京：外文出版社，2014.

［3］中共中央党史和文献研究院．习近平关于网络强国论述摘编［M］．北京：中央文献出版社，2021.

［4］中华人民共和国宪法［M］．北京：人民出版社，2018.

［5］中华人民共和国高等教育法［M］．北京：中国法制出版社，2016.

［6］董纯才．中国大百科全书·教育［M］．北京：中国大百科全书出版社，1985.

［7］刘行芳．新媒体概论［M］．北京：中国传媒大学出版社，2015.

［8］匡文波，新媒体概论［M］．北京：中国人民大学出版社，2019.

［9］蒋宏，徐剑．新媒体导论［M］．上海：上海交通大学出版社，2006.

［10］栾轶玫，新媒体新论［M］．北京：人民出版社，2012.

［11］王惠岩．政治学原理［M］．北京：高等教育出版社，2006.

［12］STRMBERG R. J. Handbook of human intelligence［M］. Cambridge University Press，1990.

［13］《关于进一步加强和改进大学生思想政治教育的意见》，中发〔2004〕16号文件.

［14］《关于加强和改进大学生社团工作的意见》，中青联发〔2005〕5号文件.

[15]《高校学生社团管理暂行办法》，中青联发〔2015〕39号文件.
[16] 习近平. 决胜全面建成小康社会 夺取新时代中国特色社会主义伟大胜利 [N]. 北京：人民日报，2017-10-19 (01).
[17] 习近平出席全国教育大会并发表重要讲话 [N]. 北京：人民日报，2018-09-10 (01).
[18] 习近平. 用新时代中国特色社会主义思想铸魂育人 贯彻党的教育方针落实立德树人根本任务 [N]. 人民日报，2019-03-19 (01).
[19] 申锦莲. 新媒体视阈下公众参与社会管理研究 [J]. 行政与法，2014 (05).
[20] 兰图、王威、荀明俐. 新媒体视角下公众参与社会管理探析 [J]. 鸡西大学报，2014 (07).
[21] 陶喜红. 我国互联网媒体广告行业集中分析 [J]. 编辑之友，2013 (07).
[22] 汪家玉. 新兴移动网络媒体产业发展的经济分析 [J]. 商，2016 (25).
[23] 刘晓萍. 新媒体发展对经济生活模式的影响——以淘宝网为例 [J]. 今传媒，2011 (08).
[24] 王海岳. 新媒体融合对产业经济发展的影响 [J]. 数字通讯世界，2020 (05).
[25] 周平尚，夏翠兰. 新媒体对地方经济社会发展影响研究 [J]. 湖南科技学院学报，2016 (09).
[26] 石萍，李晓君. 用精细化新媒体产品提升主流媒体传播力——以甘肃日报社媒体融合实践为例 [J]. 新闻战线，2019 (18).
[27] 王辉. 大学生社团的多样化活动研究——以旅游与文化传播学院为例 [J]. 知音励志，2016 (24).
[28] 明珠. 新媒体用户的社会交往心理研究 [J]. 新媒体研究，2019 (06).
[29] 张丽珍，杨漪. 新媒体时代信息的共享性分析 [J]. 科技信息，2012 (34).
[30] 谭志勇. 新媒体环境下高校教育管理的机遇与挑战 [J]. 哈尔滨职业技术学院学报，2015 (05).

[31] 李黄石．新媒体给高校校园文化建设带来的机遇与挑战 [J]．价值工程，2014 (33)．

[32] 周琴．新媒体给高校思想政治教育带来的机遇与挑战 [J]．中国报业，2011 (14)．

[33] 孙涛．论大学校园中的自发社团 [J]．陕西青年管理干部学院学报，2004 (02)．

[34] 李朝阳．高校学生社团现状研究 [J]．高等教育研究，2018 (02)．

[35] 严小丽，李殿国．加强学生社团建设，促进学校特色发展[J]．新课程（上），2019 (01)．

[36] 吕利珊．高校学生社团实现自主管理的模式及机制研究 [J]．内蒙古财经大学学报，2019 (03)．

[37] 景浩荣．高校学生社团的本质及其教育价值 [J]．教育评论，2017 (02)．

[38] 胡继冬，高中建．对高校学生社团的组织属性及其发展的再认识——以自组织理论为视角 [J]．思想教育研究，2011 (09)．

[39] 冼季夏．马斯洛需求理论视域下的高校学生社团建设 [J]．学校党建与思想教育，2009 (17)．

[40] 袁旭东，王建．马克思关于人的全面发展理论及现实意义[J]．世纪桥，2012 (05)．

[41] 张文君，韩猛，王媛珺．建构主义理论在教学应用中存在的问题探析 [J]．中国教育技术装备，2015 (16)．

[42] 吴启贤，欧建峰．自组织理论视角下的管理学教学思考 [J]．沿海企业与科技，2009 (07)．

[43] 朱孔军．以新发展格局引领高等教育高质量发展 [J]．红旗文稿，2021 (03)．

[44] 于晓庆，宋德群，姜宇，张蕊．新媒体助力大学生社团建设和发展思考 [J]．沈阳农业大学学报（社会科学版），2020 (05)．

[45] 邹欣芝，黄敏，肖梦倚．新媒体时代大学生社团党建工作机制刍议——以成都大学美术与影视学院为例 [J]．开封教育学院学报，2017 (11)．

［46］胡霞．浅析新媒体环境下高校学生社团的管理［J］．人才资源开发，2017（02）．

［47］高杨．新媒体环境下大学生理论社团价值引领力的提升策略［J］．思想教育研究，2018（06）．

［48］边剑．新媒体时代高校学生的媒介素养［J］．传媒论坛，2021（24）．

［49］蒋有贵．论学校管理的社会主义方向性原则［J］．辽宁教育学院学报，1992（04）．

［50］苗苗，王万奇．新媒体时代下高校加强学生社团干部培养探究［J］．思想理论教育导刊，2017（08）．

［51］彭锋．"互联网+"高校创业社团的创建研究［J］．教育教学论坛，2019（12）．

［52］王菊秋．新媒体时代高校学生社团的建设与管理［J］．课程教育研究，2018（08）．

［53］杨震，王林．新媒体传播环境下高校社团文化工作探究［J］．学校党建与思想教育，2014（14）．

［54］周凡．基于人才培养的高校学生社团管理创新研究［J］．当代教育实践与教学研究，2020（13）．

［55］上海市政研会．运用数字技术创新开展社区思政工作［J］．思想政治工作研究，2022（01）．

［56］唐丹．新媒体推进马克思主义大众化传播研究［D］．武汉：武汉理工大学，2020．

［57］虞娅娜．中美高校学生社团运行机制的比较研究［D］．上海：华东师范大学，2017．

［58］邱玥．高等学校大学生社团建设研究［D］．沈阳：辽宁大学，2019．